# 贸易与理性

郑永年 著

人民东方出版传媒
People's Oriental Publishing & Media
東方出版社
The Oriental Press

# 出版说明

很多年来，人们总以“中美关系好也好不到哪里去，坏也坏不到哪里去”来描述中美关系的复杂性和关系的限度，但今天可能很少有人可以这么说了。贸易经常被视为是中美关系的“压舱石”。的确，贸易把两国牵连在一起，增加了两国的互相依赖，以至于形成早些时候一些美国学者所说的“中美国”或者中国方面所说的“中美婚姻关系”。人们希望这种关系可以使得两国的行为理性化。不过，随着中美贸易战的进一步演变，中美之间的矛盾和深层次问题一一浮上台面。与此同时，新型冠状病毒疫情在世界各国扩散，没有人知道对各国经济打击到底会有多大，但越来越多的经验证据指向这次疫情对世界经济影响之大，甚至远超20世纪30年代的大萧条。也很显然，新冠疫情对中美关系的负面影响非贸易冲突所能及。越来越多的人不禁感慨：中美关系简直比自由落体还要糟糕。

不过，如果撇开双方几乎高度情绪化到声嘶力竭的话语，回到具有实质性意义的层面来说，无论是特朗普的“使美国更加伟大”还是中国的“中华民族复兴”，至少在意图层面，它们的目标是一样的，用中国通俗的话来说，就是要让老百姓过上（更）好日子。同时，作为两个经济体量最大的国家，双方对区域或国际秩序都负有一定的责任。两国的竞争是必然的，但竞争有良性和恶性之分，良性的竞争是需要的，是通往合作的基础，是互惠的；恶性的竞争则会导致两败俱伤。说到底，作为当今世界最大的两个经济体，如果世界要维持和平与发展，那么关键莫过于理性回归中美关系。

本书中，笔者围绕“贸易与理性”这一主题，从全球化与地缘政治的视角对中美之间贸易战产生的背景、本质进行系统思考与分析；并对中国如何理性应对作出战略性考量。笔者的核心观点就是，只要中国坚持开放，那么就不可能被再次孤立。同时，中美贸易战也对中国本身的进步提出了挑战。正在进行中的中美贸易摩擦，中国暴露了怎样的弱点？这是人们无法回避的问题，因为正是美国（和西方）看到了中国的弱点，就变本加厉地通过贸易战对中国加以打击。很显然，中国如果不能尽快克服这些弱点，那么就不仅输了这一轮竞争，今后的发展也会变得更加困难。

“虚心使人进步，骄傲使人落后”这句名言从不过时。中国国务院总理李克强在 2020 年 5 月 28 日举行的“两会”记者会上说：“中国是一个人口众多的发展中国家，我们人均年可支配收入是 3 万元人民币，但是有 6 亿中低收入及以下人群，他们平均每个月的收入也就 1000 元左右，1000 元在一个中等城市可能租房都困难，现在又碰到疫情。疫情过后，民生为要。”这组数据简单明了地揭示了中国这个已经是世界上第二大经济体、人均国民所得达到 1 万美元经济体的另一面。笔者在书中把中美关系置于这样一个中国基本国情中去分析。中国仍是一个发展中国家，贫困问题仍然是中国的基本问题；而美国的“衰落”还只是相对衰落，其在经济、军事、科学技术、创新等领域，仍然非常强大。对此，我们需要有一个清醒且理性的认知，而这样一个认知只能来自人们对中国基本国情的回归。

改革开放短短几十年的时间，中国与西方世界的贸易关系经历了“引进来”，到“接轨”，再到“走出去”三个阶段。中国与西方世界接下来如何互相调适对中国走好第三步非常关键，同样对形成一个更加多元、开放，更加民主公正和一个更可持续的国际秩序也非常重要。笔者多年来也在国内外大学、研究机构、经济机构、政府部门等以讲座的形式讨论中国发展与世界秩序问题，在国内外学术期刊发表了数量不少的文章和评论。这次根据“贸易与理性”这一主题汇集起来，遂成此书，以飨读者。

本书的出版要感谢东方出版社的许剑秋先生以及责任编辑陈丽娜、李鹏飞所做的工作，正是他们的努力，本书才能这么快与读者见面。

# 目　录
CONTENTS

第一章

# 非理性贸易的当前国际背景

# 一、中国与全球资本主义关系的三个阶段

近年来，随着中国和美国、欧盟等世界主要经济体之间的贸易纠纷案列的增多和中国越来越庞大的内部能源需求对世界市场的影响迅速扩大，中国和仍然在西方主导下的全球资本主义体系之间的冲突越来越明显。这种冲突不仅表现在经济学意义上的供应和需求方面，而且更为重要的也表现在地缘政治学意义上的中国和全球资本主义体系代言国家的战略利益的冲突上。一些西方观察家因此开始怀疑中国政府提出的“和平发展”或“和平崛起”国际战略。

尽管中国和全球资本主义之间在一些方面的冲突在所难免，但这些冲突并不都是负面消极的。要对冲突作具体的分析。冲突可以表现在各个不同的方面，包括经济上的、战略上的、政治上的、军事上的和文化上的。不能把所有这些冲突混为一谈。迄今为止，中国和西方为主导的世界体系之间的冲突主要表现在经济层面。这种冲突和传统意义上的以军事冲突为核心的国际冲突具有不同的性质。前者如果解决得当，可以变成一种双赢游戏，而后者则只能是一种零和游戏。中国和全球资本主义体系之间的经济层面的冲突并不对“和平发展”或“和平崛起”战略构成威胁，以多边主义和经济外交为主体的国际战略仍然是中国崛起最有效的国际战略。当然，这并不是说人们可以忽视经济方面的冲突。这是因为对任何一个主权国家来说，经济、政治、战略等各方面的利益很难区分开来，经济方

面的冲突如果解决不了，就有可能演变成其他方面的冲突。因此，如何直面冲突，有效管理冲突乃是中国和平发展道路所面临的挑战。

中国和全球资本主义体系的关系到目前为止已经经历了三个主要的阶段。

在第一个阶段，也就是中国刚刚实行改革开放政策的时候，中国政府主动实行开放政策。“请进来”是这一阶段的主要特点。中国通过把全球资本“请进来”发展自己的经济。“请进来”开始时大多是海外华人资本，欧美资本随后。这一政策非常成功。它很快结束了改革前中国较为封闭的状态，为国民经济的发展创造了巨大的动力。

在第二个阶段，中国和全球资本主义体系主要表现为“接轨”。和世界体系“接轨”表现在两个主要的方面：一方面是中国政府改革内部的各种制度机制来适应世界体系；另一方面是中国加入世界贸易组织等国际经济组织。在不长的时间里，中国已经加入了几乎所有重要的国际经济组织和区域经济组织。

那么，为什么中国和全球资本主义之间的冲突在近年来越来越明显了呢？这主要是因为两者之间的关系已经进入了第三个阶段，即中国“走出去”的阶段。经过几十年的发展，中国已经从一个资本短缺的国家转型成为资本过剩的国家。（应当指出的是，中国的民族资本，尤其是私人资本，在国内的环境并不理想。自改革开放以来，中国总体环境是“亲商”的，但主要是“亲外商”的。外国资本一直享有比本国资本更好的待遇。民族资本直到今天还没有外资的待遇。今天，民族资本在国内面临外资的强大压力。在这样的情况下，一旦被允许，民族资本就要到处寻找发展的机会。）与所有国家的资本一样，中国资本也会按照资本自身的规律走向能够赢利的地方。同时，充裕的资本也使得中国有能力购买大量的原材料以满足国内发展的需要。

中国资本“走出去”（主要通过企业“走出去”的形式）本来就是一个积极的因素，因为和其他资本一样，中国资本也能促进当地的经济发展。在很大程度上，中国经济发展已经为当今全球资本主义体系的发展注入了全新的动力。现在已经很难想象一个没有中国的世界经济体系了。中国为全球市场提供着源源不断的廉价商品，为原材料生产国提供了一个新的“客户”选择，崛起中的中国中产阶级更是为发达国家提供了一个倾销高档商品的巨大市场。

既然中国的经济崛起产生了这么多的正面效应，那么为什么又表现为和全球资本主义体系之间的冲突呢？这里既有经济上的因素，也有政治和战略方面的原因。在经济层面，随着中国经济体的壮大，内部的供应和需求都可以产生巨大的外部影响力。在供应方面，因为中国内部廉价的生产要素（主要是劳动力和土地），中国正在生产出越来越多的廉价商品，供应全球市场，从而影响当地产品的价格。“中国制造”，确切地说，是“中国组装”，可能是当代全球资本主义体系中最具特色的现象。在需求方面，中国内部巨大的需求已经开始对国际原材料价格产生很大的影响，近年来国际石油、钢材、铁矿等价格变化都离不开中国的因素。正是因为中国已经成了全球经济体的一个重要组成部分，中国生产什么和消费什么，生产多少和消费多少，都可对全球经济体系产生深刻的影响。这些影响程度对不同国家不同，对不同产业不同。一些国家、一些产业视中国的“走出去”为机会，而另外一些国家和产业则有不同甚至是相反的看法。这是非常正常的现象。竞争是经济进步的动力，但并不是所有人都能够适应竞争环境。

一个更为重要的因素是，全球资本主义体系的运作并非经济学意义上所谓的需求和供应关系那么简单，它是典型的政治经济学体系，就是说，任何经济学上的交易必然包含或者产出政治上的意义，甚至是战略上的意义。尽管中国努力通过经济的全球化（和区域化）来实现和平崛起和发展，但是在那些主导当今全球经济体系的国家看来，全球化也正在使得中国有可能把其影响力扩展到全球的各个角落。近年来，中国的经济影响力已经开始很快地走出亚洲，走向非洲、拉丁美洲、中东，甚至是全球资本主义的大本营的美国和欧洲。对西方国家尤其是美国来说，中国影响力的崛起，无论是通过何种方式的崛起，无疑是一种新的挑战。在冷战后，西方世界各种“围堵”中国的声音不断，但与苏联不同，对西方来说，中国是一种完全不同的情形。无论是中国的“请进来”、“接轨”和“走出去”都使得西方难以实行当年对苏联所实行的政策。苏联是一个相当孤立的实体，在经济上和西方世界没有什么实质性的关系。但如上所说，中国的经济活动已经成了西方经济生活不可分割的部分。再者，苏联也经常搞“输出”，搞“革命”和“意识形态”的输出，这经常导致西方的恐惧。但中国所输出的则是西方普通老百姓所需要的商品。这种情况使得西方很难找到一种战略来遏制中国。到今天为止，尽管西方世界一直有“围堵”中国的意图，但并没有一种有效的战略。

因为没有一种有效的战略来消化或者遏制中国经济崛起所产生的外在影响力，西方世界的一些人尤其是政治人物经常感到深切的忧虑。这也是为什么美国和一些西方国家在近年来不断把贸易、企业并购等经济问题政治化，拼命通过政治手段，企图阻碍中国经济影响力的外扩。从世界的长历史来看，这样那样的政治化手段可能会延迟中国经济的外在影响力，但不可能阻止中国“走出去”。

# 二、自由主义国际秩序坍塌了

美国总统特朗普于2020年5月29日宣布，美国将退出世界卫生组织。这似乎在人们预料之中，因为4月14日他已经宣布美国暂停资助世界卫生组织。特朗普指责世界卫生组织在2019年新型冠状病毒疫情上的决策以中国为重心，没有及时分享疫情信息，没有及时提供防疫政策建议，没有及时宣布“全球大流行”，所以，“在这么长时间后，是时候让他们为此负责了”。

对特朗普治下的美国“退群”行为，人们似乎已经习以为常。这些年来，美国已经退出《跨太平洋伙伴关系协定》(TPP)、联合国教科文组织、《全球移民协议》、联合国人权理事会、伊核协议、《美苏消除两国中程和中短程导弹条约》(以下简称《中导条约》)、《巴黎气候协定》等。退出世界卫生组织是不是另一个“退群”行为呢?

事情可能并非“退群”那么简单。特朗普执掌美国后，其外交政策取向，经历了一个从非常态美国的经济思维向常态美国的权力思维的转变。初期，特朗普的口号是“让美国再次伟大”。他的判断是美国在海外参与已经过度，让美国承担了过多的维持国际秩序的负担，所以美国要减少海外的承诺。在这一点上，特朗普其实并没有什么新意。其前任奥巴马已经这么做了，只不过奥巴马没有像特朗普那样，明确提出“美国优先”的口号，也没有像特朗普那样，采取激进的"退出"政策。

具有商人背景的特朗普更多的是从经济成本来计算美国的海外卷入。因此，当他觉得美国所出的钱和所享受的权力不对等时，他就要减少美国的份额。在这一点上，他对盟友也是如此。这些年来，特朗普和欧洲国家、日本、韩国等盟友一直纠缠于同盟费用分担问题。

特朗普政府的"退群"行为过于激进，过于以美国为中心，自然受到美国精英阶层和盟友的抵制。在他们看来，"退群"意味着美国国际影响力的衰退，美国作为大国"没有大国的样子"了。"退群"甚至受到美国的强硬派反对，因为对他们来说，"退群"在很大程度上意味着把国际空间白白让给中国或其他国家。

一个不可忽视的事实是，当美国拼命"退群"时，崛起中的中国已经在国际舞台上变得更加活跃。例如，根据西方观察家的说法，在联合国 15 个专门机构当中，中国取得 4 个机构的领导岗位，包括粮农组织（FAO）、工业发展组织（ONUDI）、联合国国际电信联盟（UIT）和国际民航组织（ICAO）。世界卫生组织总干事更被西方认为是亲中国的。

## 1. 公共产品不足冲击国际秩序

不管如何，美国的行为意味着现存国际秩序的倒坍。美国在 19 世纪 90 年代成为世界上最大的经济体，从第一次世界大战开始卷入世界事务，第二次世界大战之后领导整个西方建立了所谓的“战后国际秩序”。以联合国为核心的一系列国际组织，是这个国际秩序的制度体现。在战后很长一段时间里，美国的确能够扮演这个体系的领导者角色。

尽管人们一直在呼吁国际体系“民主化”，但实际上国际体系远比国内体系更难民主化。例如，尽管在联合国内部，每一个国家都有发言权，但并非每一个国家都享有同样的权力。其他所有国际组织体系内部也是如此。事实上，美国因为是世界上最大的经济体，所以，提供国际秩序生存和发展所需要的最大份额的国际公共产品。在学术界，吉尔平（Robert Gilpin）称此为“霸权稳定”。哈佛大学约瑟夫·奈（Joseph Nye）近年来提出的“金德尔伯格陷阱”（The Kindleberger Trap）也是基于此种现实情况。就是说，国际秩序的维持和稳定，需要足够的国际公共产品；一旦国际公共产品不足或缺失，国际秩序就会遇到大麻烦。

不过，美国扮演国际体系领导角色，并不意味着美国在独自提供国际公共产品。美国的领导角色是具有一系列条件的。第一，美国在提供最大份额的同时，也要求其他国家尤其是其盟友（大多是发达的西方国家）提供份额，而且美国也有能力要求其他国家这么做，其他国家也的确这么做了。第二，国际体系的开放性。美国主导国际体系，但并非独享国际体系的权力，而是向其他国家（大多是西方盟友）开放这个体系；其他国家进入这个体系，并接受这个体系的等级性，也即接受美国的领导权。第三，作为它们接受美国领导权的交换，美国也向这些国家开放其庞大的市场。

不管怎样的条件，就如意大利新马克思主义者葛兰西（Antonio Gramsci）所言，霸权地位的获得，是因为霸权者能够超越自己的利益，而照顾到其他角色的利益。

无论从哪个方面看，今天的美国失去了其往日的国际领导能力，而且失去得很快。美国似乎没能跳出从前所有帝国的生存和发展逻辑——崛起、扩张、扩张过度、力不从心、衰落。尽管没有人会预测美国最后的衰亡，但人们都认同今天美国的力不从心和相对衰落。

从这个角度来看，特朗普从国际转向内政的方向并没有错。美国如果继续扩张，在海外卷入过多，会衰落得更快。

美国的衰落一定意味着国际秩序的倒坍吗？不一定。就国际公共产品来说，如果美国没有那么大的提供能力了，其他国家也可以提供。全球化造就了“全球村”，各国互相高度依赖，更需要足够的国际公共产品。全球化也促使包括中国在内的一大批新兴国家崛起，这些新兴国家拥有强大的经济力量，也有能力为国际秩序提供所需的公共产品。

## 2. 分享国际权力，维持国际秩序

国际秩序危机的产生，并不是因为缺少提供公共产品者；公共产品的不足是国际政治造成的。说穿了，“国际公共产品”只是国际权力政治的漂亮包装盒。究其实质，国际公共产品的背后就是国际领导权。吉尔平的“霸权稳定”理论，要比“国际公共产品”更能说明国际政治的本质。

这也就是今天中美两国在国际舞台上较量的本质。美国失去了国际领导力，而中国快速崛起，也愿意承担更多的国际责任，或者提供更多的国际公共产品。这也是前些年曾任美国贸易代表、美国副国务卿和世界银行行长的佐利克（Robert Bruce Zoellick）所提出的“利益相关者”（stakeholder）概念的初衷，即美国通过和中国分享国际权力，来维持现存国际秩序。

作为第二大经济体的中国，多年来变成战后体系最坚强的维护者。在崛起过程中，中国并没有“另起炉灶”，而是选择加入现存国际体系，再通过改革现存世界体系来改变自己的地位，发挥更大的国际作用。表面看，中国的选择无论对中国本身还是对美国来说，是最优的选择，因为这种选择可以避免给现存国际体系带来震荡。

但在国际政治领域，问题没那么简单。无论在维护战后体系，还是想在现存体系中扮演更大的角色，中国所面临的挑战是巨大的。

首先，美国不会退出国际政治舞台。尽管美国已经力不从心，但它仍然是世界上最多“最”的国家，包括最大的经济体、最大的市场、最具创新力的企业制度、最强大的军事力量等。一个拥有那么多“最”的国家，不仅不会想退出国际政治舞台，也不会想和其他国家共享国际权力，尤其是与一个同自己的文化、价值体系、意识形态和政治制度那么不相同的国家共享权力。这与战后英国和平地向美国移交国际霸权很不一样。英国“光荣退出”（gracefully exit）国际体系领导权，美国成为国际体系的领导者，不仅因为欧洲国家之间发生过激烈战争，除了免于战争的美国，西方列强没有一个有能力领导世界，也因为英美两国的同质性。

其次，即使美国没有能力领导世界了，西方国家能够接受中国吗？尽管这个世界并不是西方的，但不管人们喜欢与否，这个世界秩序是西方世界确立的，也一直为西方世界所主导。尽管世界秩序的开放性，使得其他非西方国家能够参与其中，但非西方世界从来没有领导过世界。即使其他国家接受了中国的领导角色，但如果没有西方世界的接受，中国也很难领导世界。至少从现在看来，西方世界并没有任何意愿接受中国的领导；相反，西方诸国时刻警惕中国是否会取得国际领导权。这次抗疫过程中，西方一直竭力提防中国在抗疫过程中取得国际领导权，背后的理由不言自明。

再次，也更为重要的是，中国本身一直表示无意和美国竞争领导权，领导世界。一方面是因为客观上中国并没有足够的能力来领导世界。尽管中国是世界第二大经济体，并且在不远的将来可能会超过美国，但即使这样，中国的人均国民所得仍然远远低于美国，而且在科技、创新、军事、企业制度等方面会继续落后于美国。在刚刚过去的“两会”记者会上，中国国务院总理李克强强调，中国还有 6 亿人口的月收入是 1000 元人民币。这表明，中国将会长期处于发展中国家的位置。另一方面，中国的确没有这样的意愿。国霸必衰，中国人是相信的。英国、日本、苏联都在争霸过程中衰落了。如果强大的美国领导世界都那么吃力，为什么要去抢美国的领导权呢？

中国是世界体系的一部分，也从这个世界体系中获益。中国需要维持这个秩序，也愿意和其他国家尤其是美国合作，来维持这个秩序。这也就是中国对佐利克的“利益相关者”概念感兴趣的原因。中国相信，只要中美两国合作，什么问题都能解决；但如果两国发生冲突，那将是世界的灾难。

然而，美国并不这样想。美国认为，中国如果继续发展下去，迟早要抢美国世界领导的地位。

美国没有强大的领导能力了，但也不会自愿放弃国际组织的领导权；中国还没有足够的能力和意愿，也不想成为现行体制的破坏者，而西方诸国既要维护现存国际秩序又要提防中国。这意味着现存国际组织很有可能存在下去，但会越来越政治化，成为主要主权国家作国际政治斗争的工具。正因为是斗争，各国互相制衡，国际组织的激进改革也不可能达成，所以它们的效率会低下，腐败会继续存在，越来越不能满足成员国的需要。

这种情况显然并不符合各国的利益。各大国会如何回应？新的秩序在哪里呢？尽管包括基辛格在内的诸多外交家和外交观察家都在预测新秩序的出现，但一个新秩序的出现不会那么容易。新秩序肯定不会通过修补旧秩序而产生。历史经验表明，新秩序必然起于区域和局部，自区域秩序和局部秩序而扩展延伸为国际秩序。

无论是中美贸易摩擦，还是由新型冠状病毒疫情引起的中国和美国、中国和西方的角力，都表明世界正朝着“一个世界、两个体系、两个市场”转型。如果现存国际组织被弱化，“一个世界”必然被虚化，两个体系、两个市场便是实体。

如果这样，人们也没什么可惊讶的。第二次世界大战后，尽管有了以联合国为中心的世界体系，但西方体系如七国集团（G7）依然存在，并且很多国际问题是通过西方体系得到解决的，而非联合国体系。中国早已开始为现存世界体系做补充，例如金砖国家、金砖银行、亚洲基础设施投资银行和“一带一路”等。英国政府已经在推动组建一个10国集团（原来的G7加上澳大利亚、韩国和印度），研发5G技术来对抗中国。如果将来出现另一个Gx之类的集团，来支撑另一个体系和市场，那可能也是国际政治客观规律所致，而非中国的初心。如果全球化持续推进，甚至一些国家同时成为两个体系、两个市场的成员国，也没什么好惊讶的。

至于中国如何使自己建立的体系和市场具有竞争力，实现可持续的发展，那是需要另外探讨的重要问题。

# 三、新一波“中国威胁论”

“中国威胁论”始终是以西方国家为主体的国家群（即西方国家和它们的盟友）的一条对华外交主线。冷战结束之后，“中国威胁论”经历了好几波。每一波“中国威胁论”浪潮轻则曲解和诬蔑中国，损害中国的国际形象；重则影响所在国的对华政策，阻碍甚至围堵中国的崛起。正当中国积极准备新时代主场外交的时候，新一波“中国威胁论”浪潮扑面而来，并且比以往来得更凶猛、更广泛。

这一波“中国威胁论”浪潮覆盖整个西方世界和它们的盟友，包括美国，欧洲的德国，亚太地区的澳大利亚、日本和印度等国。一些国家的政府官员公开出来“警告”中国，而另一些国家则政府在背后，民间人士在人前指责中国。各国政界和学界尽其所能，制造了一大堆的新名字，例如“锐实力”“债权帝国主义”“新帝国主义列强”“修正主义者”，等等。尽管西方在创造概念方面一直被视为严肃认真，但在攻击中国时，造词一点也不科学。一些人试图用学术的态度和方法来分析这些概念，但白费心思，因为这些根本就不是像样的学术概念，在学术上不值得推敲。

## 1. 西方发现无法改变中国

西方的“反华”力量所要做的就是营造一个新的冷战环境。和中国发生一场新“冷战”甚至热战一直是西方“反华”力量梦寐以求的。简单地说，西方的新一波“中国威胁论”建立在西方近年来流行起来的至少三个新“冷战思维”之上。

第一，西方对中国发展过程中的政治制度抱冷战思维。近代以来，政治制度的不同往往是国家之间对抗和冲突的重要根源之一。在这方面，西方和中国的价值观全然不同。中国相信不同政治制度和谐共存，而西方往往把具有不同政治制度的国家视为竞争者甚至敌人。长期以来，西方相信随着中国改革开放政策的实施，中国会演变成西方那样的自由民主制度。但当西方看到中国不仅没有走西方式“民主道路”，而且发展出了自己的政治模式时，西方就莫名其妙地感觉到了“威胁”。

今天，西方基本的判断是中国的“威权主义”趋于永久化。对西方来说，更为严峻的是，中国的“威权主义”政治体制已经对非西方国家产生了很大影响，越来越多的国家会仿照中国的体制。在西方看来，这是对西方自由民主制度的最大挑战和最大“威胁”。

第二，对中国经济制度的冷战思维。改革开放以来，中国经济制度渐趋成熟，形成了具有自己特色的“混合经济模式”。近年来，西方一直在炒作中国“国家资本主义”的概念。今天西方所认为的中国“国家资本主义”的内外部影响，主要包括如下几个层面：其一是国家资本主义导致中国内部市场的不开放，西方企业在中国失去了“竞争力”；其二是中国国有企业在国际市场上政治原则高于经济原则，影响西方企业的竞争力；其三是国家资本主义是中国“外部扩张”的主要政治工具。正如苏联经济模式是对西方自由资本主义模式的最大威胁，今天中国的“国家资本主义”被认为是西方自由资本主义的最大经济威胁。

第三，对所谓中国“新帝国主义”的冷战思维。改革开放以来，西方对中国的战略基本上包括三个方面：围堵和遏制中国崛起，至少防止中国挑战西方的霸权；鼓励中国进入西方主导的世界体系，不想失去中国，即不想让中国成为另外一个“苏联”；把中国改造为一个类似西方的国家。

但现在这些选项都没有了。西方的新冷战思维是：西方既没有能力围堵遏制中国，也没有能力改变中国。因此，一个可行的选择就是把中国变成另一个“苏联”，这样西方至少可以团结起来尽最大努力遏制中国的扩张，并且也能孤立中国，和西方进行一场新的“冷战”。

特朗普政府2017年12月、美国国防部2018年1月分别发表的《国家安全战略报告》与《国防战略报告》，都直接称中国和俄罗斯是美国的主要战略竞争对手，并声称美国将聚集资源应对中俄的挑战。非常有意思的是，白宫新闻发言人把美国的这份《国家安全战略报告》称为美国“新时代的新国家安全战略”。这种称呼和中国领导人所提出的“新时代”相呼应。

美国前国防部长马蒂斯（James Matis）指出，美国决定公开称中国和俄罗斯是战略竞争对手，并非美国自身的选择，而是国际安全形势变化带来的必然结果。他说：“将竞争关系公开化的行动是（中国）将南海的岛礁变成军事哨所。在欧洲将竞争关系公开化的行动是俄罗斯越境侵占克里米亚，以及俄罗斯在乌克兰东部支持分离分子。”

再者，一些西方国家对“一带一路”有了新的冷战思维，认为这是中国国际扩张主义的体现。德国外长加布里尔（Sigmar Gabriel）最近的言论可以视为西方国家态度的变化。在慕尼黑安全会议上，这位外长声称中国借“一带一路”打造有别于自由、民主与人权等西方价值观的制度，自由世界的秩序正在解体，西方国家应当提出对策。这位外长还警告欧洲被中国和俄罗斯分化的危险。欧洲国家包括德国早先对“一带一路”倡议持积极态度，但现在立场出现变化。这种变化并不仅限于德国，而是相当普遍。

这些互为关联的思维加在一起，成为西方对中国发起“冷战”的依据。正在形成中的“中国威胁论”浪潮覆盖西方世界和它们的盟友，“反华”情绪和行为表现在各个方面，可以说是全方位的，涵盖经贸、安全、文化教育与人文交流等领域。

## 2.“反华”情绪涵盖诸多领域

在经贸方面，美国已经发生了和中国的贸易摩擦。中美之间的贸易摩擦对中美两国都必然会造成重大损失。特朗普政府聚焦的是美国的经济，为了美国经济，特朗普政府正在采取诸多非常举措，尤其是贸易方面。历届政府在考量对华贸易政策时会把贸易政策和其他政策联系在一起，并且抱有以贸易政策改变中国的企图。但特朗普政府没有任何这样的企图，其对华贸易表现得更为直接，就是看看贸易平衡数据。这种对单一因素的考量使得特朗普政府趋向于采取强硬的对华贸易政策。当然，特朗普政府对其他国家也如此。

其他主要西方国家包括美国的盟友，如澳大利亚和日本，尽管对中国的贸易依存度非常高，并且从对华贸易的过程中获得了巨大的利益，但这些国家的一些政治力量还是宣称要对中国采取强硬举措，并声称要做好准备为此付出“代价”。以日本为核心的新版本《跨太平洋伙伴关系协定》（TPP）起死回生，同时这些国家向美国开放，随时欢迎美国的回归，而宣布退出 TPP 的特朗普近来在这方面也开始松口。

在安全方面，问题更多。中国经过这些年的努力稳定了南海局势，但美国正在推动南海问题重新“回归”安全议程。在核扩散问题上，因为朝鲜核问题，中国不仅面临巨大的国际压力（主要来自美国），而且也面临日益增长的核威胁。一旦朝鲜成为核武国家，那么中国全部周边必将被核国家所包围。更复杂的是，美国、俄罗斯、日本、韩国等所有相关国家在朝鲜核问题上，和中国的利益不同，它们以各种形式拖延核危机，把压力转移给中国。

中国的“一带一路”倡议本意是为了带动发展中国家的经济发展，并且中国一直持开放的态度，欢迎各国参与这个倡议。不过，西方并不这么看。美国和日本一直持怀疑态度。这尤其表现在美日对中国主导的“亚洲基础设施投资银行”（AIIB）的态度上，它们一直相信亚投行是想取代美日主导的亚行。

在亚洲，日本、澳大利亚、印度等国家为了应对中国的“一带一路”倡议，提出了“印太战略”，而美国特朗普政府也接受了这种思路。拉印度来对抗中国的崛起是美国和日本多年来的重点战略考虑，而随着"印太战略"的正式提出，这一战略会很快进入操作阶段，具体化和行动化。

这一战略大致会从两个方面进行，即军事战略和经济战略。军事战略方面实际上已经进行了很多年，只是早些时候没有这样的提法。在围绕核武器、南海、东盟等问题上，美、日、印、澳都把中国视为威胁，并且逐渐找到了"共同安全利益"。这些国家之间的军事合作已经有多年，且渐趋成熟。2017 年，四国重启"四方安全对话"（Quadrilateral Security Dialogue），确保印度洋和太平洋的"自由开放"。"四方安全对话"被视为亚洲版"北约"的开端。

现在美、日、印、澳又开始转到经济战略层面。最近，这些国家初步达成对付中国"一带一路"的"另外选择"，即这些国家共同推出一个区域基础建设计划。在这一方面，这些国家既有共同利益，合作起来也有相当的实力。对美国来说，其所担心的是中国的"一带一路"会促成一个以中国为中心的地缘政治势力范围，从而抗衡美国。因此，美国必须力所能及地破解这个被认为是形成中的中国势力范围圈。这也是美国接受"印太战略"的理由，认为这一战略可以维持"自由开放的亚太区"。

印度对"一带一路"始终抱有非常负面的看法。因为"一带一路"覆盖很多印度的邻国，印度担心其会被中国"势力"所包围。这些年来，印度提出"东进战略"，积极投资建设连接邻国的道路和铁路。

在安全方面，中国台湾问题也变得越来越重要。近来美国一直在提升和中国台湾的关系来制约中国大陆，中国台湾当局主动配合。

在两岸情势紧张之际，中国台湾的强硬派走上台面，他们希望中美之间陷入一场“冷战”，相信“冷战”局面有利于维持中国台湾的现状，并企图在这个过程中寻找“独立”的机会。

可以预见，无论是“印太战略”，还是“四方安全对话”，或者其他的组织，一旦针对中国的联盟或者网络形成，那么其功能会不断扩展，最终涉及网络安全、外太空安全、核安全等领域。“北约”的历史就说明了这一逻辑。甚至在文化和人文交流方面，一场无硝烟的战争也已开始。

### 3. 欧美亚太多国拉帮结伙

和之前几波“中国威胁论”浪潮不同的是，从前都是美国在挑头，鼓动其他国家加入。但这次是其他国家在挑头，鼓动美国来参与。实际情况是，当美国挑头时，其他国家不见得一定要参加，因为其他国家觉得有美国在行动就足够了，它们自己不仅不用参加（至少不要那么起劲参加），而且可以和中国做生意。但这次，因为美国的特朗普要求美国逐渐从国际事务中撤退，其他国家感觉到了要挑头来应付中国。如果这些国家成功游说美国加入，那么这一波“中国威胁论”浪潮要远超从前。

美国一直是西方世界秩序的核心。或者说，整个西方世界的秩序是由美国组织起来的。现在，特朗普不想做世界秩序的组织者和领袖了，很多国家就担心忧虑起来。这种忧虑情绪最近一段时间越来越浓，德国、澳大利亚、日本等很多国家甚至公开表达出来。很多事情，这些中等国家本身做不了，但一结合美国它们就可以做了。或者说，这些国家各自的力量太分散，美国能够起到一个组织者的作用。美国是否和它们站在一起，对它们来说至关重要。

今天，这些国家开始采取两种方案。其一，继续邀请美国回来成为它们的领袖。它们的努力也有成效，特朗普开始不那么坚持“美国优先”了，至少对美国的盟友来说。在一些方面，特朗普也不那么坚持双边主义了，而是强调和盟友合作的重要性。其二，这些国家自己开始行动起来，通过把中国视为“竞争者”和“敌人”把自己组织起来。TPP是这样，“印太战略”是这样，“四方安全对话”也是这样。从前是美国倡议，这些国家再加入；现在是这些国家先倡议，再鼓动美国加入。

新一波“中国威胁”声音到处可见。不同的反华力量正在聚集在一起，构成对中国越来越大的压力。在国际政治和外交关系上，A国对B国的外交政策是基于A国对B国的基本判断之上的，即是“朋友”，还是“敌人”？一旦A国判断B国为“敌人”，那么A国就会动用所有的力量来对付B国。第二次世界大战结束之后，美苏之所以形成冷战局面，就是因为美国所作的这样一个判断，而两大阵营之间全方位的竞争也从此开始了，直到苏联解体。今天，中美两国之间或许也正面临着这样一种情形。

# 四、中美关系有走向“修昔底德陷阱”的风险

很多年来，中美都在讨论两国关系是否会陷入“修昔底德陷阱”，也就是国际关系理论或者权力转移理论里面所说的大国争霸战争，守成大国恐惧新兴大国，而新兴大国则会挑战守成大国，于是最终走向了战争。“修昔底德陷阱”是基于人们对历史的观察和解读。根据哈佛大学一个研究小组的统计，自公元1500年以来，全球一共发生了16次权力转移，其中有12次发生了大规模的战争，只有4次没有发生。战争发生了，就需要解释，于是有了“修昔底德陷阱”的假设。

历史上发生了无数次战争，但并非所有的战争都可以用“修昔底德陷阱”来解释，更多的战争和大国争霸并没有多少关系。美国和其他很多小国之间的战争，并不能用这个理论来解释；同样，中国和周边国家之间所发生的冲突，也很难用称霸战争来解释。不过，更重要的是，这个假设解释不了和平是如何实现的。例如，历史上的东亚地区，在中国朝贡体制下，并没有发生大规模的战争，学界把这种和平称为“霸权稳定理论”。

在人类历史长河里，很难找到一个国家独霸世界的情况；在很多历史时期，一直存在权力多极的情况。例如，近代之前是几个帝国共存的，各帝国之间相互交流（例如中国的丝绸之路），也经常发生战争。进而，一个帝国的灭亡往往并不是因为另一个帝国的挑战，

而是因为其不能有效管理内部事务。近代国家产生之后，帝国体系解体，近代国家走向了绝对主权的道路。帝国的解体就导致了原来帝国内部各个国家之间的战争。人们不要忘记第一次世界大战、第二次世界大战甚至之前的很多战争，都是发生在同一文明、同一宗教、同一文化下的不同国家之间。主权国家把自己的国家利益尤其是安全推向了极端，它们之间发生战争并不难理解。

特朗普能否引入地缘政治大变化呢？这主要还是取决于国际大格局。今天的国际格局是全球化。这些年开始产生逆全球化现象。如果特朗普推行贸易保护主义，也会加速逆全球化的进程。逆全球化会对国际安全和各个主权国家的安全产生影响。然而，不管全球化如何逆转，各国也不会回到全球化之前的孤立状态。

当人们讨论逆全球化时，大多指的是西方引导的全球化的动力不足。近代以来的全球化主要是西方资本推动的，西方国家出现问题就会影响到全球化。但这并不是说全球化就不会再继续了。相反，发展中国家尤其是中国和印度等新兴经济体的全球化，仍然处于早期阶段，呈现出巨大的动力。同时，互联网和金融资本的发展，也会为全球化提供新的动力。

## 1. 全球化有利于大国和平共存

在这样的情况下，大国关系会如何发展呢？在全球化状态下，至少有几个条件有利于大国之间的和平共存。第一，大国之间在经济上互相依赖，一个经济衰落了，另一个也要衰落。例如在中美之间已经形成了一些美国学者所说的“中美国”。经济互相依赖并不是说两国之间就没有经济冲突了，而是说经济上的冲突不会是一个零和游戏。经济互动往往是互赢的局面。第二，今天世界上的大国都是核大国，而一场互相毁灭的战争难以想象。第三，全球化导致命运共同体的形成，因为很多问题并非任何国家单独可以消化和应付，需要国际合作才能达成，包括气候、核不扩散和全球恐怖主义问题，等等。要在大国之间构建命运共同体需要一些条件。今天，人类社会面临越来越多和越来越严重的共同威胁，这些威胁客观上已经造就了各国之间的命运共同体。大国在应付这些问题过程中起着主导作用，如果不能合作，各国都会受到威胁。

除了这些客观条件之外，大国共存还需要一些主观上的条件，有些因为全球化变得更具现实性，而有些则因为全球化在恶化。

首先，各大国要照顾其他大国的地缘政治利益。一个大国如果把自己的安全最大化和绝对化，就会把其他大国的安全最小化。一个国家的绝对安全，会导致另一个大国的绝对不安全。第一次世界大战和第二次世界大战之前，欧洲各国关系就是如此，各主要国家追求绝对的主权和绝对的安全，结果导致了大规模的战争和冲突。在后冷战时代，尤其是苏联解体之后，美国主导的“北约”把其地缘政治利益急剧扩张到东欧甚至苏联加盟共和国，严重损害了俄罗斯的地缘政治利益。如果不是“北约”的扩张，恐怕不会发生乌克兰危机。

同样，亚洲也如此。近代以来，中国被帝国主义打败，失去了其大部分地缘政治利益。随着中国的崛起，其地缘政治影响力自然会扩大。这种影响力的扩大和领导人的意图不是那么相关。当客观条件具备之后，不管谁当领导人都会自然扩大这种影响，所不同的只是追求的方式。其他大国，尤其是美国必须考虑到这一点。如果把中国的崛起和影响力的扩大，视为中国领导层搞扩张主义的结果，美国就会认为中国对其构成了威胁，而对中国采取遏止和围堵政策；如果这样，就必然会发生冲突。

地缘政治利益的冲突因为全球化而在急剧恶化。对主要国家来说，地缘政治利益会随着其经济全球化而扩展。例如，近代以来，西方在亚洲的地缘政治利益和其所推动的经济全球化不可分离。世界经济重心在哪里，一个国家的战略重点就会跟到哪里。从这个视角看，崛起中的中国也必须考虑到俄罗斯、印度等大国的地缘政治利益。可以预计，随着中国的经济发展和话语权的提高，中国也越来越成为各国地缘政治利益的关切点。

其次，各大国需要善待其地缘政治影响范围内的较小国家，在施行“王道”的同时不能把其内部国家变成“同盟”。在地缘政治意义上，任何同盟都需要外部“敌人”，因为没有“敌人”，同盟就很难持续下去。在同盟内部，各国之间的关系往往并非平等的，而是一种“领导”与“被领导”的关系。美国与日本、美国与菲律宾等盟国的关系就是这样。如果存在着真实的“敌人”和外在威胁，同盟内部的较小国家可以承受“盟主”的霸道行为。但一旦外在的威胁减少，这些较小国家就会追求和“盟主”较为平等的关系。

## 2.“王道”的大小国相处原则

“王道”意味着什么呢？传统上，“王道”表现为“盟主”为较小国家开放市场、提供保护等。在现代国际关系上，“王道”表现为主要大国提供更多的区域和全球性的服务、秩序与安全。冷战期间，苏联的“霸道”并没有成功，因为苏联既不能为其东欧盟友提供公共服务，也没有形成共同市场，促进经济发展；相反，苏联往往依靠强制力甚至武力来控制其盟友。较之苏联，美国表现为“王道”，因为美国在向其盟友国提供保护的同时，也向它们开放市场，通过市场机制促进这些国家的社会经济发展。此外，美国的民主自由政治理念，也成为美国吸引盟友国的软力量。

再次，区域内部较小国家也要尊重大国的利益。大国施行“王道”，而小国尊重大国，这是一种理想的状态。在全球化状态下，各国之间交往，一个区域的小国必须和区域外的大国发生联系，甚至是紧密的联系。不过，区域内的小国也不能为了自己的安全利益，而牺牲区域内大国的安全利益。古巴导弹危机就是这样发生的。苏联在古巴部署导弹，尽管能够满足古巴的安全利益，但被美国视为对其构成了重大威胁。美国的反制行为不难理解。今天的韩国萨德导弹危机也是如此。尽管同意让美国在韩国部署导弹，从韩国的安全利益来说并不难理解，但因为韩国的安全利益，大大损害了中国的安全利益，中国必然要作出各种回应，直到中国认为自身的安全有了保障。

同样，亚洲一些较小国家出于对中国的“恐惧”或者误解，如果过度地依赖美国或者其他域外大国，就会失去必要的中立地位。一旦中国视这些较小国家和美国站在一起来对付中国，也会采取其认为正当的方法来反制，这样也会产生不安全状态。同时，美国对本区域较小国家所释放出来的信息也很重要。在全球化时代，中美关系表现出不可分割性特征，美国实际上也在缓慢地调整其政策，来逐渐适应中国的崛起。

不过，美国往往对本区域的较小国家释放出错误的信息。奥巴马时代的“回归亚洲”政策就是如此。尽管美国在亚洲存在影响力是一个事实，但借助“回归亚洲”政策，美国向一些国家传达了错误的信息，那就是，如果这些国家和中国对抗，美国会站在它们这一边。

就本区域的战争与和平而言，作为最大国家的中国的作为则是关键。在今后很长一段时间里，中国不仅要处理和另一个大国即美国的关系，也要处理和本区域较小国家的关系。无论是美国还是这些较小国家，与中国调整关系需要很长的时间。这个过程并不容易。

对美国，中国多年来一直在强调建设“新型大国关系”，意在避免“修昔底德陷阱”。在政策层面，也确立了两国间的经贸和战略关系。尽管现有关系因为特朗普的上台发生了变化，但只要这种关系客观上是需要的，就会延续下去。中美两国合作得好，就可以为全球提供无论是经济上还是战略上的公共服务；如果合作不好或者不能合作，全球性公共服务的短缺不可避免。这不仅不利于全球发展，也不利于中美本身。对本区域的较小国家，中国也在施行“一带一路”和“周边外交”等政策，意在实现经济和战略上的共赢。这些政策可理解成为现代版本的“王道”政策，至少就中国的意图而言是这样的。

中国如果能够现实主义地看国际形势，不管如何变化，总能减少特朗普主义所带来的不确定性，找到有效的方式来追求和平，避免战争。“新型大国关系”“一带一路”“周边外交”等政策手段，就是现实主义追求的结果。这种现实主义的追求，可以促成中国本身成为一个新型大国，一个有利于区域和平与稳定的大国。

# 五、人们熟悉的中美关系一去不复返

中美关系作为世界上最重要的双边关系，这些年来维持得很是辛苦。特朗普上台之后，美国就发动了中美贸易战。两个最大经济体之间的贸易战，已经给世界经济蒙上了巨大的阴影。经过艰苦的谈判，两国好不容易达成了第一阶段的协议，2019 年新型冠状病毒却出现了。这个时候最需要两个大国的合作，但它们却走向了深刻的冲突。

尽管中国国家主席习近平和美国总统特朗普就新型冠状病毒疫情的应对和合作，进行了友好的电话交谈，特朗普也答应会亲自监督落实两国元首所达成的共识，但现实地说，即使两国的医疗合作可以进行，人们曾经所见的中美关系，也已经一去不复返了。

两国的合作是主流，冲突是非主流，并且是可以解决的。在贸易战之前，这几乎是中美精英圈的共识，所以才会有“中美国”（美方）和“婚姻关系”（中方）这样的概念出现。这些概念无非是想说明两国经济上互相依赖，冲突变得不可能，因为冲突的成本实在太高了。不过，事实并非如此。谁都知道冲突成本高，两国的贸易战对任何一方都会是巨大的伤害，但贸易战的确发生了。新型冠状病毒的扩散使得两国的合作更为紧迫。两国的合作既是客观需要，也符合两国人民的利益。因为疫情在武汉暴发，在早期，中国更需要美国的合作。美国也是答应合作的，但美国的很多承诺并没有落实。

等到中国的新型冠状病毒疫情得到控制，而在美国大规模流行开来时，人们觉得美国更需要中国的帮助。

的确，美国需要中国供应医疗物资。不仅如此，中国拥有新型冠状病毒疫情的关键信息（包括对病毒本身的研究、病毒传播方式、病毒大数据等）和抗疫的经验。在经验层面，两国的科学家也的确在进行各个方面的合作，但这些客观需要并没有把两国的合作彰显出来。人们没有感觉到两国合作的气氛，倒是闻到了浓浓的“硝烟味”。

## 1. 中美合作为何变得不可能

为什么会变成这样？因为无论是围绕着贸易还是新型冠状病毒，两国间日益恶化的政治气氛，已经使得本来可以发生的合作烟消云散。

新型冠状病毒疫情暴发以来，中美两国一直在两个领域进行着越来越激烈的较量，一是病毒的冠名，二是媒体战。

首先是病毒冠名之争。早期人们对新型冠状病毒没有统一的名称，但在世界卫生组织（WHO）有了统一的名称之后，各国理应根据 WHO 的标准叫法，美国的政治人物却没有这样做。2020 年 3 月 16 日，中共中央政治局委员杨洁篪在和美国国务卿蓬佩奥的通话中，指责“美国一些政客不断诋毁中国和中方防控努力，对中国进行污名化”。

杨洁篪说：“疫情发生以来，中方始终本着公开、透明、负责任的态度，及时向世界卫生组织以及包括美国在内的世界各国通报情况、分享信息，开展国际合作，并向一些国家提供力所能及的捐助和支持。”蓬佩奥在电话中表示，对“把冠状病毒责任推到美国身上”感到不满。他强调，“现在不是散布假信息和怪谣言的时候”，并表示所有国家应该团结起来面对共同威胁。

此前的 3 月 12 日，中国外交部发言人在推特上发问：“美国的零号病人是什么时候出现的？有多少人感染？”紧接着，发言人提出大胆的假设“可能是美军把疫情带到了武汉”，他要求：“美国要透明！要公开数据！美国欠我们一个解释！”次日，美国国务院召见中国驻美大使，谴责“阴谋论”。

在美国的一些政治人物毫无道理地把新型冠状病毒“种族主义化”之后，中美两国就展开了病毒的冠名权之争。蓬佩奥一直把病毒称为“武汉病毒”，为此中国的抗议声不断。特朗普在关于新型冠状病毒的全国电视讲话中，扭扭捏捏地称病毒为开始于中国的“外国病毒”；但就在杨洁篪和蓬佩奥通话当晚，特朗普在其推特上直呼病毒为“中国病毒”。

美国政客的种族主义很快激起了中国社会的愤怒，无论是纸媒还是网络空间，都充满了声讨文字。中下层官员也无一例外地加入了愤怒的队伍。特朗普对此似乎早有准备，接下来，他在各个场合直呼“中国病毒”。特朗普的行为更激起了中国的愤怒，外交系统官员连续反应。就这样，冲突螺旋式上升。直到习近平和特朗普通电话之后，有关病毒冠名权的言论战才有所缓和。

另一战场是媒体。《华尔街日报》发表具有种族主义色彩的污蔑中国人的文章，导致中国驱逐该报在华的三名记者。美国跟进限制中国五家媒体在美国的记者数量，并且要把这些中国媒体登记为外国政府代理人。中国自然进行反制，作出驱逐美国几家主要媒体在华记者，同时限制为美国媒体工作的中方人员的决定。美国也照本宣科地作同样的反应。冲突的升级也是螺旋式的。

不过，无论是病毒的冠名权还是媒体战，这些可能仅仅是中美间冲突的表象。实际上，双方都以为自己知道这些冲突背后，对方所具有的真实议程。在美国看来，中国是想利用这次机会在全球范围内取代美国，从而称霸全球。在中国看来，美国这样做是为了遏制和围堵中国的崛起。很显然，双方的这种担忧并不新鲜，至少从20世纪90年代就开始了，只不过是借新型冠状病毒危机的机会再次表露出来，并且得到了升级。

一些评论员说美国把病毒“种族主义化”，是为了推卸政府抗疫不力的责任。尽管疫情在武汉暴发，但早期美国政府把此视为普通的流感，没有加以重视，延误了控制病毒传播的时机。正如特朗普所言，美国具有世界上最发达、最大的经济体，也有发达的公共卫生体系，对病毒并不担心，更无须恐惧。

尽管如此，美国并没有有效阻挡病毒的快速扩散。这对美国政治人物的信心是一个沉重的打击。不难理解，没有自信心的人更会找机会把错误推给别人，国家也是如此。实际上，直到今天，美国的很多政客都还热衷于推卸责任，没有把心思和精力放在抗疫上。

不过，把病毒种族主义化在美国政界并没有共识。国会民主党人普遍批评特朗普和行政当局对于美国新型冠状病毒疫情的应对。民主党联邦众议员麦戈文（Jim McGovern）表示，他担心共和党人对中国采取调查的做法将引起种族歧视，甚至种族仇恨。马萨诸塞州参议员沃伦（Elizabeth Warren）也公开叫板特朗普。很多民主党人也认为，行政当局这样做是为了推卸责任。

这里值得注意的是，问题并不是推卸责任那么简单。新型冠状病毒考验着美国的内政外交，很多方面促成了美国对中国的真实而深刻的忧虑，这种真实性和深刻性，是正常时期所不能感受到的。

### 2. 美国担忧经济高度依赖中国

首先是对经济高度依赖中国的忧虑。谁都知道中美两国经济的相互依赖性，但谁都没有对这种高度依赖的后果有过如此深切的感受。正如美国国会众议院外交事务委员会共和党议员麦考尔（Michael McCaul）所说："我确实认为我们要审视我们的供应链，我们 80% 的医疗物资供应来自中国。如果我们在这样的危机时刻还必须依赖中国，当他们威胁我们，说要把我们置身于新型冠状病毒的地狱，拒绝提供医疗物资给我们，美国就必须重新审视，思考我们能否在美国制造这些产品。"

的确，自 20 世纪 80 年代始的全球化，使得美国资本主义高度异化，政府完全失去了经济主权。在新自由主义旗帜下，美国资本主义为了逐利，把大部分经济活动迁往海外，包括和人民生命密切相关的医疗物资。当特朗普大谈美国拥有世界上最强大的经济、最好的医疗卫生体制的时候，老百姓需要的只是简单的口罩、洗手液、防护服、呼吸机等；而正是这些能够给人民带来安全的物资，美国已经不再生产或者产能不足了。

这个现实无论是美国的精英还是民众都是难以接受的。正是这个现实，今天的美国出现了“去全球化”就是“去中国化”的论调。但很显然，这并非因为中国，而是因为资本主导的全球化，使得经济利益完全同社会的需要脱离开来。经济本来是社会的一部分，但经济脱离社会时，危机便是必然的。

### 3. 美国忧虑中国体制

其次是对中国体制的忧虑。中美之争归根结底就是体制之争。中国的“举国体制”在抗疫过程中所体现出来的有效性，更加强化了美国精英对中国体制的担忧。就美国体制而言，如美国政治学者福山所说，美国这次抗疫不力并非美国体制之故，美国总统要负更大的责任。如果说美国精英对美国体制没有有效的反思，对中国体制的恐惧感则是显然的。

中国媒体对中国体制的弘扬和美国精英对中国体制的攻击，不仅形成了鲜明的对比，而且两者是互相激化的，即中国越是高调张扬，美国越是恐惧。

不难发现，在今天美国的内政外交话语中，无论在国会议员当中还是在国务院官员当中，“中国”的概念越来越少见，大有被“中共”的概念所取代的趋势。强调“中共”而非“中国”，这一变化的背后是美国精英对中国体制的深刻恐惧。

共和党联邦参议员霍利（Josh Hawley）和同党籍的联邦众议员斯坦弗尼克（Elise Stefanik）在参众两院分别提出议案，呼吁对在新型冠状病毒疫情暴发初期“中共”“隐瞒疫情”扩散的情况启动国际调查，同时要求中国对受影响的世界各国作出赔偿。

同时，还有一组跨党派联邦众议员提出另一项议案，把新型冠状病毒在全球流行归因于中国，并呼吁中国公开承认新型冠状病毒起源于中国。如果意识到美国精英对中国体制的恐惧，类似的举动就不难理解，而且这种举动今后也会越来越甚。

### 4. 美国忧虑被中国取代

最后是对美国全球地位被中国取代的忧虑。疫情在美国快速扩散，美国自顾不暇。新型冠状病毒把特朗普的“美国中心论”推向一个极端，显示出美国的自私性，单边主义盛行。美国不仅单边对中国断航，也对欧洲盟友断航。新型冠状病毒几乎断了美国世界领导力之臂。相反，中国在本土疫情得到控制之后，开始展现其疫情外交，不仅对发展中国家，而且对美国的欧洲盟友，甚至对美国提供援助。更使美国担忧的是，这些国家为了应对危机而纷纷投向中国的“怀抱”，无条件地接受中国的援助。

这种情形是美国所不能接受的，美国担心新型冠状病毒疫情会深刻地弱化甚至消除美国地缘政治的影响力，而使得中国得到一个史无前例的机会来主导世界地缘政治。蓬佩奥的用词一再指向“中共”，他在七国集团外长视频会议上，号召各国在联合国等国际机构抗击他所说的“中共的恶意影响”。还应当指出的是，尽管欧洲国家需要中国的援助，但各国对中国援助所能产生的地缘政治影响，也保持高度的警惕。

在中美两国关系上，更加糟糕也更加重要的是，今天冲突双方越来越具有深厚的社会基础，即两国内部日益萌生的民族主义情绪。来自美国的各种民调显示，美国人对中国的好感度已经到了中美建交之后的最低点。中国尽管没有类似的民调，但从数以亿计的网民高涨的民族主义和民粹主义情绪来看，民众对美国的好感度之低也是史无前例的。

不可否认，新型冠状病毒疫情已经促成中美冷战的升级。现在越来越多的人开始担心，随着疫情在美国的继续扩散和美国政治人物把责任推给中国，随着以“反共”为核心的反华浪潮在美国的快速崛起，加之被疫情恶化的经济危机、社会恐惧和美国内部治理危机，中美之间的冷战是否会转化成为热战？如果是这样，那将是全世界的灾难。在历史上，战争和瘟疫的确是一对孪生兄弟。对这一点，谁也没有理由加以轻视。

# 六、中美关系远比自由落体还糟糕

新型冠状病毒疫情不仅对人类的生命构成了巨大威胁，更毒害着世界上最重要的双边关系，即中美关系。在世界最需要这两个大国合作，为世界提供领导角色，共同对付新型冠状病毒的时候，人们不但没有看到两国的合作，而是胆战心惊地目睹着两国冲突螺旋式上升。《纽约客》杂志前驻华记者欧逸文（Evan Osnos）于 2020 年 1 月 6 日发文，引述一名白宫高级官员的言论称，美中关系正处于“自由落体”状态。但是今天的中美关系，何止是自由落体所能形容。这个落体不仅没有任何阻碍力，反而得到了来自两边的巨大推力，以最快的速度掉向这些年来中美都不想看到的“修昔底德陷阱”。尽管新型冠状病毒具有强大的传染力，但如果抗疫举措得当，还是可控的；但如果中美冲突失控下去，一旦发生战争，没有人可以预测这会给两国、给全世界带来怎样的灾难。更令人悲观的是，今天人们对新型冠状病毒越来越具有恐惧心理，但有一些人似乎乐意看到中美关系急速恶化，好像与己无关；甚至有意无意地推动着这一进程。就两个核大国的关系而言，没有像今天的中美关系更为糟糕的了。在美苏冷战期间，尽管两国可以互相进行核威慑，但两国之间在公共卫生领域还是进行了有效的合作，共同推广天花疫苗接种，最终为人类消灭了天花这种烈性传染病。今天的中美关系又如何呢？只有政治，没有政策，或者说政治已经完全取代了政策。

两国都有内部政治，两国的关系都必然受内部政治的影响。但如果没有有效的政策来化解政治所造成的问题，两国政治就会走向最坏的形式，即战争。诚如奥地利军事家克劳塞维茨所言，战争是政治的另一种表现形式。中美关系自建交以来并不是一帆风顺的，也遇过很大的困难甚至危机，包括1989年政治风波之后美国领导西方国家对中国的无端制裁，1996年的台海危机，1999年贝尔格莱德中国大使馆被炸事件，2001年的南海撞机事件等。不过，以往两国领导层对中美关系都有一个大局观念，即在最低限度上维持工作关系，在此基础上寻求合作。有了这个大局观，尽管也不时有政治危机出现，但总会有化解政治所造成的危机的政策。两国更在全球金融危机和2014年埃博拉病毒疫情等问题上，达成了重大合作。但今天，这个大局已经不再存在。特朗普总统在没有任何科学调查结果之前，就一口咬定新型冠状病毒来自武汉病毒研究所，并称病毒为“中国人的病毒”。美国国务院高官也一直称“武汉病毒”。美国政治人物和政府官员推卸责任的行为，导致了中国的“战狼式外交”，而美国则“以牙还牙”。这种互动方式使得两国紧张局势一路飙升。

## 1. 当外交官都变成了政治人物

政治替代了政策之后，冲突必然替代外交。今天中美除了少数几个比较理性的外交官，还做着应当做的外交之外，其他外交官都变成了政治人物，并且所有的外交都成了政治。没有人在做任何政策，外交政策早已成为过往。两边所做的大都是被对方视为如何把对方搞倒的诡计式策略，或者陷阱，或者阴谋。不仅在外交领域，整个社会都是如此。就美国而言，如美国前驻华大使鲍卡斯所说："所有人都知道正在上演的一切是错的，但没有人站出来对此说些什么……现在在美国，如果谁想说一些关于中国的理性言论，他（她）就会感到恐惧，害怕自己马上会被'拉出去砍头'。"尽管中国的领导层是冷静的，但社会又是怎样的呢？社会上到处充斥着狂热的民族主义和民粹主义的声音，其中更不乏鼓吹战争的。人们看不到任何有关中美关系理性的讨论，一旦出现理性的声音，马上会招致这些狂热民粹主义的批评甚至谩骂。特朗普可说是当代西方民粹型政治人物崛起的最重要的典型。这些年来，美国反华的政治力量一直处于被动员状态，现在已经充分动员起来了。这次他们利用新型冠状病毒的机会集聚在一起，终于把中国而非新型冠状病毒塑造成了美国的敌人。

美国当然也不缺乏比较理性的政治人物，例如民主党总统候选人拜登，但是在民粹主义崛起的大政治环境下，拜登也只能往硬的方向发展，而非往缓解的方向发展。实际上，在中国问题上，特朗普和拜登所进行的只是谁比谁更狠的竞争。在整个疫情控制过程中，中国领导人从来没有就他国的抗疫指手画脚，而是努力和他国高层保持（至少是）电话沟通。不过，民族主义和民粹主义崛起，在中国也是不争的事实。人们也看到，中国的官员和社会在宣泄民族主义和民粹主义情绪方面，并没有得到有效的约束。

人们也目睹了中美高举民族主义大旗的新一代外交官员的崛起对双边关系的影响。美国的外交官帮着总统推卸责任给中国，制造着各种推责理论，例如“病毒中国起源论”“中国责任论”“中国赔偿论”等，中国年青一代的外交官当仁不让，用最情绪化的语言来反击。尽管科学界仍然努力寻找病毒的根源，但被视为白宫内的“中国通”、副国家安全顾问博明（Matthew Pottinger，又译为马修·波廷格）认为，病毒很可能源自武汉病毒研究所。博明被视为美国中青代对华政策制定者的代表。但很显然，这一代外交家已经和基辛格博士之后的几代外交家大不相同，他们经常不能把自己的个人情绪和国家利益所需要的理性区分开来。博明很显然把他过去在中国当记者时不愉快的经历，发泄在了中美关系上。

中美双方的强硬态度不是仅局限于外交领域，而是分布于更广泛的领域。美国因为言论自由，对华强硬派的态度一直是公开存在的。但现在这种倾向在中国也越来越明显。中美全面经济对话中方牵头人刘鹤副总理，2020 年 5 月 8 日应约与美国贸易代表莱特希泽、财政部长姆钦通电话，就双方落实贸易协议对话。但《环球时报》英文版（5 月 11 日）报道称，中方有可能废止第一阶段中美贸易协议。该文称接近贸易谈判的顾问已向中央建议，中方可以审视废止中美贸易协议的可能性，以推倒重来，与美方谈判新的协议，让天秤向中方倾斜。该报道称，中方可以疫情为不可抗力为由，称首阶段中美贸易协议难执行；而中方更评估，美方此刻已没有能力发动贸易战。尽管中国外交部发言人马上确认中国会执行这一协议，但这一消息仿佛震撼弹，不仅再次引爆中美激烈角力，而且导致外界开始看淡协议前景。美方表现出强烈反弹。特朗普则表示，对重启谈判“毫无兴趣”，又表示“一丁点兴趣也没有。让我们看看他们是否会遵守自己签订的协议”。特朗普也称，中国想要重新谈判，以达成一个对他们更有利的协议。这一趋势也表现在《环球时报》总编辑胡锡进有关中国应当扩核的言论上。尽管这一言论并不代表官方立场，但也引发了美国乃至世界对中国核政策的关切。

双方的强硬派都宣称是在追求各自的国家利益。尽管从表面上看，双方的强硬派的目标背道而驰，但实际上双方都在互相强化，互相帮助和支援，促成中美走向公开的冲突。如果中美冲突是他们的既定目标，那么这正合双方心意；但如果这不是他们的既定目标，他们的言行就是和自己的既定目标刚好相反。

更为严峻的是，双方的政治已经拥有了极其深厚的社会基础，即两边越来越高涨的民族主义情绪。美国民调机构 YouGov 5 月 13 日发布的一项民意调查发现，超过三分之二的受访美国人（69%）认为，中国政府应对病毒的传播负“一部分”或“很大”责任。这份民调对 1382 名美国成年人进行了调查，发现约一半（51%）受访者认为，中国政府应对受疫情影响的国家作出赔偿，有 71% 的人认为，中国应该因疫情大流行而受到“惩罚”。具体来说，有 25% 的人希望禁止中国官员入境美国，32% 的人认为美国应该拒绝为中国所持有的美国国债支付利息，33% 的人希望对中国商品征收额外关税，41% 的人则支持国际制裁。这个民调和皮尤（Pew）最近的民调具有一致性；皮尤民调也显示，三分之二的美国人对中国持负面的认知态度。中国尽管没有类似美国那样的民调，但从数亿网民高涨的反美情绪来看，中国人对美国的负面态度，比率并不会低于美国，并且中国方面也在讨论如何惩罚那些激进反华的美国官员和其他人员。除了少数被视为亲美的自由派，没有多少中国人今天会公开站出来，理性地讨论中美关系。

## 2. 希望在中国这一边

人们只能眼睁睁地看着中美关系陷入“修昔底德陷阱”吗？现实地说，如果要阻止中美关系继续恶化，美国方面已经没有希望。民族主义和民粹主义的政治大环境，加上选举政治，在短期内没有任何条件，促成政治人物回归理性。希望在中国这一边。尽管社会和中下层官僚机构中，经历着高涨的民族主义和民粹主义情绪，但中国毕竟存在着一个强有力的、对时局保持清醒头脑的领导集团。在遏制战争和维持世界和平方面，中国已经不缺能力，缺失的是信心。尽管美国是挑衅方，但中国仍然必须像从前那样，约束官员过分情绪化的言论。外交不是简单地发泄个人情绪。自信来自理性，而非情绪的发泄。中国也应当相信世界存在着维持和平的力量。如果中国采取的方法得当，美苏冷战期间曾经见过的“西方”不可能再现。也就是说，今天世界上不存在一个团结联合的“西方”。美国希望通过五眼联盟（即美国、英国、加拿大、澳大利亚和新西兰）的情报机构，制造“病毒中国起源理论”，但一些成员国的情报机构已经表示不认同。在伊拉克问题上，美国的盟友相信了美国，铸成了大错。中国不是伊拉克，这些国家没有任何理由坚定地站在美国一边。

欧洲也已经不是冷战期间的欧洲了。尽管在新型冠状病毒问题上，欧洲也有国家批评中国的一些做法，但这并不意味着欧洲国家和美国站在一起。相反，和美国不同，欧洲各国有其独立于美国的利益考量，欧洲各国都想和中国确立至少是一种可管理的关系，而不想和中国对立。实际上，美国和其盟友的关系可以说是处于历史的最低点。这次新型冠状病毒危机，没有一个美国的盟友公开要求美国的帮助和支援，这是美国崛起 100 年以来的首次。美国在其盟友中的领导能力急速衰落。

即使在所谓的“病毒国际调查”问题上，中国有理由可以不接受像澳大利亚那样持有“有罪推定”态度的国家，但中国并不是没有依靠的力量。各国的科学家共同体是中国可以依靠的力量，迄今没有一个国家的科学家共同体，认定病毒就是起源于中国，更没有科学家认为病毒是人为制造出来的。从疫情暴发一开始，中国的科学家也一直和各国科学家一起关注和研究病毒的起源和扩散。中国更可以在世界卫生组织的构架下，邀请美国和中国本身都认可的“第三方”来加入调查。中国需要的是一个科学的结论，而不是一个政治化的结论。对中国来说，继续崛起的道路并不平坦。就经验来说，大国地位并非从天上掉下来的，而是斗争出来的。但这并不是说和平的崛起已经变得不可能了，只能在战火中崛起。尽管中美关系恶化，但并不是说中美就注定要以冲突解决两国之间的问题。如果中国有足够的信心、智慧和理性，避免两国间的直接冲突，甚至最终达至中美重归合作也是有可能的。在今天这样艰难的局势下，即使对一个伟大的政治家来说，这也是一个很难处理的局面。

# 七、欲望之争主导当前中美冲突

中美贸易摩擦持续进行，导致越来越多的人对中美全面冲突甚至战争（无论是热战还是冷战）的担忧。这些年来，围绕中美之间是否会发生战争的“修昔底德陷阱”命题在国际社会流行开来，就是这种担忧的体现。很显然，这种担忧绝非杞人忧天，而是有现实根据的。

人们可以质疑所谓的“修昔底德陷阱”是否可以用在中美关系上，但人们必须解释历史上一而再、再而三发生的战争。战争当然是残酷的，所以人们诅咒战争。但不管怎样，战争还是经常发生。因此，人们必须超越道德而对战争发生的客观规律进行探讨和研究。

## 1. 人类为什么而战

人类为什么而战？从经验来看，历史上发生那么多的战争，但没有任何两场战争具有同样的根源，每一场战争都有其发生的具体根源。从这个角度来看，战争似乎并没有任何客观规律可循。不过，同时，战争又表现出高度的普遍性。这使得从哲学层面来探讨战争的根源成为可能。概括地说，战争有三个根源，即价值、利益和欲望。

首先，为价值而战。每一个人、每一个组织、每一个国家、每一个文明都有自己的价值系统，正是这个价值系统把自身和他者区分开来。无论国内还是国际，价值是人们最重要的“认同”根源。再者，从自身的价值出发，人们总是认为自己是“正确”的，自己的行为具有“道德”含义。

为价值而战，最典型的便是宗教战争。“上帝”是价值的“化身”，不同的“上帝”表明不同的价值。历史上充满宗教战争，到今天也没有停止的迹象。尽管大规模的宗教战争已经不再，但各种宗教极端主义所造成的冲突仍频繁发生。近代以来，发达的西方国家发展出其他“类宗教”的价值，如民主、自由、人权等。正如西方的传教士，把被视为世俗政权的西方国家把西方价值推广到其他国家作为其“宗教使命”。为此，很多西方文献歌颂和赞美战争，因为战争也是履行使命的一种有效手段。在理论上，西方学者有“正义”与“非正义”战争之分，正义的战争便是符合西方价值的战争。

当然，这种现象不仅仅是西方的现象，在所有其他国家也是如此。尽管价值的存在是客观的，但如果价值被高度道德化，不同价值系统之间的冲突就变得不可避免。

其次，为利益而战。为利益而战不难理解。从经济学角度来说，这个世界的资源是有限的，为了生存，人们不得不通过各种手段抢占有限的资源，战争便是其中一种有效手段。通过暴力来获取资源，在原始部落时代就开始了。为了生存和发展，不同部落之间战争不断。

从历史来看，部落之间的战争造就了更大的组织，直至国家的产生。国家起源于战争的理论，就是对这个过程的解释。在帝国时代，帝国之间的战争大多是为了抢夺资源，主要是土地与人口。近代主权国家也是通过战争而确立的，而近代国家产生之后，很多战争便围绕着工业化而进行资源掠夺，帝国主义和殖民主义战争便是典型。在当代，国家之间的冲突已经发展到金融和互联网领域。各国都在以各种形式抢占资源，但国家间冲突的形式发生了变化，一些国家文明一些，另一些国家粗鲁一些。

再次，为了欲望而战。价值和利益本身就可以产生足够的欲望而导致冲突。这里所指的是动物性的欲望，即本能。在探讨战争的根源方面，有些学者直指人的欲望在其中扮演的角色。一个最简单的观察便是动物世界也存在着争夺“领袖地位”的冲突。由此，一些学者得出战争是人的“本性”的结论。哲学上说，“性恶论”的确是具有经验证据的。从古罗马的角斗到近代贵族之间的角斗，再到当代各种血腥的“体育”比赛，无一不充斥着人类的“野性”和本能。

经济史学家熊彼特（Joseph Alois Schumpeter）从经济理性出发，曾经认为民族主义只不过是人类古老基因的遗留物，这种基因最终会消退，所以世界和平是有希望的。但事实并非如此，甚至相反。近代以来，尽管人们的确可以通过非战争手段来获取自己所需的资源，但战争仍然不断，而且一直在恶化。可以说，性恶不仅普遍，而且永久。反映到决策者身上，欲望更是能够影响政治人物的决策。欲望因素往往在利益和价值之上，甚至是最重要的决策因素。在欲望驱使下，战争的输赢变得不重要了。这也就是所谓的“非理性”决策。

价值、利益和欲望，任何一项因素都足以导致战争的发生，但中美关系很可能是三者重叠，足以表明局势的严峻性及其会严峻到何种程度。

## 2. 两分法鼓噪文明冲突论

首先，价值观的不同。中美两国都是文明国家，美国代表的是西方文明，中国是东方文明。从经验来看，这两种文明不仅不是互相排斥的，而且是可以互融的。历史上，中国文明对西方文明曾经产生很大的影响；近代以来，西方文明对中国发展的影响也很大。当然，不管如何互相影响和互相融合，中国文明仍然是中国文明，西方文明仍然是西方文明。文明的互鉴互学本来就是世界之“美”，但到了政治人物那里，两者便是冲突的，是势不两立的。

西方简单的“两分法”思维，更促成了所谓的文明之间的对立。在学术上，美国（西方）总是把自己放在“自由”“民主”“人权”这一端，而把中国置于完全对立的一面。从古希腊到今天数千年，西方人理解中国只有一个范式，即“东方专制主义”。

这种简单的“两分法”也反映在国际政治上。美国总统特朗普经常在推特上称呼他方“敌人”或“朋友”，“好人”或“坏人”。尽管这种称呼方法具有特朗普特征，但这绝对是西方文明对外在世界的看法，具有深厚的文化哲学基础。这也不难理解，在西方，无论在学术界还是政界，从来就不缺乏鼓噪“文明冲突论”的人。近来，美国更是把“文明冲突论”应用到中美关系上。

从西方的价值逻辑看，这一点并不难理解。“改变中国”一直是近代以来美国的“宗教使命”。中国改革开放早期，美国人相信中国会随着改革开放而变化，最终演变成一个像美国的国家。因此，当美国人以为中国是朝着美国所期望的方向发展时，就欣喜若狂；但当美国人以为中国的发展方向并非美国所期望的，就变得极其失望。

今天，中国的改革开放促成了中国的崛起，而中国变得更加中国的时候，美国人的“失望情绪”达到了最高点。尤其是当美国人认为中国的发展和制度模式对美国构成挑战的时候，他们便毫不犹豫地把中国置于“对立面”，即“敌人”的位置。

其次，利益的不同。利益的不同导致利益冲突，利益冲突表现在方方面面，包括经济、安全、政治等。一些利益冲突更为具体一些，例如经济利益，而另一些利益冲突经常表现在认知上或心理上，例如安全领域。

在经济利益方面，经过数十年的交往和融合，中美两国经济实际上已经高度互相依赖。尽管经济利益是一个相对收益概念，而非绝对收益概念，即双方不可能赚完全一样的钱，但美国经常从绝对收益概念来看待与中国的经济交往。这次特朗普政府从贸易逆差入手发动对中国的贸易战，就是绝对收益概念的表现。

尽管从贸易数据上看，中国有很大的顺差，但这里并不包含中国所付出的巨大代价，包括环境和人力资本。在过去数十年的交往中，美国也从中国获取了巨大的利益，而且美国的问题主要是内部分配不公造成的，但美国还是把内部问题“外部化”，使之成为中美之间的贸易冲突。

政治和安全利益的不同更为明显。中美两国具有不同的政治制度和意识形态，因为它们体现的是两种不同的文明。不过，不同不一定会发生冲突，只有当一方要改变另一方的体制和意识形态时，冲突才会发生。安全方面也是如此，两国都有国防的需要，国防并不一定会发生冲突，只有当一方要征服另一方时，冲突才会发生。

## 3. 中美的欲望之争

经贸关系经常被视为中美关系的压舱石，紧密而稳定的经贸关系可以减轻政治和安全方面的担忧。但现在，当这个压舱石变轻甚至面临消失的时候，政治和安全方面的担忧便浮上台面。这也就是中美贸易战开始以来，美国的对华强硬派、反华派（尤其是安全和军工系统）的声音变得越来越大的原因。这种局面使得很多人担心，中美两国的冲突会很快超越经贸而延伸到政治和安全领域。

最后，欲望之争。中美两国实际上是当代国际关系（或国际秩序）的两根柱子，缺一不可，哪一根柱子倒了，国际秩序就会马上出现问题。这就是人们经常说的中美“合则两利、斗则俱伤”。问题是，美国是当今世界唯一的霸主，要维持霸主地位，就必须有强力的欲望来支撑。一旦美国感觉到霸主地位面临中国的挑战，或者感觉到会被中国取代时，其恐惧感不言而喻。受恐惧感支配，美国会千方百计、尽其所能地来防止中国的挑战，更不容许自己被中国所取代。

另一方面，中国的快速崛起迫使中国必须改变自己的一些国际行为，即从早先的“韬光养晦”到今天的“有所作为”。早先中国落后，经济体量小，很难影响外在世界，那个时候即使想高调也高调不起来，很容易做到“韬光养晦”；现在中国成为世界第二大经济体和第一大贸易大国，往日形态的“韬光养晦”便不可能了。

更为重要的是，一个已经崛起的中国，国际社会（包括美国本身）也要求中国承担更多的国际责任，提供国际公共品。这必然促成中国的“有所作为”。不过，中国的这些行为被美国解读成“挑战美国”、与美国争霸。一旦美国借此围堵和遏制中国，中国也必然会感到恐惧，也会反制美国的行为。

价值可以融合，利益可以妥协，但欲望很可能变得不可克制。如上所说，中国是世俗文化，西方的很多价值并非必然和中国的价值发生冲突。不过，价值的融合需要很长时间。中美两国之间的利益已经变得不可分，这不难理解，自贸易战以来，人们所看到的是美国“伤人一千、自损八百”的情形。

也就是说，无论在价值还是利益层面，中美之间的冲突不是必然的，而是可以避免的。问题是，如果欲望占据了主导地位，那就是非理性的开始。在很大程度上，很多人不理解美国为什么而战，要围堵中国吗？要征服中国吗？美国的决策者可能从未认真地思考这些问题。今天，美国的对华行为更多地表现为情绪，而非理性。

这便是中美两国目前的一个大趋势，一个谁也不想看到的大趋势。如果不能纠正这个大趋势，最终可能会是一场难以避免的世界性大悲剧。对中国而言，和美国的较量不仅是一场意志力的较量，更是一场理性的较量。如果中国自身足够理性，也有可能把美国从欲望的泥潭中拖出来，使之回归理性。这不仅符合中美两国的利益，更是整个国际社会的利益所在。

第二章

# 中美贸易摩擦的根源是什么

# 一、中西方两种政治经济学模式及其未来

不久之前，匈牙利出身的英国史学家伊斯特凡·洪特（Istvan Hont）出版了其论著《贸易的猜忌：从历史的视角看国际竞争和民族国家》（*Jealousy of Trade*：*International Competition and the Nation-State in Historical Perspective*）①。在这本书里，作者对近代以来的西方政治和经济关系做了新的解读。尽管他充分肯定霍布斯在开创“新政治科学”上取得的划时代成就，但他认为霍布斯并非第一个现代政治理论家，而只是最后一个后文艺复兴的政治理论家。洪特所给的理由是：霍布斯拒绝将经济和商业社会性看作政治的主要决定因素。霍布斯的理论是反商业的纯政治学，他思考政治的方式是前经济的，因此也是前现代的。就贸易与现代政治之间的密切关系而言，现代政治学当为政治经济学，现代政治理论家的头把交椅则应当交给大卫·休谟，以及更系统地阐释休谟之洞见、奠定政治经济学基础的亚当·斯密。或者说，判分古今政治的界线为：是否将经济、商业视为核心政治事务（或国家事务）。

本部分要讨论的不是洪特的这本书，或者他所涉及的这些学者的论述。笔者感兴趣的问题是政治和经济的关系，或者政府应当在

① Istvan Hont, *Jealousy of Trade:International Competition and the Nation-State in Historical Perspective*, Cambridge, MA: Harvard University Press, 2010.

经济发展和扶贫方面扮演一个怎样的角色。洪特这里所讨论的是西方学者对政治和经济的看法，这些不同的看法实际上反映的是西方政治和经济之间关系实际层面的变化。

而另一方面，中国文明从来没有演化出一个独立的经济领域，经济事务一直被视为政府的首要责任。西方和中国文明的不同演化过程造就了两种很不相同的政治经济学模式，这两种模式直到今天仍然在影响国家在经济发展和扶贫等领域的作用。两种模式都有其优势和劣势，它们可以互相学习，以弥补自身的不足。

## 1. 西方政治经济学：政治和经济的分离

无论东方还是西方，政治经济学的核心就是是否把经济（商业）活动视为政治事务和国家责任。正如经济史学家珀兰尼（Karl Polanyi）所指出的，在人类历史长河中，近代之前，不同文明曾经拥有过差不多的政治经济关系，那就是，经济从来就不是独立的一个领域，而是人类社会诸多领域中的一个领域，并且和其他领域千丝万缕，共生共存[①]。不过，在西方，近代以来，因为资本主义的崛起和迅猛发展，经济逐渐把自己从社会的诸领域独立出来，把自己和社会隔离开来，最后发展成为今天的新自由主义经济学形态。西

① Karl Polanyi, The Great Transformation: The Political and Economic Origins of Our Time（Boston, MA: Beacon Press, 1944）.

方政治经济学的发展过程也是政治和经济的分离过程，这个过程直至今天仍然影响着西方社会的方方面面。政治和经济的分离既是西方经济发展的根源，也是社会问题的根源。而在东方尤其是中国，经济活动从来就被定义为政府责任的内在部分，政府把推动经济发展作为己任，同时也从这个过程中产生政府的统治合法性。尽管政府和市场的关系在不同历史阶段表现形式不同，但经济活动是政府的责任这一政治经济哲学从古代到当代没有发生根本性变化。在社会层面，老百姓的文化心理直到今天仍然对政府的经济责任抱有高度的认同。

如果把西方政治经济学的源头追溯到古希腊，那么就会发现，在古希腊，人们对经济的看法和中国并没有什么不同。在古希腊，家庭被视为国家的基本单元和基础，而经济则是对家庭的管理。这点和中国古代哲学家尤其是儒家的看法非常一致。并且，这一政治经济概念到罗马帝国没有发生很大的变化①。迈入近代之后，这一概念开始在西方发生变化。简单地说，自近代以来，西方社会的政治和经济快速分离开来。这里有两个经验事实非常重要，可以说是促成了这种政治和经济的分离：第一，罗马帝国的解体和商人的崛起。第二，政治秩序的重建。

罗马帝国是政治、经济、宗教的混合体。帝国是通过政治手

---

① 参见 Yongnian Zheng and Yanjie Huang, *Market In State: The Political Economy of Domination in China*, Cambridge and New York: Cambridge University Press, 2018，第一章。

段（包括军事征服）形成和维持的，但在帝国境内的经济是“全球化”的，即帝国之内不同区域之间存在着广泛的贸易。帝国利用宗教得到扩张，宗教也利用帝国而扩张。罗马帝国的解体对经济和宗教等方面都产生了重大的影响。帝国解体之后，西方不再存在统一的政体和政治力量，原来帝国的土地被分割成数量庞大的地方性政体（或者小王国）。宗教成为最重要的力量。经济活动分散化，寺院经济就是表现之一。

到了“黑暗时代”（中世纪）后期，欧洲城市兴起。因为不存在统一的“中央政体”，城市表现为实质性的自治形式，而城市的政治主体便是商人。商人不仅在欧洲经济发展过程中，而且在欧洲近代国家的崛起过程中扮演了极其关键的角色。没有商人，很难想象一个近代欧洲。德国社会学家韦伯（Max Weber）对城市专门进行了论述[①]。商人（后来被称为“资本家”）履行的主要是经济功能，但经济功能导致了商人的政治功能。商人唯利是图，市场越大，利润越大。这就决定了城市商人发展到一定阶段就必然产生巨大的动力去冲破城市的边界，创造更大的市场。实际上，即使在城市阶段，商人的活动也通过贸易活动而超越了城市。政治人物（国王）的目的便是统治更多的土地和老百姓。帝国解体了，但政治的扩张性本质是不变的。和商人一样，大大小小的国王也有扩张的冲动。很显然，在

① Max Weber, *The City*, Glencoe, Illinois: The Free Press, 1986. 这本著作在作者去世后出版，出版于1921年，后在1924年并入其巨著《经济与社会》。韦伯聚焦城市在西方经济发展过程中的作用。同样，在《中国宗教》和《印度宗教》等论著中，他也论述了东方国家城市为什么没有在经济发展过程中扮演如此重要的角色。

扩张这一点上，国王和商人拥有了同样的利益，商人需要一个统一的“民族市场”，而国王需要一个统一的“民族国家”。两种力量的合一，便在欧洲造成巨大的“中央化”，即中央权力形成的动力。欧洲近代的发展首先是中央化的过程。

再者，政治力量和经济力量之间的交换更造成了欧洲的制度。国王要统一国家，商人要统一市场，两者走到了一起。但是，国王要统一国家钱从何而来？商人就变得很重要，商人不出钱，国王就没有钱来做统一事业。商人可以出钱，但又不相信国王。这样，交易就产生了。商人要和国王签订“合同”，保护自己的私有产权，“私有产权的保护”就是国王和商人之间的“契约”。但光有这个“契约”对商人来说是远远不够的，如何保障国王在国家统一之后继续履行这份“契约”呢？商人的第二步就是让自己成为国王政治权力的根源。这便是西方“人民主权”概念最早的来源。很显然，这里的“人民”并非今天人们所说的所有人，而是有钱的商人。如何实现“人民主权”？最后的结局便是商人占据“议会”。议会产生政府，也就是商人产生政府。近代欧洲很长一段时间里，议会就是商人的议会。在这个意义上，马克思把当时的西方民主称为资产阶级的民主，而政府只是资本的代理人。在这个意义上，欧洲是商人驯服了政治权力，商人成为和国王分享政治权力的第一个“人民”群体。

不过，政治权力“中央化”的实际过程并非像这里所说的那样简单。因为这不仅仅是政治力量和经济力量之间的交易，也涉及其他各种力量，包括宗教、各种地方性政体和社会力量。欧洲民族国家的形成过程（尤其是早期）是极其暴力的过程。实际上，如何统一国家，一直是从意大利的马基雅维利（Niccolo Machiavelli，1469—1527）到英国的霍布斯（Thomas Hobbes，1588—1679）研究的主题，对这个主题的关切产生了单纯的“政治学”。在马基雅维利和霍布斯那里，政治占据绝对的地位，为了国家的统一，国家什么手段都可以使用，“目标证明手段正确”。只有当欧洲国家实现统一之后，欧洲的学者们才开始讨论起政府在经济发展过程中的作用。因此，洪特的评价并不公平，因为霍布斯和休谟（David Hume，1711—1776）以及亚当·斯密（Adam Smith，1723—1790）并不生长在同一个时代，每一个时代的人面临的是那个时代的情况，要解决的是那个时代的问题。只有当马基雅维利和霍布斯的“国家统一”问题解决了，才会产生休谟和亚当·斯密的“经济发展”问题。

如果说马基雅维利和霍布斯开创了西方的纯政治学，休谟和亚当·斯密开创了西方的政治经济学，那么随着资本的继续崛起，西方又出现了纯经济学，也就是把经济从休谟和亚当·斯密的政治经济学中独立出来。休谟、亚当·斯密是典型的政治经济学家，他们不仅论述经济，还论述政治和道德。但后来的情况就很不一样了。如前面所说，资本依靠国家的力量而成长，但当资本成长之后，便走上了寻求“自治”之路，即要逃离政治的制约去寻求自身独立的发展。而资本寻求独立的过程，也造就了经济、政治和社会等诸多关系的急剧变化。至少在西方，社会的命运和经济的这一“独立”过程息息相关。而所有这些变化也便是西方近代社会科学发展的根源。

商人（资本）依靠国家力量而得到了统一的民族市场；再者商人也成为政治的基础，控制了政府过程。这样就造成了实际层面的政治和资本的合一。原始资本主义的崛起不可避免。在这个阶段，资本唯利是图，而整体社会成为资本的牺牲品。雨果、狄更斯、马克思等欧洲作家都深刻描述过原始资本主义崛起对社会所造成的冲击性影响。当社会忍无可忍的时候，反资本的社会运动变得不可避免。不难理解，社会主义运动起源于欧洲。无论哪里，社会主义运动不管其最初的目标是什么，最终都以资本和社会之间达成新的均衡而终结。这个过程就是欧洲开始的"福利国家"的起源和发展过程。

从原始资本主义到后来福利资本主义的转型过程是一个政治过程，即政治力量、经济力量和社会力量三者互动的过程。这三者都具有促成这种转型的动力。就社会来说最为简单，那就是追求至少是体面的生活，例如更高的工资、更好的工作和居住环境、更多的教育，等等。也就是实现后来所说的各方面的"人权"。社会主义运动开始的时候人们所追求的就是这些具体的利益。

资本的自我变化是有动机的。至少有以下两个动机：首先，资本需要社会稳定。资本必须在不断的投资过程中实现"自我发展"，因此，投资环境必须是可以预期的。为了稳定，资本是可以拿出一些利益来做交易的。在社会高度分化的情况下，单一的法治并不能保障社会的稳定。因此，资本也并不反对"保护社会"。不难理解，世界上第一份社会保障计划产生在德国俾斯麦时期，这份计划的目标是保障社会稳定。其次，是资本本身的矛盾，资本一方面需要剥削工人，但同时资本又需要“消费者”。资本控制生产，但所生产的产品需要通过消费者的消费才能转化成为利润。消费市场包括内部的和外部的。当内部市场饱和的时候，西方资本主义就走上了对外扩张的道路，对非西方国家一方面获取生产所需要的原材料，另一方面倾销商品。“培养”消费者不是资本的善心，而是资本获利机制的一部分。但在客观层面，这个“培养”的过程也是工人阶层满足利益的过程。

政治变革的动力在于政治合法性基础的变化。近代以来，早期君主专制的基础是贵族，或者说传统大家族。如上所述，商人崛起之后开始和贵族分享权力，所以商人是第一个参与到政治过程中的“人民”群体，也是近代西方民主化的主力。尽管早期的“选民”极其有限，主要是有财产者、向国家纳税者，并不包括工人、妇女和少数民族等，但选举逻辑本身具有“扩张性”，即从少数人扩张到多数人。随着选举权的扩张，政治权力的基础也发生变化。早期，政治权力的基础是贵族和商人，再逐渐地扩张到工人。这个扩张过程刚好也是工人阶级“中产化”的过程。当政治权力基础不再局限于资本的时候，政府开始偏向社会。这使得西方福利社会的发展获得了巨大的动力。第二次世界大战之后相当长的一段时间里，基本上是政治力量和社会力量的结合促成了福利社会的大发展。

福利社会的大发展一方面强化了社会的力量，但同时也表明资本、政治和社会三者之间的失衡。至20世纪80年代，资本开始寻求新的方式来改变局面，这就是美国里根和英国撒切尔以“私有化”为核心的新自由主义运动的大背景。这场运动是对第二次世界大战以来福利主义的反动。在资本看来，福利主义造成了资本空间的收缩、大政府和强社会的出现。不过，就内部私有化来说，这场运动的效果实际上很有限，因为在“一人一票”的政治选举环境中，“私有化”被有效抵制。但在外部则造成了前所未有的成功，即造就了长达数十年的资本全球化运动。资本的全球化使其逃离了本国政府和社会的控制，在全球范围内如鱼得水。结果很明显，即造成了新的资本、政治和社会之间的失衡，即收入分配的巨大差异和社会的高度分化。

法国经济学家皮凯蒂（Thomas Piketty）著《21 世纪资本论》，论述了当代世界社会贫富悬殊的严峻情况[①]。作者发现，资本获利的比例远远超过劳动所得的比例。这个发现并没有什么新奇，因为从来如此，所不同的只是比例大小罢了，自然也没有人会否认皮凯蒂所描述的情况。不过，这本书的出版再次引起了人们对资本主义的反思。正因为如此，《21 世纪资本论》获得了巨大的反响。但问题在于如何解决贫富悬殊的问题，使得人类社会能够继续维持作为共同体的局面，至少不至于解体。皮凯蒂强调政府的作用，甚至提出了全世界政府联合起来的设想。这本书也被认为仅仅对西方资本主义作了政治解释。不过，在这一波全球化下，资本已经再次占据西

① Thomas Piketty, *Capital in the Twenty-First Century*, translated by Arthur Goldhammer, Cambridge, MA: The Belknap Press of Harvard University Press, 2014.

方的主导地位，皮凯蒂的设想过于理想。现实是残酷的，当全世界政府还没有能力联合起来的时候，全世界的资本早已经联合起来了。实际上，这次全球化就是全世界资本联合起来的结果，而全球性的贫富悬殊则是全世界政府缺少能力的结果。

历史地看，这里的关键就是西方社会政治和经济的全面“脱钩”。如前面所讨论的，西方民主已经经历了从传统的“共和民主”向当代的“大众民主”的转型。早期的民主是精英民主，即少数人的民主，或者少数人之间的“共和”。但自 20 世纪 70 年代以来，随着“一人一票”制度的实现，政治的“合法性”完全基于“选票”之上了。这一变化导致了几个结果。第一，政府和发展的分离。尽管经济议题总是西方选举的主题，但政府和发展之间的关联充其量也只是间接的，选票和政治权力之间则具有最直接的关联。也就是说，经济表现好能够有助于候选人，但仅此（“有助于”）而已，没有直接的关联。对候选人来说，有其他太多的方法来获取选票了。第二，政治人物即使想承担“发展”的目标，但其发现缺乏有效的方法来实现发展目标。在西方，政府可以和经济发生关系的方法无非就是财政和货币两种。但是，当利率趋于零的时候，货币政策就会失效；当政府债务过大的时候，财政政策也会失效。西方政府现在倾向于使用量化宽松，即货币发行。但量化宽松本身并不能解决问题，只能缓解或者推迟问题。第三，因为巨大的收入差异造成的社会高度分化使得传统政党政治失效，政治失去了主体，越来越难以出现一个有效政府，更不用说一个有能力致力于经济发展的政府了。在精英共和时代，西方多党能够达成共识，因为不管谁当政都来自这个小圈子；在中产阶级为主体的社会，多党也能达成共识，因为不管左右，政党都要照顾到拥有最多选票的中产阶级的利益。但在大众民主时代，尤其是在面临社会高度分化的时候，政党之间只是互相否决，造成的只是更多的社会分化。

在这个背景里，人们不难理解今天西方盛行的反全球化、贸易保护主义和经济民族主义思潮和民粹社会运动了。所有这些都是西方社会内部政治、经济和社会失衡的产物。西方如何通过改革使得这三者重新回归均衡？这是需要人们观察的。但可以预计，在政府不承担经济发展责任的情况下，即使政府可以积极履行中间角色（主要是税收），而把发展责任简单地留给资本，要走出目前的不均衡状态，也是困难重重。

## 2. 中国政治经济学：发展作为国家的责任

在东方，中国文明演化出了另一类政治和经济的关系。中国文明从来没有在知识层面把经济视为一个独立的领域，在经验层面经济也从来不是一个独立的领域。确切地说，经济从来就是国家治理的一个有效手段。在中国最重要的经济文献《管子》中，首篇《牧民》就论述了经济对国家治理的重要性。春秋战国时代的百家尽管有不同的看法，但对政府的经济角色并无异议，在这方面各派之间所不同的只是政府和经济的关系有多深的问题。自汉代的《盐铁论》

以降，中国基本上对政府的经济责任及其政府如何承担这个责任有了共识。西方近代以来，很多学者把中国视为“水利社会”，并进而把“水利社会”视为中国传统专制主义（东方专制主义）的经济社会根源。这是单纯从近代西方经验出发的，因为正如前面所讨论的，自近代以来，西方走了一条政治和经济分离的道路。“水利社会”仅仅是中国政府经济责任的表现之一。

今天，西方把中国看成“国家资本主义”。但实际上并不是这样。如果人们梳理一下从汉朝到当代中国的经济形态，就会发现，中国几千年来“吾道一以贯之”，存在着一个比较有效的政治经济体制。人们叫它“资本主义”也好，叫它“市场经济”也好，中国一直以来至少有三个市场共存（或者有三层资本）的大结构。顶层永远是国家资本；底层都是自由民间资本，像今天的中小企业；还有一个中间层面，就是国家跟民间互动合作的这一部分。在这个结构中，有些领域关系到国民经济支柱，那国家一定要占主导地位，但是大量的经济空间要放给民间自由资本，同时在中间层，政府和民间资本积极互动，有合作也有竞争①。通过三层资本结构，政府维持政府和市场之间的平衡，履行经济管理的责任。

在中国那么长的历史中，只有四个比较短的时期走了极端，变成了经济国家主义化，即国家完全占了主导地位，市场被有效扭曲

---

① 这方面参见我们最新的研究，Yongnian Zheng and Yanjie Huang, *Market In State: The Political Economy of Domination in China*, Cambridge and New York: Cambridge University Press, 2018.

或者被消灭。第一个就是两汉之间的王莽改革时期，第二个是宋朝王安石变法时期，第三个是明朝朱元璋的改革，第四个就是改革开放前的那段时期。在这四个时期，国家跟市场完全失衡，偏向了政府。除了这四个时期以外，中国的国家跟市场基本上都是相对平衡的。不过，应当指出的是，即使是在这四个时期，政府的出发点仍然是更有效的经济管理或者更快的经济发展。

这三层资本共存的结构也决定了，在中国，市场一定要服从国家治理规则的规制。市场存在着，但不是西方早期资本主义那样的完全自由市场，而是被规制的市场[①]。近代以来，西方的市场尽管也是被规制的，但基本上还是资本占据主导的市场，即使政府也要服从市场原则。

在这个意义上，中国最好的经济学著作就是《管子》。如果要解释中国经济几千年的历史，《管子》比西方任何经济理论都有效。例如，西方经济学讲供需关系，但供需主要是靠市场调节。后来的凯恩斯主义有点不一样，即强调政府在这一过程中也要扮演一个角色，但市场仍然是主体。《管子》不讲“供需”，而讲“轻重”，但调节“轻重”的角色便是政府，而非市场。

近代以来，中国面临来自西方的挑战，各方面快速转型。但在很长的一段时间里，至少到 1949 年中华人民共和国成立，中国所要解决的问题便是“国家与革命”的问题，而非“国家和发展”的问题。

---

① 在我们的书中，我们称之为“制内市场”，即市场存在于一整套政治规制之中。

这个顺序并不难理解，因为只有确立了政治秩序之后，经济发展才能提到议事日程上来。前述马基雅维利和霍布斯等把政治秩序置于优先地位的主张即使放在中国的背景中也不难理解。

近代以来，在解决“国家与革命”问题上，中国各派政治力量都有自己的主张，但日后的经验证明，中国共产党是最成功的。这个关键便是中国共产党接受了马克思列宁主义。列宁的《国家与革命》要解决的便是在落后国家如何通过革命确立一个新的政治秩序的问题。毛泽东等一代革命家通过“马克思主义中国化”把列宁的学说成功应用到中国革命，确立了一个新的政治秩序。

中华人民共和国成立之后，在一段时间里，毛泽东也曾经想继续用“革命”的手段来解决“发展”问题，但并没有预想的成功。改革开放以来，中国是当代世界少数几个最成功解决了“国家与发展”问题的国家。实际上，改革之所以成功，在潜意识上，便是对中国传统政府与市场关系的回归。从传统看，中国的改革不是“无源之水”，而具有必然性。这种深远的传统使得中国和其他国家区分开来，和西方区别开来，因为中国尽管向西方学习市场经济，但不会放弃作为有效推动经济发展手段的国有企业。或者说，中国不会变成西方那样的经济，使得政府不能有效干预经济活动。中国与苏联和东欧国家区分开来，因为中国不会像这些国家那样通过简单的政治手段（政治开放和民主化）和“大爆炸式”的经济手段（政府退出经济活动和激进私有化）来幻想谋求经济发展。中国也和很多发展中国家区分开来，并不幻想通过依赖西方经济来谋求发展。

今天，西方不承认中国的市场经济地位，主要是从西方的意识形态出发的。但另一方面，中国怎么变也的确不会变成西方那样的市场经济。中国还会继续是上述三层资本、三层市场结构，互相协调着往前发展。较之西方体制，这一结构有它自身的优劣。跟西方市场经济比较的话，中国一些经济部门主要是国有部门的效率会差一点。但这里必须指出的是，西方的公共部门（相当于中国的国有企业），其效率也是存在问题的。再者，中国经济的效率和创新能力在其他两层，即底层的自由企业和中间层并不比西方的低。就中国的优势而言，中国三层结构经济体能够预防大的经济危机、能够建设大规模的基础设施、能够大规模有效扶贫等。西方资本主义，正如马克思分析的那样，不可避免地会爆发周期性的经济危机，比如20世纪30年代的“大萧条”，1997年的亚洲金融危机，2008年的全球性金融危机等。中国过去40多年基本上没有经济危机，这跟中国政治经济体制的调控能力有关系。自改革开放以来，中国在很短的时间里已经取得了巨大的经济成就，从邓小平所说的“贫穷社会主义”提升为世界第二大经济体。不过，中国对人类共同体更有意义的事情并不是中国已经有多少人致富，而是已经有多少人脱离贫穷。在过去的40多年里，中国已经促成了7亿多人口脱离贫穷。这个社会奇迹远比经济奇迹更为重要。如何理解这个奇迹？这就是这里所论述的中国文明的政治经济观念及这一观念所演化出来的政治经济体制。

广义上说，东亚经济模式也是中国文明的衍生。东亚经济体被世界银行视为“东亚奇迹”。人们发现，第二次世界大战之后，在仅有的十几个避开“中等收入陷阱”的经济体中，东亚就有五个经济体。而这五个经济体就处于传统意义上的“儒家文化圈”之内。在儒家文化圈内，一个普遍的意识就是，推动经济发展就是政府的责任。这五个经济体内对政府如何推动经济发展也有不同的看法，但没有人会怀疑政府要推动经济发展，它们的一个共识便是：发展是硬道理。进而，这五个经济体的政府不仅推动了经济发展，而且更付出了巨大的努力，通过社会建设，培养中产阶级，实现了社会的转型。今天，其中一些经济体（尤其是中国台湾地区）因为效法西方民主，政府和经济开始分离，政府不能继续推进经济发展，结果造成了类似西方的问题。这个趋势也是值得观察的。

### 3. 两种政治经济学模式的未来

今天，东西方的两种政治经济模式都面临问题和挑战。无论从理论上还是经验上来说，西方面临的问题需要通过结构性再造来解决，而中国面临的问题属于在现存结构之上调整和改进问题。

在西方，主要的问题是如何实现政治经济之间的再关联，也就是，政治如何再次对经济行使权力，使得经济在一定程度上配合政治的需要，从而在经济和社会之间实现再平衡。西方目前内部民粹主义崛起，对外经济民族主义崛起，主要是要解决内部经济问题。2008 年全球金融危机是西方经济结构失衡的产物，但这么多年过去了，经济结构并没有变好。主要的问题是，在政治很难作为的情况下，结构性调整光靠经济力量本身就很难实现。这些年来美国政府在经济上比较有所作为，包括再工业化、技术创新、保护本国产业等，不过，包括现阶段对华贸易政策在内的很多方法并不能改善其内部经济结构，从长远来说也必然产生更多的新问题。北欧少数国家开始试行“一人一份工资”模式，但很显然这也不是什么新思路，而只是福利模式的扩大版。西方如何能够像当年建设福利国家那样再次进行重大的改革和调整来实现政治、经济和社会的再平衡有待观察。

对中国模式来说，经济发展一直是政府的责任，这一点不仅不会放弃，而且会更加巩固。中国可以改进的地方有很多，但主要是围绕着三层市场之间实现平衡这一目标。无论是国家主义占据主导地位还是市场主义占据主导地位，都会导致失衡，从而发生危机。如何实现平衡？这需要产权、法治和政策各个层面的共同努力。就产权来说，光强调私有产权的明确和保护远远不够，国有企业的产权、国有和民营合作的产权和私有产权同样需要明确化，需要具有同样的权利。对法治来说，法律必须平等地适用于三层资本。应当强调的是，在这方面，现有的政治或者政策保护已经远远不够，而亟须把政治和政策的保护转化成为法治的保护。对政策来说，主要是根据三层资本的发展情况，尤其是失衡情况进行调整。这就决定了，政府在必要的时候对不同资本进行扶持和发展。需要进一步研究和厘清哪些领域需要以国有企业为主体，哪些领域可以大量让渡给民营企业，哪些领域政府和民营企业可以进行合作等问题。政府需要促成国有企业追求自身的发展能力，而不是通过现有的方法（例如垄断、政策寻租等）生存下去。政府更需要赋权社会本身培养自身的发展能力，包括经济和社会两个方面，使得社会有能力来平衡资本的力量，而不是仅仅依靠政府来平衡。

# 二、冷战后美国对华政策的战略选择

冷战是中美联合的一个最主要的动因。冷战结束后，中国在美国原有的大战略中失去了合作的重要性。在克林顿政府期间，美国的对华政策由战略合作转向战略对抗，把其重点转向了人权、武器出售、贸易逆差和环境保护等方面。而人权和环境保护等方面正是中国的弱项。无论从哪个角度说，中国不可能在这些方面以改变自身的方式向美国屈服，但合作是可能的。更致命的是台湾问题。

在许多美国人看来，从战略的角度来说，美国没有理由同意中国的台湾和大陆统一，成为一个真正的“大中国”。而在中国方面，主权问题是一个不可讨论的问题。由于中国在这个方面的不妥协性，美国前助理国务卿洛德在20世纪90年代称中国是美国过去25年中最不好对付的国家。但不管怎样，中国必然是特朗普政府外交政策的一个重点。美国各界已经策划了一个所谓的“中国的长远策略”。

从美国国内政策争论来看，冷战以来美国对华政策主要有以下几种选择：

第一，围堵中国论。这种理论认为，中国的快速发展崛起使得中国在不远的将来有可能成为一个地区霸权，甚至世界霸权，从而威胁到美国在亚洲甚至国际的利益。美国的战略家相信中国正在往这方面努力。如果中国的经济实力持续增长，势必威胁美国在亚洲的利益。尽管美国和日本也有各种摩擦，但日本毕竟是美国的盟友。要阻止来自中国的威胁，围堵不失为上策。美国必须加强和日本的盟友关系，并拉拢越南、俄罗斯可能的力量围堵中国；其他西方国家也必须停止和中国在高科技领域的交往。

第二，亚洲权力平衡论。许多人认为，冷战结束后，美国原来和亚洲国家外交关系的基础已经瓦解，美国不应当继续向亚洲国家提供任何安全和政治上的保护，尤其是日本。美国力量从亚洲的撤出既符合美国的利益，也符合亚洲各国的利益。亚洲国家之间会形成一种权力平衡。美国在亚洲的力量现在阻止了日本、中国和东南亚国家之间权力平衡局面的形成。美国所能做的就是在这些国家间活动，扮演权力平衡者的角色。所以美国应当中断对日本的军事政治承诺，对中国实行强硬的政策，如和越南结盟，拒绝承认中国在南海的主权，继续和中国台湾发展军事政治关系等。

第三，牵制理论。这一策略的目的是要把中国拉入现行国际体系，迫使中国接受现行国际关系规则，在西方和美国人设置的构架内活动。这样即使中国经济发展了，也不至于对西方和美国构成致命的威胁。中国崛起的唯一方法就是持续的经济增长，而中国经济更高层次上的增长需要西方和美国的投资和技术。

第四，分离论。西方对中国政体的分离性质有相当的认识。中国历史上并非一直统一，邓小平的经济改革更使中国政体具有分离性。貌似强大的苏联的解体更是使一部分西方人相信分离战略的可行性。美国人现在不谈论分离中国，是因为担心中国的分离会造成一波又一波的移民浪潮。但欧洲有人认为，不管中国解体会对西方利益产生怎样的负面效应，随着中国的解体，“中国威胁论”也就一去不复返了，所以从长远看符合西方的战略利益。

第五，就事论事论。这是一种比较乐观的看法。美国无须对中国政策做较大的变动，只需要修补以往的政策即可，即就事论事。相反，美国政策如果有很大的变动，就会导致这一地区的不稳定。

第六，容纳中国论或妥协论。这种战略强调中国霸权崛起的必然性，要求美国和西方重新规定战略利益和调整对华政策。西方和美国要渐渐减少在亚洲的影响和实力，让位于中国势力。就是说，西方和美国必须容纳中国这一未来的超级大国。一些学者认为，无论西方和美国采取什么样的对华政策，中国或早或晚都要成为世界大国，围堵的方法实际上是反生产力的。美国和西方必须渐渐地容纳中国，让中国分享世界权力和这种权力所带来的利益。亨廷顿认为，亚洲和平有两种模式，一是权力平衡，二是霸权稳定。冷战结束后，美国人认为中国已经失去了平衡苏联权力的重要性，意识形态化的东西如人权就成了中美关系的焦点。

围堵中国论很显然影响美国政府的实际决策。然而，围堵中国论实际上并不符合美国的亚洲利益。把中国经济整合进东亚经济体系是东亚国家所希望的，因为这能为东亚国家带来莫大的利益。美国以孤立中国为目标的政策注定会失败。中国毕竟是一个大国，美国可以志满气骄，但日本和朝鲜却不敢。对亚洲国家来说，围堵中国只能使这一地区的稳定和经济发展成为问题。现在当中国政府和人民在赢得真正的独立后第一次致力于发展国内经济以及改善与邻国的关系时，美国却宣扬中国威胁和围堵中国的论调。这只能激起中国人的民族主义情绪。

从现实政策层面来说，美国对华策略不可能与上面提到的六种模式完全吻合，更可能是混合型的政策。总体来说，美国对华的具体政策也取决于中国对美国的政策作出何种反应。

## 三、美国对中国的三大冷战判断

自中国改革开放以来，美国对中国的态度最为矛盾，其对华政策是在矛盾中制定，也是在矛盾中实施下去的。改革开放之初，中国国力仍然弱小，美国总体上对中国抱有非常积极的看法。在克林顿政府期间，美国对华基本上在“接触”与“接触 + 围堵”之间。到小布什政府，美国新保守主义崛起，开始在如何围堵中国方面下功夫。

但不巧，“9·11 恐怖袭击事件”发生，美国不得不改变其对华政策，中美两国勉强地找到了一些共同的利益，或者共同的“敌人”，即恐怖主义。到奥巴马政府，美国提出“重返亚洲”策略，在南海等问题上对中国步步紧逼。在国际经济上，奥巴马强调，《跨太平洋伙伴关系协定》（TPP）的主要目标，就是美国要继续保持其“书写规则”的权力，而绝不容许中国拥有这份权力。

的确，今天的中国已经是世界秩序的重要一员，是最大的贸易国和世界第二大经济体，并且会很快赶上和超过美国。中国的“一带一路”倡议、亚洲基础设施投资银行（AIIB）和“人类命运共同体”等，都让美国异常忧虑甚至恐惧，因为这些意味着中国已经开始改写或者重新制定国际规则的过程。

为什么美国和西方对中国如此恐惧呢？简单地说，美国这几年来逐渐形成了对中国的三个冷战判断，即政治上的权威主义、经济上的国家资本主义、国际关系上的新扩张主义。尽管对中国来说，这几个判断是完全错误和带偏见的，但这些判断对美国对华政策的影响则是确定的。

第一，西方对中国发展过程中的政治制度抱冷战思维。近代以来，政治制度的不同往往是国家之间对抗和冲突的一个重要根源。在这方面，西方和中国的价值观全然不同。中国相信不同政治制度的和谐共存，而西方往往视具有不同政治制度的国家为竞争者甚至敌人。

对 20 世纪 80 年代以后中国的政治变化，西方一直抱有希望。在 20 世纪 80 年代，西方相信随着中国的改革开放政策的实施，中国会演变成西方那样的自由民主制度国家。但后来的一些事件对西方造成了严重的打击。

但 90 年代以来，邓小平所实施的一些重要举措，缓解了西方对中国的看法。西方认为，这些方面的变化构建了中国共产党的"党内民主"。在胡锦涛时期，西方趋向于接受当时提出的"党内民主引导人民民主"的中国政治发展过程，即党内民主在先，社会民主在后。

但近年来，西方在这个方面的希望消失得很快。西方的一些精英一方面理解中共十八大以后的集权，因为无论是顶层设计，还是反腐败或是党内反寡头政治，都需要权力集中，但另一方面，他们也认为这些促成中国走上了一条和西方截然不同的政治道路。

概括地说，当西方看到中国不仅没有走西方式"民主道路"，而且发展出了自己的政治模式的时候，西方就莫名其妙地感觉到了"威胁”。今天，西方基本的判断是中国的“权威主义”趋于永久化。对西方来说，更为严峻的是，中国的“权威主义”政治体制已经对非西方国家产生了很大影响，越来越多的国家会仿照中国的体制。在西方看来，这是对西方自由民主制度的最大挑战和最大的“威胁”。

第二，对中国经济制度的冷战思维。改革开放以来，中国经济制度渐趋成熟，形成了具有自己特色的“混合经济模式”。不过，西方简单地把中国视为“国家资本主义”模式。20世纪80年代，西方相信中国会从计划经济转型到自由市场经济，但现在已经没有这种观点了。近年来，西方一直在炒作中国“国家资本主义”的概念。

今天西方所认定的是中国“国家资本主义”的内外部影响，主要包括如下几个层面：其一，国家资本主义导致中国内部市场的不开放，西方企业在中国失去了“竞争力”；其二，中国国有企业在国际市场上政治原则高于经济原则，影响西方企业的竞争力；其三，国家资本主义是中国“外部扩张”的主要政治工具。在西方看来，正如苏联经济模式是对西方自由资本主义模式的最大威胁，今天中国的国家资本主义已经成为西方自由资本主义的最大经济威胁。

第三，对所谓的中国“新帝国主义”的冷战思维。这主要表现在西方对中国“一带一路”倡议的冷战式思维，认为这是中国国际扩张主义的体现。德国外长加布里尔（Sigmar Gabriel）的言论可以视为西方国家态度的变化。在2018年慕尼黑安全会议上，这位外长指出中国借“一带一路”打造有别于自由、民主与人权等西方价值观的制度，自由世界的秩序正在解体，“目前中国是唯一拥有，而且坚定实现全球性地缘政治目标的国家”，西方国家应当提出对策。这位外长还警告欧洲被中国和俄罗斯分化的危险。

紧接着，德国总理默克尔也警告中国，认为中国不应该把对巴尔干国家的投资与政治问题联系起来。欧洲国家包括德国早先对"一带一路"持积极的态度，但现在立场出现很大的变化。这种变化并不仅限于德国，而是相当普遍。美国本来就反对中国的"一带一路"倡议，国务卿蒂勒森在被特朗普解职之前，到处说中国是"新帝国主义"。美国现任国防部长更是在各个场合把中国"塑造"成"新扩张主义"，似乎中国的目标就是要取代美国成为世界新霸权。

### 1. 视中国为主要战略竞争对手

对中国来说，绝对不可以忽视以美国为核心的西方对中国的这三个判断。历史地看，所有国家的重大外交决策，就是建立在对时代和其他国家的判断之上的。实际上，这三个判断基本上也是冷战前美国对苏联的判断。细读一下美国驻苏代办乔治·凯南（George Frost Kennan）在 1946 年发出的 8000 字电文，其核心就是这样的判断。第二次世界大战期间，美国和苏联还是盟友，但因为有这样的判断，两国很快就陷入了长达半个世纪的冷战。

中国改革开放以来，西方对中国的战略基本上包括三个方面：第一，围堵和遏止中国崛起，至少防止中国挑战西方的霸权；第二，鼓励中国进入西方主导的世界体系，不想失去中国，即不想让中国成为另外一个"苏联"；第三，改变中国成为一个类似西方的国家。

但现在这些选项都没有用了。西方的新冷战思维是：既然西方没有能力围堵遏止中国，也没有能力改变中国，因此，一个可行的选择就是将中国变成另一个“苏联”，和中国进行一场新的冷战，这样西方至少可以团结起来，尽最大的努力遏止中国的扩张，并且也能孤立中国。

和中国的新冷战会如何进行呢？这个问题需要去问中国人民的老朋友基辛格博士，但不是问基辛格本人，而是要去研读他的作品，研读他对国际关系史和世界外交史的科学分析和深刻洞见。基辛格在外交上是赤裸裸的现实主义。可以说，基辛格主义是马基雅维利主义在外交领域的体现。

人们可以把基辛格主义归纳为三条：一是无意识形态性，即不要用任何意识形态来分析国际关系和外交政策，国际关系的核心是赤裸裸的利益，尽管这种利益不仅仅是物质意义上的；二是无道德性，即不要用任何道德观来影响人们处理外交关系，今天的敌人可以是明天的朋友，今天的朋友可以是明天的敌人；三是手段上的马基雅维利主义，即目的证明手段正确，只要能够实现国家利益和国家利益的最大化，只要能够击败敌人，使用什么样的手段都是正当的。

## 2. 美国以什么对中国发动冷战

在特朗普刚刚当选总统的时候，美国传出基辛格在为新政府设计“联俄抗中”的思路。尽管“联俄抗中”因为特朗普的“通俄门”而终止，但这个思路是符合基辛格的逻辑的。“联俄抗中”要转化成实践并不那么容易，因为在漫长的冷战期间，美国社会累积起来的对苏联（俄罗斯）的仇恨，并没有那么容易消解。今天，“联俄抗中”不提了，但又出现了美国可以发动冷战的“抓手”，包括贸易战、朝鲜核危机、中国台湾、中国南海等问题。

很多人在思考如何赢得和美国的竞争甚至战争，主要还是从中美的武力冲突着眼的。不过，中美两国同为核大国，中美之间爆发大规模的热战的可能性不是没有，但概率极低。即使发生冲突，也只会是局部性的，并且不会在本土，而会在其他地区。即使像南海这样的地方，也不太会发生热战，因为南海岛礁是中国领土，攻击南海岛礁会被视为攻击中国本土。对美国来说，武力较量很重要，但武力较量只是为了更有效地进行一场新冷战。就美国与苏联冷战的成功经验来说，美国也会选择冷战，而非热战。

因此，对中国来说，不仅要化解热战的威胁，更要有勇气和美国打一场新冷战。要从最坏处着想，往最好处努力。一旦贸易战演变为冷战，这会是一场全方位的冷战，包括朝鲜半岛，我国的台湾、南海、西藏、新疆以及“一带一路”、产业政策、开放政策、政治模式和意识形态等，都会成为战场。

地缘政治的变迁可以说是不以人的意志为转移的。前些年大家都在讨论中美两国会不会陷入“修昔底德陷阱”。这个担心并非没有道理。正如哈佛大学教授、“修昔底德陷阱”理论的提出者格雷厄姆·艾利森（Graham Allison）领导的研究小组所发现的，自 1500

年以来，人类历史上经历了 16 次主要的权力转移，即从一个大国转移到另一个大国，有 12 次发生了战争，只有 4 次避免了战争。

就是说，中美之间的冲突乃至战争的概率是相当高的。正因为这样，多年来，中国提出了和美国建设新型大国关系的政策导向，目的就是有意识地去避免“修昔底德陷阱”。但要避免这个陷阱，需要中美双方的共同努力。现在，美国开始贸易战，意图通过贸易战来拖慢甚至遏止中国的崛起。不过，今天的中国已经不同以往，有能力和美国较量。冷战总比热战好。

最后，还是那句话，历史上，任何一个大国的大国地位都不是从天上掉下来的，更不是别国给的，而是斗争出来的。中国亦然。

# 四、美国为何会发动贸易战

美国社会很多精英提倡通过和中国进行经济战的方式来拖慢甚至遏制中国的发展。所以，不难理解，今天中美两国尽管进行着“贸易战”，但“贸易战”仅仅是一个名义而已，实际层面两国之间所进行的早已大大超越了贸易范畴，包括商贸、投资、知识产权、技术等方面，可以说是已经拉开了要进行全面经济战的架势。

美国要对中国进行经济战，这使人想起了中国近代一些精英人物提倡要和西方列强进行“商战”的主张。其中，以清末的郑观应（1842—1921）最具典型性和影响力。郑观应曾任上海机器织布局、轮船招商局的总办，与洋务派关系密切。

中国早期维新思想家认为外国侵略者对中国进行经济掠夺，是造成中国贫弱的主要原因，他们因而主张不但讲求武备，加强国防，以抵抗西方资本主义国家的“兵战”，而且必须大力发展民族工商业，同西方国家进行“商战”。而郑观应的“商战”思想（主要体现在他 1893 年出版的代表作《盛世危言》中）则更进一步，认为：“习兵战，不如习商战。”

在郑观应看来，学习西方，仅依靠热衷于购铁舰、建炮台、造枪械、制水雷、设海军、操陆阵，讲求战事不遗余力，远不如西方各国那样倾其全力去发展商务。为进行“商战”，中国就必须破除以农为本、以商为末、重本抑末的传统成见。

郑观应认为，西方列强侵略中国的目的，是要把中国变成他们的“取材之地、牟利之场”，遂采用“兵战”和“商战”的手段来对付中国，而商战比兵战的手段更为隐蔽，更为严重，更为危险。所谓“兵之并吞祸人易觉，商之捭可敝国无形”。他主张“西人以商为战，彼既以商来，我亦当以商往”，只有以商立国，以工翼商，“欲制西人以自强，莫如振兴商务”。

郑观应所说的“商战”类似于重商主义，不仅影响了当时的光绪皇帝，而且影响了日后的几代政治和知识精英，包括康有为、梁启超、孙中山、毛泽东等。从这个角度看，今天中国经济学家们所说的“赶超经济学”实际上也具有郑观应的影子。不管怎么说，学习、赶上和超越西方一直是这几代中国人的梦想，而这样做的目的就是不让列强任意欺负中国。

## 1. 今天是美国对中国进行经济战

现在中国和西方的情况倒了过来，是美国要和中国进行经济战。美国要和中国进行经济战的原因，自然和近代中国要和西方列强进行商战全然不同。今天的美国尽管经历着相对的衰落，但仍然是世界上最强大的国家，几乎在所有领域领先其他国家，同时美国更没有如近代中国那样面临强大的敌人。

美国的问题是内部的，内部问题解决不了就外化成为国际问题，贸易战只是其中一种“外化”行为。很显然，美国不仅在和中国打贸易战，而且也在和其他很多国家包括墨西哥和印度在打贸易战。美国希望通过外部经济（贸易）战来解决内部问题，尽管没有人相信美国这样做会成功。

当然，对美国来说，经济战并不是新鲜事。美国在立国后不久就和当时的先进国家英国进行了一场“经济战”，即实行重商主义，发展和保护民族工业。美国只有在内部强大之后才进行开放政策，进入世界。美国 19 世纪 90 年代成为世界上最大的经济体，然后在第一次世界大战期间开始全面介入世界事务，第二次世界大战之后成为整个西方的领导，苏联解体和冷战结束之后成为唯一的霸权。

不过，在此期间，美国也从来没有停止过和其他国家进行贸易战，或者经济战。整个冷战期间，美苏冷战很大程度上表现为经济战。美苏冷战尽管表面上看是军事竞赛，但背后则是经济竞争。所以，也不难理解，苏联解体的原因并非外部和美国的军事竞赛，而是内部的滞涨和老百姓的不满。柏林墙是从内部倒塌的，而不是从外部推倒的。

一旦美国感觉到某一领域被（或者要被）其他国家所超越时，就会毫不留情地通过贸易战来精准打击和解决问题，甚至包括对自己的盟友如德国、法国和日本。今天美国打压华为公司的手段和美国从前打压德国、法国和日本公司的手段没有多少差别，所不同的是因为这些国家是美国的盟友，还可以在美国内部找到自己的朋友（例如美国国务院和军方），而今天的中国因为被美国视为“对手”，因此找不到内部同情者或者支持者。

贸易战是西方的概念，也是西方国家借以解决国与国之间贸易问题的传统手段。在中国漫长的历史中，从来没有发展出类似的概念或者使用类似的方法。历史地看，在近代西方崛起之前，中国曾经是最发达的国家，为全世界各国输出了大量的丝绸、瓷器、茶叶等产品。中国的四大发明流传到西方和世界各个角落，也从来没有今天那样的"知识产权"一说。

这些年来，人们津津乐道地把传统的"朝贡体系"，视为中国和其他国家的不公平贸易安排。但这是西方故意曲解，因为用今天的话语来说，朝贡体系实际上是中国对其他较小国家实行的"单边开放政策"，外国使节通过"磕头"仪式"朝贡"中国皇帝，中国皇帝就许可该国和中国进行贸易往来，但中国皇帝并不要求该国也向中国开放。

因此，当中国皇帝的"礼物""入不敷出"的时候，就要求减少外国"朝贡"的次数或者延长"朝贡周期"。这种封建性的贸易安排或许就是中国尽管曾经是贸易大国，但并没有发展出具有国际性的贸易规则的原因，或许也是中国落后的一个重要原因。

西方国家对中国贸易战也并非第一次。第一次和第二次鸦片战争就是典型的贸易战。当英国在和中国的贸易中没有竞争力而产生大量贸易逆差的时候，英国就毫无羞耻地在中国进行非法的鸦片贸易。在中国被打败之后，各国列强更是展开了瓜分中国的竞争。中国近代史的进程就是从这种耻辱中开始的。

现在轮到中国如何应对美国发动的经济战了。从目前的状况看，美国的意图极其明确，就是要拖延和遏制中国的发展。未来的局势如何在很大程度上取决于中国如何回应。今天的中国并非吴下阿蒙，现在也并非郑观应时代了，未来的历史并非美国一家说了算，中国也是这个舞台上的一个主角。

中国需要回应，也必须回应，但回应的方法必须得当。当代中国的现代化如果说是从毛泽东时代开始，那么当时的中国已经失去了走往日西方列强现代化道路的机会。西方列强无一不是通过帝国主义和殖民主义的方法来辅助内部现代化的。比较而言，中国走的是一条通过内部资本积累的内发型现代化道路。直到改革开放政策开始之后，中国才改变了这种情况。

应当指出的是，改革开放之后的大部分时间里，中国是打开自己的国门，欢迎外国资本进入中国的。尽管外国资本对中国的发展作出了贡献，但主要还是外国资本和中国廉价的劳动力和土地的结合。在这个过程中，外国资本的收益极其丰厚，中国通过资本积累和西方技术扩散等方式也得到了发展，但所付出的各方面的代价（尤其是环保方面）也是沉重的。中国的资本“走出去”只是在中国加入世界贸易组织之后的事情。但没有多少年，就迎来了今天的贸易战。

也就是说，中国也经历了自己的重商主义发展阶段。内生型的发展模式使得中国经济并没有像其他很多经济体那样高度依赖美国。尽管归根结底，像中国那样的巨型经济体最终需要依靠内需而实现可持续发展，但这绝非闭关锁国，闭关锁国是必须避免的。改革开放之初，中国社会就开放政策达成了一个广泛的共识，即封闭走向落后，落后就要挨打。

这个共识到今天仍然没有任何变化。因此，当美国西方开始进行贸易保护主义和经济民族主义的时候，中国领导层一再发表宣言称要坚持开放政策，并且开始了新一波的更为深度的开放政策实践。

也就是说，中国在以全方位的、更大规模、更深刻的开放政策迎战美国的对华经济战。和排他性的重商主义时代不同，今天的经济战所竞争的是谁更开放，看谁能够通过开放政策吸引到最优质经济技术资源，从而提高和强化自己的竞争能力，追赶或者保持经济的领先地位。

## 2. 西方不会轻易放弃中国市场

从世界经济史经验来看，只要一个国家本身是开放的，没有其他国家可以把这个国家孤立起来。同样，只要中国本身是开放的，资本的逻辑决定了中国是不可能被孤立的。美国经济之所以强大，其原因之一是因为美国的消费市场，庞大的消费市场使得很多国家需要依赖美国市场而生存。这一逻辑也适用于中国。今天的中国已经是世界上第二大经济体、最大的贸易国，内部消费对中国经济增长的贡献率已经超过 70%。

尽管中国中产阶层的比例仍然小于美国，但其绝对规模已经赶上甚至超过美国。也就是说，中国拥有一个利润丰厚的大市场。美国的商品需要市场，美国的技术需要市场，没有人愿意放弃中国市场。即使美国的资本因为政治压力而不得不放弃，那么欧盟和日本等国家呢？美国是否有能力施压所有西方国家放弃中国市场呢？

再者，美国企业如果放弃中国市场就会增加自己的成本，导致投资的减少，最终导致企业衰落。美国进入世界体系以来，其经济之所以强大，就是因为其一直处于不断扩张的过程之中。用马克思的话来说，资本的本质就是扩张，否则就会死亡。如果借用西方的概念来说，中国便是“资本主义”的最后一个边疆。既然西方花了巨大的努力打开了中国市场，谁又会轻易放弃中国市场呢?

的确，在这场贸易战中，美国的企业家并没有为中国发声，有的站到了政府的一边。不过，美国企业界和美国其他的既得利益集团（包括安全和军工系统、政客等）的意图不同，企业家向中国施压是为了中国更大的开放，而其他利益集团则是意图遏制和围堵中国。从资本的角度来看，简单地说，中国越是开放，美国的贸易战越是难以打下去。

在国际舞台上，各国面临着现存多边主义组织解体的危机，尤其是那些美国在其中占据主导地位的组织，包括世界贸易组织。美国纷纷“退群”，转向了单边主义和双边主义。不过，对所有其他较小国家来说，包括欧盟成员国、日本和东盟国家等，仍然需要通过多边主义机构和方法来解决问题。

这个方面也是中国可以加以努力的。中国可以加快加入一些区域多边主义组织，包括没有美国的《跨太平洋伙伴关系协定》（TPP）。同时中国可以创建新的多边主义机构，类似亚洲基础设施投资银行，尽量把美国的盟友也包括进来；即使是像“一带一路”那样的项目也可以转化为多边主义机构，向其他多边机构开放。

不管怎样，既然美国向中国发起了经济战，中国即使想回避也很难，只有迎战。但迎战的过程应当是理性展现的过程，而不是情绪表达的过程。情绪很容易表达，而理性则是少有的。只有理性才能保护和促成国家利益的最大化，也只有理性才能促成中国履行作为大国的区域和国际责任。

# 五、中美贸易摩擦的国际权力结构因素

## 1. 国际秩序面临的结构性变化

就当前国际形势来讲，中国的国际关系面临什么样的结构性变化呢？冷战之后，美国成为唯一的霸权，世界权力结构呈现一霸结构。而中国的崛起又再次促使这个结构的变化。这个变化是什么？对此我们必须有清醒的认识。有人说这个变化是一霸多强，或者国际权力的多极化。但实际上并不是这样。在全球化状态下，世界只有一个，也就是说世界只有一个权力体系、一个霸权。

即使要说是权力多极化或者多强，也只是一种一个体系内部的"内部多元主义"（internal pluralism），即一个权力体系内部有多个权力中心，并且多个权力中心都是围绕着唯一的霸权即美国而运作的。如果中国不选择苏联，而"另起炉灶"的道路，那么只有一个权力极的局面不会发生变化。从到现在为止的情况看，我们可以说，中国不仅在过去没有选择苏联的道路，今后也不太可能选择这条道路。

因为美国处于结构的顶端，中国的实际情况是，只有责任而没有领导权。美国和中国在国际事务上需要合作，不过，因为美国在诸多关键领域持有否决权，美国对中国的要求可以满足，也可以不满足。特朗普政府在"美国优先原则"下，任性地推动贸易战升级，从中可见一斑。

这种情况主要是因为中国的实力和美国还是不能相比。尽管经济实力在成长，但中国本身还缺乏履行国际责任的手段，更不用说领导权了。因为和美国同处一个结构，中国在很大程度上还是需要通过美国确立的体制来履行自己的国际责任。很难想象，中国能通过美国确立的机制来享受国际领导权。

另一方面，中美两大国并不能决定国际事务，这不仅和中国的“国际事务民主化”的目标不相符合，而且如果这样做，中国也会面临无穷的国际压力。例如，哥本哈根会议决议尽管是美国和中国合作的结果，但美国并没承担责任，而中国不得不承担来自发达和发展中国家的大部分压力。

改革开放以来，中国选择加入以美国和西方为主导的国际体系，这是中国“和平崛起”或者“和平发展”的结构性保障。这个体系存在着很多缺陷，但中国并不是要在体系之外挑战它，而是力图通过加入这个体系，在内部改变它。中国已经在这个体系内发挥越来越大的作用。进而，中国的高速发展表明中国在体系内的地位上升，形成今天所看到的“G2”结构。

## 2. 当今国际秩序下美国面临的矛盾

在美苏冷战期间，大国外交是为了竞争国际空间，形成美国阵营和苏联阵营。但现在则不同，因为中美两国同处一个体系。尽管中国离美国力量的距离还非常之远，但目前中国和美国是最接近的。日本在美国的（军事）体系内部，只是一个半主权国家，而欧盟毕竟不是一个主权国家。这就增加了中国大国外交的复杂性。作为一个负责任的大国，中国应当对整个体系负责，但站在这个体系顶峰的则是美国。

因此，一些人就分不开对体系负责和对美国负责这两者之间的区别。这两类责任之间有重合，无论是美国还是中国，因为处于体系的高端，都必须为这个体系的稳定负责。但这两类责任并不是同一件事情，因为体系利益和国家利益之间并不是完全一致的。体系利益和美国的国家利益的一致性要远远大于体系利益和中国国家利益的一致性。这个体系是在美国领导下建立的，并且美国仍然处于体系的最顶端。同处于一个体系之内，但同时又有不同的国家利益，这就决定了中美两国之间既有合作，又有冲突。

对中国，美国面临两个互相矛盾的任务，一是要防止中国挑战美国的霸权地位，二是要中国承担国际责任。反映到美国的实际政策中，一方面，美国要时时提防中国，和中国周边国家结盟、组建亚洲“小北约”，东海、南海、新疆、西藏、台湾等问题都是美国可以用来制约中国的理由；但另一方面，美国也意识到“帝国扩张过度必然加速衰落”。美国已经扩张过度，但美国又不能全线收缩。怎么办？ 美国在动用一切力量和一切方法来巩固已有同盟（如日韩）的同时，要求中国承担更多的国际责任。这是这些年来美国对中国认同变化的一个主要原因。美国一直在呼吁中国承担国际责任，希望中国不能老做一个“搭便车者”（free rider）。很显然，如果中国不能承担责任，美国很难单独维持这个世界体系。

这种双重任务使得美国的对华政策话语不断变化，这种变化取决于美国把重点放在哪一方面。美国国内对中国描述的话语经历了从早期的中国军事、经济“威胁论”到后来的“利益相关者”和“责任论”，再到今年的“领导角色论”。

美国总统特朗普对美国的战略定位是“美国优先并维持美国在全球的领导地位”。这并不难理解，也没有什么大的变化。美国历届总统不管其战略话语是什么，所实施的战略都是维持美国在全球的霸权地位或者领导地位。作为唯一的霸权，美国最大的国家利益便是维持这个地位。但历任总统所使用的方法可以是不同的。比如小布什政府奉行单边主义，而奥巴马政府则倾向于奉行多边主义。不过，这也不是绝对的，单边和多边同时存在，只不过是在不同时期的侧重点不同而已。

同时，在美国的新战略中，最大的变化是美国对中国的定位：中国和俄罗斯是美国的对手国家（rival powers），挑战了美国的影响力和价值。美国当然是从其国家利益的角度赋予中国这一新角色的。美国意识到，“新世纪的重担，不能只由美国独立担负。我们的敌人希望见到美国因为扩张太快而耗尽国力”。在这个认知下，美国就要调整和包括中国在内的其他新兴大国的关系，重新定位这些国家的国际角色。因此，美国要与俄罗斯建立“稳定、重要的多层次关系”，重申要与印度建立战略伙伴关系，又强调“我们欢迎巴西的领导”。对中国，奥巴马在表示两国间的人权分歧“不应影响在共同利益上的合作”的同时，也声言会监督中国的军事现代化计划并做出应对准备。

要在同一个体系下处理共同的问题，这需要中美两国拥有最低限度的共同价值观和对处理问题的方法的共识。如果这个层面没有一点共识，那么不仅共同的问题很难解决，而且更严重的是冲突会加剧，甚至比冷战时期的美苏关系还要坏。在冷战时期，美苏各有自己的阵营，双方之间除了核武器互相威慑之外，没有其他实质性的关系。这种关系当然很危险，但美苏双方的互动并不多，日常冲突也因此很少。而中美共处一个结构，互动是日常事务。

一旦遇到要处理具有全球性的问题，就需要两国具有一定的共识。这就是为什么在伊朗、朝鲜等问题上，美国近来越来越要求中国和其保持一致。可以预见，美国的这种要求在今后会越来越多。尽管中美两国之间不可能有完全一致的价值（不同的文明、意识形态和政治结构），但两国在处理国际问题上达成具有工具性的共识和价值也不是不可能的。这就需要两国进行经常的对话，通过对话达成共识。

更为重要的是，在“G2 ”结构内，中美两国的双边关系越来越具有国际性，就是说，中美两国如何处理双边关系都会对整个国际社会产生很大的影响。投资、贸易、汇率、军事和外交等方面的双边关系都会产生巨大的外在影响。这就要求两国把这些问题放置于整个国际关系的格局中来处理，而不仅仅是双边关系。这种局面非常有利于中国拓展国际舞台空间，也就是说，中国可以在全球舞台上和美国互动。尽管美国仍然是世界上唯一的霸权，但因为中国处于“G2”这一结构的“老二”位置，在和美国互动的过程中，中国的影响力很自然到达世界的各个地方。这和中国的主观意愿没有多大关系。不管中国是否喜欢，这正在成为一个国际关系的现实。

国际权力结构性的变化又影响到中美双边关系。就双边关系来说，中美两国已经高度相互依赖，尤其是在经济关系上。这种相互依赖关系非常重要。但有了这种相互依赖性，美国如果要把中国作为“敌人”来打击，就会直接损害其自身的利益。

### 3. 中国应对中美贸易摩擦的思路

中国已经向美国提出“新型大国关系”的概念，决定要打破传统上霸权战争的大国关系逻辑。很显然，要和平崛起和和平发展，中国需要和美国相处共存。正如这里所讨论的，这并非不可能，但需要很多的努力。不过，同时，我们也应当对美国霸权下发动的贸易战有清醒的认识。

对中国来说，贸易战争最坏的结局便是和世界分离开来，孤立起来，无论是主动的还是被动的。一旦孤立起来，就很有可能陷入“明朝陷阱”，即在国家还没有真正崛起之前就开始衰落。如果滑向冷战，那么中国必须千方百计避免出现美苏冷战的情况，即除了核武器互相威慑之外，和西方没有任何具有实质性的关系。避免这一结局对中国来说并不困难，即用更开放的政策来应付西方的贸易保护主义。近年来，美国盛行贸易保护主义和经济民族主义，中国已经接过了“自由贸易”的大旗，继续引领全球化和贸易自由化。在下一阶段，中国不仅需要继续把“自由贸易”的大旗扛下去，更需要具体的政策行为。

在和美国进行贸易战的时候，我们必须考虑到两个重要因素：第一，美国政府利益和资本利益之间的不一致性；第二，美国和其他西方国家利益的不一致性。贸易战实际上就是经济利益在不同利益集团之间的再分配。美国行政当局在一些利益集团的支持下发动贸易战，但贸易战必然使得其他一些利益集团受损。因此，中国必须利用资本的力量来减少贸易战对中国的影响，甚至遏止贸易战，因为美国行政当局很难支配资本的流动。中国对特朗普贸易战的强有力反击和更大程度的开放并不矛盾，就是说，中国必须在一些领域给予特朗普有力回击的同时在另外一些领域实行力度更大的开放。资本唯利是图，只要能够在中国赢利，没有西方政府能够阻止得了西方资本进入中国。

# 六、全球化时代的光明与黑暗

很多迹象显示，西方主导的全球化在衰退。尤其是特朗普执政以来，保守主义、孤立主义倾向日益强化，当今世界被不确定性笼罩。但是我们要明确立场——全球化也好，逆全球化也罢，是没有道德含义、没有政治含义、没有意识形态含义的。它没有好坏之分，只是一种客观事实。

在很多人的认识里，一说到逆全球化，就是逆潮流，就是坏的。这个判断里边就有了道德含义。不管是全球化还是所谓逆全球化，它发生了，很难说它是好事还是坏事。如果简单地用好或者坏来进行价值判断，那就容易以偏概全，就会出现还没有看懂事物发生的全过程就作出价值判断的情况。

一个事物、一种现象或者一种潮流出现了，应该去寻找、研究它发生背后的原因，不能简单地用好坏来下定论。它不是伦理，不是哲学，其中不存在道德含义。无论是特朗普当选，还是英国脱欧，都是客观现象。对这种客观现象要去分析、思考和追问。在西方，为什么10年以前这种看起来趋于保守的派别没成气候，而今天突然涌现出来，并成了气候呢？这仅仅是因为特朗普一个人的原因吗？

这是时代造就的，是形势所趋。当年，希特勒也是那个时代的产物。如果当时德国不是因为在第一次世界大战中失败，经济政治衰败，希特勒能在政治上崛起吗？回过头来再看特朗普的上台，也是一种客观现象。现在的问题是，很多人只满足于对这些客观现象进行简单的道德判断，而不去做深度思考。比如，以前国际贸易占比较高，现在占比较低了。这好像是全球化程度降低了，但这并不意味着逆时代潮流，逆全球化。

所谓逆全球化，其实很大程度上是人们对全球化反思产生的一些现象，与其说是逆全球化，不如说是对全球化存在问题的纠偏。

我们知道，这一波的全球化是从20世纪80年代里根、撒切尔革命开始，一路狂飙突进，势不可当。从正面来说，这波全球化浪潮为人类文明创造了前所未有的财富。不说别的，光看中国的发展，从20世纪80年代开始，赶上全球化的浪潮，短短40多年时间，中国已经使几亿人口摆脱了贫困，成为全球第二大经济体，这是一个多么伟大的工程，没有全球化是不可想象的。

有人说，我们只是凭借廉价劳动力和庞大的市场获得经济增长的。其实，在改革开放之前，我们的劳动力更便宜，但当时没有融入全球化，经济并没有因为劳动力廉价而得到迅速发展，人们的生活得到的改善也有限。而改革开放以后，我们融入了全球化，廉价劳动力投入全球市场才有了竞争力，我们的经济才迅猛发展起来。

如果从经济发展、社会发展的角度来说，全球化确实为人类社会创造了巨大的财富，但是大部分财富属于社会上的少数人，社会上大部分人没有得到他们应当享有的财富。资本获取了财富的大部分，劳动者获得了很小一部分，有些社会群体甚至成为全球化的受害者。

所以，另一方面全球化导致了巨大社会差异、社会分化，以及中产阶级的困境，再加上无节制的移民和恐怖主义的困扰，使得欧美发达国家陷入了全球化的泥沼中。

美国的中产阶层从第二次世界大战之后的70%多，下降到现在50%都不到。尤其严重的是，在奥巴马总统任期内，中产阶层以每年一个百分点的速度下降。同样，发展中国家的两极分化也越来越严重，例如，中国的基尼系数超出了大家可以接受的程度。

这些都是民粹主义在全世界崛起的经济根源。内部的民粹主义又往往表现为外部的经济民族主义、泛全球化和贸易保护主义，这些主义的兴起给今天的国际关系带来很大的不确定性。没有上述前提性社会条件，它们怎么会兴起呢？这些才是需要引发人们深入反思全球化的原因，正是它们导致了现在的所谓逆全球化。

全球化的兴起，是伴随新工业革命出现的一种必然发展趋势。你喜欢也好，不喜欢也好，都无法躲开全球化趋势。中美两国为什么联系那么紧，就是因为全球化。所以这是一个客观事实和历史趋势。迄今为止，全球化过程中，美国确实起了“领头羊”的作用。其实，许多国家还是希望美国继续去承担世界的责任，扮演好世界警察的角色。

但美国现在扮演“领头羊”的角色有些力不从心了，所以它要整顿。从这个意义上，就可以理解特朗普的一些政策了。客观地看，在国内问题上，特朗普还是比较理性的。他要解决美国的就业问题、贫富分化问题，重振美国经济，他通过大规模减税等政策促使跨国企业回归本土，提振美国中小企业发展动力，这些措施对美国的经济发展是积极有利的。只是在做的方式上，有些是人们不容易接受的，但是要看到他是在想办法解决问题。

奥巴马任上说了很多漂亮话，许下很多诺言，可是很多事情最终没有落实，他只是表达了一种理想。特朗普应当是行动派。他要通过美国在国际事务中相对收缩的方式来振兴美国经济，特别是美国铁锈地带长期陷入衰败的经济。用特朗普竞选时的话说，就是要让美国重新伟大起来。尽管美国曾经有过孤立主义传统，但我不认为特朗普这次能够把美国再次引向孤立主义，使美国走上完全脱离全球化的道路。

## 1. 不确定性：可能性和期望

对特朗普带来的不确定性也不应该作单纯道德判断。不能简单地认为，确定性就是好的，不确定性就是不好的。一定要先搞清楚这个事实，它不应该是一个道德判断。

特朗普一当选，笔者在一个论坛上就预判，我们会看到，特朗普上台之后，大家会看到两个特朗普存在：一个是光明的特朗普，一个是黑暗的特朗普。黑暗的特朗普宣扬马基雅维利式的理念，口无遮拦地说一些带有种族歧视、性别歧视、反移民等政治不正确的话。由此，人们会把一些主流价值观所不能接受的价值观与特朗普联系起来。

而光明的特朗普则表现为推动经济发展，扩大工人就业，振兴美国，强调美国第一。强调美国第一，美国人都会赞同，哪个国家的人民不想让自己的国家第一呢？当然强调自己第一，也不能太自私了。如果特朗普上台造成了灾难性后果，那么我们就要去认真研究，要去发现它产生的客观根源，这样才能找到抑制它的办法。

从另一个角度看，不确定性又创造了无限多变化的可能性。关键是在多种可能性的情况下，如何达到我们所期望的可能性，这是我们所要思考的。比如，现在欧洲出现了右翼民粹主义潮流，我们不希望看到20世纪欧洲历史上希特勒那样的灾难再次出现。我们希望民粹主义潮流朝着理性、自由、符合世界文明的方向发展。这就需要国际社会进行认真的研究，并采取相应的应对措施，这是我们应该做的。

从人类社会发展的历史看，一开始就是不确定的，人类社会什么时候确定过？所谓确定性是决定论的思想，就是认为历史有一条清晰的单向度的线性发展轨迹。事实上，人类社会不是这样发展的。历史决定论最终会导致历史终结论。

其实，中国文化里就充满了对不确定性的理解和认知。比如，《易经》里的“易”就是变的意思，变就是不确定。从传统文化来看，中国人是根本不害怕“不确定性”的。西方的思想传统则对变化和不确定性充满了担忧，所以他们创造了上帝来消除对变化的恐惧心理。世界上所有的东西都在变化，唯一不变的就是变化本身。这就是《易经》所揭示的根本道理。

人类社会的复杂性表现在不确定性上。因此，不确定性不是一个贬义词，它是一个客观存在，是一个现状，或者是一个结果。我们无法避免不确定性，人类文明的进步已经能够通过制度等方式，大大减少不确定性可能带来的负面影响。

当年希特勒上台时，因为德国的制度化程度很低，他可以随心所欲地改变制度。但现在特朗普执政后，别说改变制度，就是想推行一个政策、做成一件事都很难，因为有媒体、国会和民众的制约力量。民主和法治制度决定了，他不可能随心所欲地为所欲为。第二次世界大战之后的世界格局发生了非常大的变化，在这种环境下，不大可能出现希特勒那样的独裁者。当然，对此我们也必须保持高度警惕。

### 2. 新技术与人类的短视：且生存且思考

新技术带来的不确定性，同样也存在可能是光明的天使，也可能是黑暗的陷阱的问题。特朗普这次当选不就使用了大数据技术吗？对于新技术关键还是看你怎么用。现在商业上，像阿里巴巴，马云干脆就叫他的公司是数据公司，而不是电商。

新技术的确可以把人们解放出来。但另一方面，现在的新技术社交工具，使得人们只关注自己的朋友圈，而不再关注其他信息，公共领域越来越狭窄，而私的空间越来越大。随之而来的是，也造成了许多复杂问题和新的不确定性。恐怖主义不是也在不断利用网络技术吗？所以，无论什么先进技术，它都只是工具，还是要靠人来决定技术的性质。

很多好莱坞科幻电影已经在展示人工智能完全取代人的前景了。假如现在我们这个研究所，人不用写文章，写报告，完全由机器来代替了，那人做什么？很多人可以去做义工，或从事其他服务类工作，或者从事更加个性化、更加具有创造性的工作。

但是，这也可能会使很多人去做坏事，因为人无所事事的时候，就可能做一些坏事。作为工具的技术，自古至今一直在发展，每一次技术的重大进步都能改变这个社会。当然，技术也可能失控。不过，人作为一种会思考的动物，一旦出现机器失控的情况，肯定又会去研究怎样去控制机器、防止失控等。不可否认，毁灭性的可能也是有的。

因此，新技术也会带来很多不确定性，带来更大的风险。而你喜欢也好，不喜欢也罢，它始终是一个客观趋势。我们要做的，就是面对这个情况，怎么去处理，如何生存下去。

这个时代为什么产生不了像康德那样伟大的思想家？因为我们越来越无暇仰望星空了。现在的人们没有思考，只有选择。人类的短视也会带来更多的不确定性，这也许是一种更大的危机，也许因此使文明社会深陷黑暗之中。

## 3. 单边开放与创造规则：你黑暗，我更光明

我们可以比较一下英美两个国家。当年大英帝国称霸世界为什么会持续长达200多年的时间，而美国独霸全球的时间却很短。事

实上，自冷战结束、苏联解体之后，美国才真正有了独大的地位。

但是，至今才不过20多年的时间，美国就显出了衰落的迹象。这里的因素有很多，但我觉得当时的英国之所以能持续那么多年，就在于它采取“单边开放”的政策。所谓单边开放，就是你不向我开放没关系，我向你开放。这才使得英国强盛了那么长时间。美国采取的则是对等开放政策，你对我开放，我才向你开放。如果像特朗普现在这样采取孤立主义政策，那么美国就很难像当年大英帝国那样持续那么久独霸全球。

中国如果要真正实现强大，就应当学习早期的英国，实行单边开放。在确保国家利益的前提下，你黑暗，我更光明！你保守，我更开放！如果简单地以牙还牙，针锋相对，那世界可能就遭殃了。为什么2019年习近平主席在达沃斯论坛的讲话很受国际社会欢迎，就是当特朗普要逆全球化的时候，中国高举起了全球化大旗。美国要搞贸易保护主义，中国则提倡更加开放。我们应该朝着这样的方向发展。

但是我们也要注意到，中国国内的民粹主义和极端民族主义思想很有市场，这种心理与近代以来中国受欺凌有关，很多人感觉我们今天强大了，总要想办法还击一拳。首先，笔者认为，中国领导人不会像欧美的政客那样支持民粹主义。无论是从G20峰会还是达沃斯论坛，习近平主席一直在强调更加开放，不要搞贸易保护主义。其次，国内民粹主义确实很强，这是因为它是由很多社会问题引起的。

美国的民粹主义、欧洲的民粹主义都有它们产生的社会根源，中国的民粹主义也有它产生的社会根源。我们要解决民粹主义问题，首先要去除产生民粹主义的土壤，大力解决社会问题。只有解决了社会问题，才可能遏制民粹主义。大家看看世界各国，就民粹主义而言，今天世界各个国家之间的差异并不在于是否存在民粹主义，而在于这些国家的领导人是不是去动员民粹主义或者利用民粹主义，有些国家的领导人大力提倡民粹主义，有些国家就克制自己，没有去做民粹主义。

我们应该从历史中吸取教训。第一次世界大战和第二次世界大战的发生其实都与当时的欧洲民粹主义有关。国内社会问题解决不了，就寻求对外开战来化解。特朗普上台推行的一系列政策，就是试图从解决内部问题入手。

如果说中国同美国的关系是全球化，那么同周边国家的关系就是区域化，也是彼此如何找到平衡点的问题。改革开放以来，中国无论是同东南亚、南亚还是东亚的关系，经济上都联系得很紧密。并不像西方人所说的，中国要搞扩张了。中国的战略目标是很有限的。俄罗斯周边的很多国家都在担心，如果北约不行的话，会被俄罗斯吞并。

但中国周边没有一个国家会担心被中国吞并，因为中国没有这个意图，中国历史上没有吞并过别的国家，只是西方人在炒作这个问题。这其实也是中国的话语权的问题，因为我们在国际上的话语权还很不够。

说到如何讲中国故事，如果我们不了解世界上在发生什么，能讲好中国故事吗？那就不是在讲故事，而是在编故事。为什么当下中国在一些国际地区的形象并不是很受欢迎，就在于有些时候我们没有把本来很好的故事讲好。

冷战结束以后形成的国际间的游戏规则本身要不要变，应不应该变？我想不仅仅是特朗普在追求变化，中国也在追求变化。现今的国际游戏规则主要是西方发达国家制定和主导的，很大程度上不符合发展中国家的利益。所以，中国也希望这种规则有所变化，使其能够更符合广大发展中国家的利益。我们一方面接受了这些规则，另一方面也要改变这些规则，同时还要创造一些新的规则。事实上，我们现在就在这样做，比如全球贸易体系的游戏规则。

如果是朝着黑暗的特朗普方向发展，那就会很糟糕。如果朝着光明的特朗普方向发展，那就会很健康。在这方面，中国的确起着举足轻重的作用，这也是由中国在世界上的经济地位和国际地位所决定的——第二大经济体、最大的贸易大国。光明与黑暗两种力量的博弈，主要在于我们如何把握，在于中美之间如何互动。

如果美国的民粹主义起来了，中国也以民粹主义方式应对，那么就必然爆发冲突，世界就必然走向黑暗，甚至这个世界就此糟糕了。而如果是你黑暗了，我更光明，你逆全球化而行，我更加倡导全球化、更加改革开放；那么，这个世界一定会向更加文明的方向发展，会越变越好。这就是用光明消灭了黑暗。

中美之间一旦发生贸易战，美国自身会受伤。中国经济体是开放的，中美关系是你中有我我中有你的关系，美国同样会受到很大影响。所以，中美间的贸易战是可控的，但中美最需要考虑的是如何预防贸易战转化成冷战。

## 4. 中产阶层和社会共识：中国当下之所需

中国目前最迫切需要解决的还是如何做大中产阶层的问题。这个问题我强调了很多年。当然，社会公平很重要，这是基础，但是没有强大的中产阶层，中国社会就没有稳定的基础。我们的中产阶层现在还太弱小。西方这些年出现的问题，也是因为整个中产阶层的生存环境恶化了。美国如果是中产阶层仍然占到 70% 的话，绝不会发生特朗普当选这样的事情。欧洲如果没有中产阶层面临的困境，也不大会有英国脱欧公投。

一个社会，当中产阶层很强大的时候，就容易达成共识。当社会精英有了共识的时候，社会就会比较健康地发展。如果精英没有共识了，那么无论是一党制还是多党制都有问题。

中国古人云，有恒产才会有恒心，所以以前儒家、法家有养民的说法。当然，古代所说的养民，还是把老百姓作为客体看待。那时候的养民不是现在意义上的民主意识，而是要照顾好民生，不涉及政治参与。

现在的民，不仅仅需要民生，还需要民主，要政治参与的权利，大家都有了这个意识。所以中产阶层能够充分参政的时候，才是社会最稳定的时候。如果中产阶层不壮大，社会就很难稳定：中产阶层不壮大，消费社会就很难建立，即使建立起来也很难持续发展；中产阶层不壮大，法治社会就无从谈起，因为中产阶层最需要法治；同样，只有中产阶层壮大才能发展民主。所以，不需要那么多豪言壮语，一个指标就是把中产阶层做大。

当年日本和亚洲“四小龙”都是随着经济起飞，在二三十年时间内，就把中产阶层发展壮大到70%。任何社会的稳定和发展都是要先发展起中产阶层来。当然，不同的国家、不同的社会，壮大中产阶层的方式可以不同。比如，中国香港地区是通过发展中小企业，新加坡是通过公共租屋。各种方式都可以，但一个目标就是把社会打造成橄榄型社会。

这些年中国的中产阶层并没有明显壮大起来，因为工具的东西和价值的东西是背离的，正如马克斯·韦伯说的工具理性和价值理性，光有价值理性是不够的，也需要工具理性。当下医疗、教育、住房等方面存在的问题，不仅没有壮大中产阶层，反而成为压制中产阶层的工具。

## 七、为何经贸相互依存也可能会导向战争

作为世界上最大的两个经济体，中美关系不仅仅是单纯的两大国关系，更会影响到很多其他国家。这些国家和中美两大国都有着复杂而深厚的关系，在中美关系平稳的时候，它们都可以从两边获得利益，但一旦两大国关系恶化，它们都会受到深度影响。一些国家可能在短期内可以获取一些利益（例如，从中国退出的产业和资本进入这些国家），但从长远来看，这些国家也避免不了中美地缘政治竞争所带来的负面冲击。

中美贸易摩擦能够产生如此广泛而负面的经济影响，这使得很多人很不了解中美两国所进行的贸易战。贸易战显然不是一场双赢游戏，而是两败俱伤，即人们所说的损人不利己，“损人一千，自损八百”；不仅如此，贸易战还波及很多其他国家，甚至是美国的盟友。

更为重要的是，今天人们把中美之间的经济冲突界定为“贸易战”或者“经济战”，就表明这已经大大超越了传统“经济竞争”的范畴，而进入“战争”状态。传统上，人们一般认为经济竞争不可避免，并且经济竞争并非零和游戏，但战争则往往是零和游戏。这又使得很多人担心，今天中美之间的贸易战如果不断升级，是否会导向另一类战争，无论是热战还是冷战。

这种担忧不仅合理，而且也是必要的。人们可以把两国之间的

经贸关系，视为经济区域化和全球化的结果。两个互不交往的国家不会发展出任何经济关联，也无所谓贸易冲突。两国之间的经贸交往越深，冲突就越容易发生，负面影响也越大。历史地看，经济的区域化和全球化的确给参与国家带来巨大的好处，但也不断地导向冲突甚至战争。

这些年来，人们总是把今天的状况，比喻成为第一次世界大战前的情形。第一次世界大战之前，世界经济经历了前所未有的经济区域化和全球化，经贸的频繁往来和经济上的互相依赖，不仅发生在欧洲国家之间，而且也发生在欧洲国家和其他区域国家之间。但是，第一次世界大战就是在这样一种情形下发生的。事后诸葛亮不少，但事先没有人认为战争会这么快就在这些经济上互相依赖的国家之间发生。

## 1. 经济竞争导向零和游戏的战争

的确，如果仅仅从经济的角度来看，很难理解为什么非零和游戏的经济竞争，会导向零和游戏的战争。但如果从更深层次的政治经济关系来看，不难发现，冲突和战争也是国家之间的常态，正如它们之间的经济贸易一样。任何形式的战争都是要付出巨大的代价的，大的战争往往招致无数的生命和财产的损失。但人类为什么还要战争呢？

德国社会和政治学家奥本海默（Franz Oppenheimer）在论述国

家的起源时，总结出了两种方法，即经济方法和政治方法，前者通过人们都可以接受的“交易”方法，或者“契约”方法，而后者则倚重“权力”和“力量”。奥本海默本人则倾向于政治方法，因为经验地看，从人类开始产生以来，政治就从来没有离开过，从原始部落到近代国家，暴力是国家起源和发展的永恒来源。

近代商业资本主义尤其是工业化开始之后，人们对战争的根源和如何避免战争有了全然不同的看法。其中，英国哲学家亚当·斯密（Adam Smith）著《国富论》（*The Wealth of Nations*），为国家的发展寻找到了最有效的经济方法。斯密认为，国家通过“劳动分工”和贸易就可以致富和积累财富，而无须通过战争和掠夺。斯密之后，李嘉图（David Ricardo）则进一步发展出“比较优势理论”来论证经济方法的有效性。

不过，并不是所有人都认同斯密和李嘉图的观点。马克思最为典型，他认为近代以来的战争，无论是内战还是国家间的战争，简单说就是资本主义扩张的自然结果。在一个社会内部，资本主义造就了阶级分化，导致了阶级之间的利益冲突，极端一些就是内战；在国际层面，资本主义导致了国家间的利益冲突，极端一些就是战争。

经济因素可以遏制和避免战争这一观点，在第二次世界大战之后得到了前所未有的发展和传播。用经济史学家熊彼特的话来说，如果近代以来民族主义是战争的根源，可以预期，民族主义只是人类远古野蛮兽性的一种遗留物，终究会消失。经验地看，这主要是出于两个原因。

第一是人们看到战争的残忍性和经济上的毫无理性。战争没有赢家，人人都是输家。第一次世界大战和第二次世界大战给欧洲各国的经济带来了毁灭性的影响。第二是第二次世界大战之后开始的经济整合。经济整合从欧洲“共同市场”概念开始，扩展到其他各个地区。西方各国市场的整合及其西方市场向其他非西方国家市场的延伸，有效地把有关国家连接在一起，促成了经济的发展。

尤其重要的是，20 世纪 80 年代由美国总统里根和英国首相撒切尔新自由主义革命所引发的新一波全球化，更是在很短时间里把一个广袤的世界演变成为一个“全球村”。国家间经济上的高度互相依赖所能产生的正面效应，反映在了国际关系领域的“互相依存理论”上。

“互相依存理论”加上源自近代德国哲学家康德的“民主国家之间无战争”理论，成为近年来西方自由主义国际关系理论的主流。人们深信，国家间经济上的高度依赖，加上政治上的民主化，战争就可以远离人类，实现康德的“永久和平”理想状态。

这种自由主义国际关系理论，也基本上决定了美国处理和其他国家关系的态度和方法。那就是，美国必须通过经济方法（开放、市场准入、整合等），促成那些和美国具有经济关系的国家的政治体制的民主化。也就是说，对非西方国家来说，和美国（西方）国家发展经济关系是有政治前提的。也很显然，这个政治前提充分反映在美国（西方）国家的贸易、投资、国际援助等方面。

## 2. 国家之间关系冲突的本质

不过，自由主义理论（无论是经济学家还是政治学家）更多地反映了信仰者对世界的一种理想，而非对现实的反映。对西方的现实主义者来说，经济互相依赖的确导致了国家之间的利益相关性，增加了处理国家之间关系的难度，但绝对没有改变国家之间关系的冲突本质。自由主义过度夸大了经济全球化所带来的好处，但大大低估或者忽视了经济全球化固有的负面影响。

历史地看，经济全球化必然造成两个结果：第一，一个社会内部的收入差异和分化；第二，国家之间的收入差异与分化。在一些国家，内部收入差异和社会分化，经常导致不同社会阶级间的经济冲突，甚至演变成内战；在另一些国家，内部冲突外化成为国家间的冲突，即战争。当多个国家同时卷入时，就演变成为世界大战。

经济关乎利益，利益分配不公就会导致战争，无论是内战还是国家间的战争。就是说，经济因素的确可以导致战争。但如果人们仅仅从经济因素来理解战争，那还是过于简单。在大多数场合，政治因素甚至远较经济因素重要，人们既为利益（经济）而战，也为荣誉和恐惧而战，而荣誉和恐惧更多的是关乎政治。实际上，一旦涉及战争，政治逻辑就占据主导地位。近代普鲁士军事战略家克劳塞维茨（Carl Von Clausewitz）说过，“战争是政治通过另一种手段的延续”，无疑揭示了战争的“政治”本质。

克劳塞维茨所说的几乎是永恒的。多少年来，人们一直企图超越经济因素而去寻找战争的根源。人们诅咒战争，祈求战争不再发生，但同时人们也在赞美战争。人的本性中存在一种倾向，把自己道德化，把他者妖魔化。即使是侵略，侵略者也总能找到战争的“正当性”和“正义性”，并为此而歌颂战争。从古希腊各城邦之间的战争到中世纪十字军东征，战争总是成为人们讴歌的对象。

到了近代，战争具有了更高的道德性。法国大革命以后，基于主权国家理论之上的“民族主义”大旗，引导着人类进入毫无止境的战争。各种论证和颂扬战争的理论一一出炉。这尤其表现在近代浪漫主义和社会达尔文主义者那里。近代浪漫主义始于英国文学，当传播到德国时进入了政治哲学领域，歌颂战争和暴力，为了国家利益（无论是统一还是发展），一切在所不惜。在社会达尔文主义那里，战争不仅是“适者生存”的必然产物，也是检验人类品质的最高标准。

尽管达尔文本人的“进化论”并没有明显的道德和进步观念，但到了社会达尔文主义者那里，“进化”变成了“进步”和“文明”。所以，战争不仅仅是“适者生存”的手段，更是成为人类进化、“文明”淘汰“野蛮”、“进步”取代“落后”、优胜劣汰的工具。

整个帝国主义时代，人们深信“战争的胜负是衡量一个国家的优劣”的有效手段，列强之间为战争乐此不疲。英国思想家萧伯纳（George Bernard Shaw）曾经说，人类大多都在投资于死亡而非生活，即人们把最多的投资用于战争武器，而非改善人民生活。

这种情况到现在发生了多大的变化？在很大程度上，现在的确是一个全然不同的时代了。如上所说，经济的全球化使得各国互相依赖，“你中有我、我中有你”，这在客观上大大增加了战争的难度和成本。同时，在话语方面，没有多少人公然宣扬战争了。不过，如果足够现实，人们也不难发现，这可能仅仅是表象，人类的本性依然没有发生变化。

和从前的全球化一样，这一波全球化依然产生着同样的问题，即社会内部的不平等和国家间的不平等，而极度的不平等随时可以导向内外部的冲突。从话语来说，人们只是用一种更为巧妙的方式把“优胜劣汰”的观念表达出来而已，包括“文明冲突论”和“民主价值同盟论”等。

再者，和人类的其他很多行为一样，自古至今，战争已经高度机构化和制度化了。对参与战争的主权国家来说，战争有开始的仪式，也有结束的仪式，战争过程更是充满各种仪式。战争因为主权国家而高度制度化，也因为主权国家而被“道德化”和“正义化”。第二次世界大战以来，除了被彻底打败的德国对战争有反思之外，没有任何一国对战争有真正意义上的反思。战败国如日本从未反思战争，而战胜国则依然为“战胜”沾沾自喜。

主权国家或者政府是战争的主体，但推动政府发动或者参与战争的，则是政府背后的各种利益集团。资本可以成为战争的根源，因为资本需要借助政府来打开其他国家的大门，开拓世界市场，掠夺他国的资源，保护他们的海外利益。

但在更多的场合，其他利益集团甚至较之资本更可以直接从战争中获取巨大的利益。例如，美国安全和军工系统在战争中的巨大作用，以至于很多美国人相信战争就是这个利益集团追求自身利益的工具。很难想象，如果没有战争或者战争的威胁，美国如何维持一个如此庞大的战争机器。

更令人担忧的是全球化条件下极端“认同政治”的崛起。今天的“政治认同”已经变得毫无底线。不仅现存的不同民族、种族、宗教、文明、国家之间的认同差异在迅速扩大，甚至在这些单元的内部也在继续分化，人为地把同一个民族、种族、宗教、文明、国家分化成为不同的民族、种族、宗教、文明、国家。包括民族、国家、文明在内的所有“认同”都是可以人为制造的。如此下去，一个社会内部的冲突甚至内战，正如国家间的战争那样，正在变得不可避免。

# 八、如何理解特朗普对华贸易政策的本质

中美贸易摩擦似乎在一路升级，双方几乎无人知晓这场仗如何打下去，又如何收场。更麻烦的是人们对特朗普到底要干什么还是猜不透。主流媒体还是侧重于特朗普的人格、言语和风格，分析和报道尽管具有很大的娱乐性，但缺失深一层的思考。其实，从行为层面看，不管人们喜欢与否，特朗普具有高度的一致性。

从总统选举开始到现在，特朗普一直在持之以恒地做着他想做的事情，一些事情上成功了，一些事情上受挫了。但不管怎么说，特朗普算是一个行动派，和之前的美国总统很不一样。这主要是政治人物和商人之间的区别，政治人物注重的是语言，而商人看重的是实效。美国的政治建制派迄今为止还不能适应特朗普，但美国普通社会（尤其是白人）、商界和军界的看法则不相同，这些群体对特朗普更有比较高的认同度。

中国各方对特朗普及其政府的认知，在很大程度上也受美国建制派的影响。这种情况是因为中国的认知受制于几个因素。例如，美国的建制派控制着大众传媒，对特朗普基本上没有任何正面的看法，特朗普和媒体之间的敌视从来没有中断过。又如，中国改革开放以来所接触最多的就是政治建制派和与中国有商贸往来的商界，对特朗普本人及其背后的力量了解甚少。这些都妨碍着人们对中美贸易现状的理解。

如何理解特朗普的对华政策？这里首先要假定美国是自私理性的。在美国人的思维里，“自私”便是“理性”的前提，“自私”就是为了自身利益的最大化。美国是世界上的霸权国家，其最大利益便是维持其霸权地位，免受任何崛起中大国的挑战。这就是这些年中美两国都在持续关切和讨论的“修昔底德陷阱”。

实际上，当中国在思考如何避免“修昔底德陷阱”的时候，美国也在思考同样的问题。较之中国，这一陷阱对美国来说更为重要。原因很简单，美国是守成大国，而中国则被视为挑战者。较之中国人，美国人更相信这一陷阱的存在和可能性。

### 1. 中美精英阶层认知不同

就中美两国是否会陷入“修昔底德陷阱”，中国的精英阶层并没有达成共识。比较冷静的人看到了两国之间的距离，而有些人则对中国本身没有任何自信。与此相反，美国的精英阶层几乎对中国正在挑战美国形成了很高的共识度。这也是目前美国国内各方面的力量，在中国问题上几乎结成了“统一战线”的原因。人们不难发现，尽管建制派对特朗普的各种政策都持强烈的批评态度，但唯独对特朗普的对华政策，他们都是高度支持的，有些人甚至认为还不够强硬。

那么，就美国来说，如何免于来自中国的挑战而保持美国的霸权地位呢？这里主要涉及政治、军事和经济几个领域的对华政策。

在政治上，美国的一贯政策就是人们从 20 世纪 80 年代以来一直所说的“和平演变”。对于中国，美国不可能像对待小国家那样，直接干预中国的政治，同时也没有像对待德国和日本那样的历史“机遇”，因此只能寄希望于中国内部的变化。20 世纪 80 年代改革开放一开始，美国对中国就有高度的期望，希望中国有朝一日会演变成西方式民主。正是这种高度期望，美国和西方对中国后来发生的一些事件作出了最剧烈的反应。

之后，邓小平的“南方谈话”化解了这场过早来临的中西方对峙大危机。中国通过自身大规模、大幅度的经济开放、与世界接轨等方式让西方看到了另一种期待。克林顿似乎是一个马克思主义者，他非常相信经济变化之后，政治一定会发生变化，这个认知促成了美国接纳中国进入世界贸易组织。

特朗普之前所有的美国总统，都是把经济和政治放在一起来考量的，因此尽管贸易问题早已经出现，但他们并不想把贸易问题“独立”出来加以解决。这背后就是政治考量，即想用贸易关联来改变中国的政治。

军事方面又是如何呢？美国军方从来就没有停止过宣扬中国军事威胁论。这不难理解，任何军队都需要一个“敌人”，尤其是一个强大的“敌人”。一支没有“假想敌”的军队是没有任何前途的。苏联解体之后，中国自然成了美国军方概念中的“敌人”。

这里面的因素也有很多。第一，军方是既得利益。美国的军工集团是一个庞大的利益集团，能够释放巨大的政治能量。第二，中国军事现代化的加速。随着中国的经济现代化，军事现代化也成为必然。第三，美国误读中国的军事现代化。中国的军事现代化具有防卫性质，并没有像西方国家（包括美国本身）那样对外军事扩张。但近来美国把中国的南海政策和“一带一路”解读成为中国的“新帝国主义”“新扩张主义”等，则是用其自身的经验来解读中国，或者把自己的经验强加在中国之上罢了。

不过，美国对中国军事现代化的担心，主要不是中国会对其本土构成多大的威胁，而是担心中国会对其海外影响尤其是亚太地区的影响构成挑战。此外，美国认为中国会对其盟友构成威胁。尽管中美两国之间小规模的冲突存在着可能性，例如在中国台湾或者南海，但因为两国都是核大国，两国大规模的冲突和战争并没有任何可能性。

也就是说，美国对中国政治内部演变的期望没有实现，用经济影响政治的方式也落空了。不仅如此，中国在“学会了”作为手段的西方市场经济之后，并没有演变成西方那样的“自由资本主义”，而是成了西方眼中的“国家资本主义”。

再者，用军事手段来改变中国也没有任何可能性。怎么办？这导致了美国各方面对中美关系的全面评估，评估的结果就是把中国界定为美国最主要的“对手”。尽管美国把中国和俄罗斯并列，但俄罗斯并不是昔日的苏联，充其量只是美国人眼中的“麻烦制造者”，主要表现在乌克兰、中东、干预美国的选举等领域。在美国人看来这些很麻烦，但并不会对美国构成致命的威胁。因此，剩下的问题就是如何对付中国了。就连基辛格博士也说要把其从前“联中抗苏”的手段应用到中国，即“联俄抗中”。有关这方面的新闻在特朗普当选之后曾经流传过，现在又流传起来，其背景并不难理解。

## 2. 特朗普将目标转向经济领域

而在美国众多的对华思维中，特朗普的思维更具现实主义性质。在政治上，特朗普放弃了从前的做法，他意识到美国不可能改变中国的政治。因此，在和中国的交往中，人权、价值观、民主自由等意识形态被置于一边。在军事上，特朗普也放弃了从前的方法。尽管美国对中小国家仍然会继续使用其军事强权，但中国和俄罗斯那样的不可能被美国征服的大国，军事强权已经不可能。在这样的认知下，特朗普转向了经济领域。

换句话说，特朗普放弃了从前的基于强权之上的国际秩序，也放弃了基于意识形态之上的国际秩序，想建立一个基于利益之上的国际秩序，这个秩序最重要的特征就是国家间赤裸裸的经济竞争。在这种思维主导下，特朗普找到了美国的优势。尽管特朗普的口号是“美国优先”，但其对外政策使用的最重要原则是“美国第一”。的确，美国在经济领域具有其他任何国家所不具有的优势，包括市场、技术、创新能力、美元等。这些因素使得美国处于整个世界经济体系的顶端，即经济霸权。

较之其他任何因素，无论是军事还是政治，这些经济因素实际上更重要，因为正是这些因素使得其他国家和美国“关联”在一起，也使得特朗普能够大肆地进行恐吓政治。在特朗普看来，“我是第一，你依赖我，需要我；我可以恐吓你，因为你不能没有我。”其对欧盟、加拿大、墨西哥等都是同一个思路。也正因为这些国家和美国的经济关联，他们都不敢和美国进行直接对抗。对中国更是如此，贸易摩擦以来，特朗普一再加码就说明了这个逻辑。对特朗普来说，“美国第一”只是实现其“美国优先”的一个有效手段。

从特朗普的角度来看，其对中国的判断也并没有错。作为商人，特朗普清楚地感觉到中国大市场对美国所能构成的压力。中国对美国本身的优势既不在军事上，也不在政治上，而在经济领域。如上所说，即使中国的政治和军事对一些国家会产生影响，但对美国并无多大的影响。而经济领域则不同了。

一旦中国成为一个类似美国那样的庞大消费市场，那么就会自然地形成一个以中国为中心的经济圈，而这个经济圈会对美国产生实质性影响。因此，不难理解，这场贸易争端的实质就是“技术冷战”，借此美国至少可以拖慢甚至终止中国的经济发展。如果把这个问题置于近年来人们一直在讨论的“中等收入陷阱”和“修昔底德陷阱”的内容中，那么对美国来说，把中国引向“中等收入陷阱”就是避免“修昔底德陷阱”的最有效方法，因为“中等收入陷阱”意味着中国不会有实力来挑战美国的霸权地位。

不管特朗普的意图如何，当前的贸易状况不可避免地要对整个世界贸易体制构成巨大的伤害和破坏，这是确定的。美国其实是这个体制的主要创造者和维持者，长期以来也从这个体制获得了最大的利益。美国的问题出在内部，主要表现在从这个体系获得的利益不能在内部进行合理公平的分配，导致社会高度分化。

再者，美国也看到其他国家尤其是中国从这个体制获益，而美国所获利益不如从前了，因此就想改变。从利益分配的角度来看，美国的这种行为并不难理解。问题在于，新的体制是怎么样的呢？它又如何建立呢？尽管美国可以领导西方（欧洲和日本）进行体制重建，但这不只是体制重建的问题，而是利益重新分配的问题。可以预见，且不说广大的发展中国家，即使在西方内部，体制重建也会是一个复杂的过程。

需要指出的是，从国际秩序变化层面来看，很多方面的发展往往是不以人的意志为转移的。中美关系的变化就是国际秩序层面的变化，而不是简单的双边关系的变化。美国现行的对华贸易政策只是中美关系发展到这个阶段的表现形式之一，只是以特朗普的“形式”表现出来了。没有特朗普，也必然会通过其他方式表达出来。未来的中美关系在很大程度上决定了未来的国际秩序。未来的国际秩序会以怎样的形式表达出来？这是需要探讨的另外一个重大问题。

# 九、贸易战与特朗普的国际新秩序

天要下雨，娘要嫁人。中美贸易战已经是不可避免了。当然，贸易战不是第一次，也不会是最后一次。贸易战从近代以来一直有，搞到中国头上也不是首次。可以把鸦片战争视为第一次大的贸易战。当时的英国就像现在的美国，因为当时清朝有大量的商品输往英国，但英国没什么东西可以卖给中国，导致贸易不平衡，于是英国找到了鸦片，向中国大量倾销鸦片，导致了鸦片战争的爆发。

比较近的一次贸易战是20世纪80年代日美之间的贸易战。日美是盟友，但美国当时把日本认定为敌人，一旦被美国认定为敌人，美国就会动用所有的力量把其往死里打，能否避免被打死那就要靠运气。日本在那场贸易战中学到了教训。当时的美日贸易战有几个原因。一是技术层面，日本第二次世界大战以后经济起飞，发展很快，虽然技术方面原创性的东西不多，但当时的日本跟现在的中国一样，日本确实在某些方面比如制造业方面能对美国提出挑战。二是资本走向世界。当年的日本也跟现在的中国一样，大量资本向外输出，20世纪80年代美国人就担心整个曼哈顿要被日本人买走。当然，现在的中国资本没有多少能进入美国，因为一直受到美国的抵制。

今天的美国政府主要由两部分组成，一部分是商人政府，一部分是军人政府。特朗普是典型的商人政府代表。美国政治中的军人政府这个传统一直存在，比如2001年小布什政府刚执政就提出了新保守主义。新保守主义主要是要围堵中国，只是“9·11事件”发生后美国暂时放弃了这个策略。过去，美国政治中主流是文人政客政府，克林顿、奥巴马等总统都是文人政客政府的代表。

中美之间的贸易不平衡不是一两年的事情，而是长期存在的事情，过去为什么中美经贸战没有打起来？因为文人政府总想通过经济政策、贸易政策影响中国的政治。现在，商人政府成为美国政治的新现象，特朗普是第二次世界大战以来第一位成功竞选总统的商人。世界各国包括中国都不知道怎么跟美国的商人政府打交道，美国自身的既得利益阶层也不知道怎样和自己的总统打交道。作为研究者，中国国内对于特朗普的认识很肤浅，要么把他看成旧式政客，要么把他看成强硬政客。现在的美国政府主要是“商人政府+军人政府”，商人政府在主导中美贸易战，军人政府则要把中美关系引向冷战。改革开放以后，美国和中国打交道的主要是那些对华比较友好的企业界人士，所以我们往往忽视军人政府的存在。其实，美国的新保守主义一直很强大。

特朗普的很多判断都是正确的，只是他用的方法大家接受不了。实际上他想解决以前美国长期面对的，但以前的总统一直解决不了的一些大事情。中美贸易战之所以不可避免，是因为中美贸易逆差越来越大，不可持续。美国是全球化的获益者和推动者，但美国有些既得利益实际上受到了损害，或者没有拿到多少好处。为什么特朗普“美国优先”的政策那么受美国企业界的欢迎呢？我们不能仅仅说他是搞经济民族主义，这样过于简单。第二次世界大战以后美国中产阶级比例最高的时候达到70%，今天美国的中产阶级连50%都不到。奥巴马当政8年，美国的中产阶级规模每年减少一个百分点，这是说不过去的。中国中产阶级增加慢一点，但毕竟是增加了。中产阶级消失得那么快，这个社会是很难可持续发展的。特朗普就是要解决这个问题。

我们要理解贸易战首先要思考特朗普想建立一种什么样的世界秩序？美国官员也猜不透特朗普到底要搞什么，因为特朗普自己说了算。以前，智库在美国政治运作中很重要，但现在智库一点用处也没有了。连特朗普身边的人也不那么管用了。今天你是政府的部长，明天你就可能被特朗普解雇，这就是商人的特点，也是特朗普的特点。但分析特朗普的思维是有用的。分析以前的世界秩序是怎么建立的，对我们理解这场贸易战也有好处。

以前的世界秩序分为两种，一种是建立在道德基础上的世界秩序，另一种是建立在强权之上的世界秩序。现在特朗普想建立的新秩序是建立在利益基础上的秩序，不讲道德也不讲强权。虽然美国的力量依然是世界上最强大的，但美国说了算的时代已经过去了，美国要围堵和扼杀中国，特朗普自认为已经不可能，所以强权政治已经不可行。道德政治也不可行，因为西方的民主自由体制本身就面临很大的危机，世界各国对西方民主自由的看法跟20世纪八九十年代很不一样了。

对特朗普来说，加拿大与朝鲜没有区别，都是主权国家，两者之间的意识形态差别并不重要。但对以前的美国政府来说，这两个国家完全不一样，加拿大是盟友，朝鲜是邪恶异类。所以我们看到，特朗普在加拿大的G7峰会和加拿大总理特鲁多吵架，但他在新加坡对朝鲜领导人金正恩很友好，这种行为是其他美国总统做不出来的。以前西方用意识形态处理问题没有解决好问题，所以特朗普就想寻找另外一种方式——以利益建立国际新秩序。利益基础之上的国际秩序是什么概念呢？就是什么都可以交易。所以特朗普对欧盟的态度与对中国的态度都是一样的。今天，特朗普打的贸易战不仅仅是针对中国，印度、巴西、加拿大等国家甚至连欧盟也是特朗普贸易战的对象。

然而，我认为特朗普不太可能成功建立起一套基于利益之上的世界秩序。美国国内的力量太复杂，意识形态的力量很强大，强权政治的力量也很强大。所以特朗普的贸易战不仅要看特朗普，还要看他身后的人。美国政府中的商人派还好对付，用人民币能解决的问题是最好的。但如果人民币解决不了的问题那就是冷战。特朗普背后有强大的冷战派，他们想把中美关系引向冷战。

冷战是美国的传统思维，美国新保护主义一直在找机会对付中国，无论是台湾问题、南海问题，美国一直在找碴儿。美国自信能通过冷战把中国打败，但打败并不是说美国要占领中国。中国的有些战略学家认为中美之间必有一战。美国人说，我为什么要跟你打仗，现在不是帝国主义时代了。美国主要是想把中国打下去，没有能力挑战美国，美国不需要同中国打热战。美国不想跟你打热战，美国人很清楚中国的弱点在哪里。

美国为什么能打败那么强大的苏联？原因很简单。苏联完全是计划经济，完全是国有企业，没有私营企业。第二次世界大战以后苏联经济发展的历史就是国民经济军事化的历史，到最后就变成苏联的军事利益集团主导了国民经济，所以搞得国家很穷。美国没有国有企业，美国通过民营企业、私营部门同苏联进行冷战。里根的经验非常成功。中国的弱点也一样。2008 年金融危机的时候，中国政府的 4 万亿元人民币全部投进了国有企业。美国如果跟中国打冷战，也是要引导中国进行国民经济军事化。中国的体制一看到像美国这样的外在威胁，肯定将大量的人力物力投入国有企业。这样做的结果可能正是美国所希望的。

为什么要跟中国打冷战？我觉得美国对中国有三个冷战判断。这三个判断我在前面已经详细论述过了，此处就不再赘述。

从中国角度来说，美国的三个判断完全是意识形态上的偏见。但我们有些地方确实需要反思。现在中国有些人唱得太高调，尤其是对比邓小平时代的韬光养晦。这至少表现在三个方面。

第一是“中国制造 2025”。现在的贸易战就是针对“中国制造 2025”。“中国制造 2025”就像德国工业 4.0 版一样，其实就是为了我国的可持续发展、产业升级而提出的发展战略。但很多人到处宣讲，让美国人误以为“中国制造 2025”的唯一目标是要赶超美国，这是完全错误的。

第二，中央把“一带一路”定性为“倡议”，并且强调机会和利益是属于大家的，这个非常好。但我们的对外宣传把“一带一路”声势造得过高：任何东西都跟“一带一路”联系起来。歌唱、书法甚至数学都和“一带一路”联系起来，这就有些过了，美国和其他一些西方国家当然会因此怀疑“一带一路”是中国称霸全球的抓手。

“一带一路”本身就是经济发展的项目，但我们把它变得高度意识形态化了。

第三，中国找到了适合自己的发展模式和发展路径。习近平主席亲自讲我们不输入模式也不输出模式。但学术界有人到处讲，中国模式是最好的，已经超越西方。习近平主席明确说我们这个模式不是说要取代西方，只是提供了另外一种选择。我们对外宣传时没有说清楚这一点。我们总是批判人家的冷战思维方式，但我们脑袋里冷战思维方式也很强大。民族主义太强大了不好，虽然民族主义是需要的，但需要一种理性的民族主义。中国改革开放以来的故事多好，从那么穷的一个国家变成现在的世界第二大经济体。1981 年中国人均 GDP 还不到 300 美元，现在已经超过 10000 美元了。我们这么大的国家 40 多年来有 7 亿多人口脱贫，这是世界经济史上从来没有发生过的。政治上我们也探索出来自己的一条道路。我们对外宣传时应当讲好这个故事，而非你越讲人家越害怕你。

美国挑起贸易战也并不是一点道理都没有。刘鹤副总理去美国主要谈农产品和石油的进口，美国终于找到可以卖给中国的东西，因为美国的高科技产品禁止向中国出口。美国是世界最大的农业国，有大量的农产品可以输出到中国。但农业产品进口太多，势必对中国自己的农业造成巨大伤害，农产品的进口应当限制。按照中国 70% 城市化的规模推算，即使实现了城市化，中国起码还有四五亿的农民，他们以后怎么办？如果中美贸易能在能源领域有突破的话，是一件大好事。过去中美之间贸易不平衡的责任在美国，因为美国不想卖高科技的东西给中国。但石油没问题，中国恰恰又是世界最大的能源消费国。

虽然 500 亿美元或者 1000 亿美元的贸易战对中美两大经济体来说不是什么大问题，但美国冷战派目的不在此。特朗普不看意识形态，不关心中国属于什么样的政治制度。特朗普背后的冷战派特别关心中国的政治体制。特朗普本人不在意，他只看贸易数据。如果只是数据问题，并不难弄。但如果是技术冷战，美国以后对中国的技术发展会越来越怀疑，包括我们的“千人计划”。美国认为中国能发展到今天的程度主要是西方技术的帮助，中国利用廉价劳动力加工产品后再出口欧美，所以美国跟中国打贸易战瞄准了“中国制造 2025”的项目。中国不可以对技术冷战掉以轻心。

对美国的冷战派来说，中美贸易战只是一个开端。现在中国很多人也向现实主义转变了，意识到中美冲突的可能性。以前他们说中美互相依赖，说中美是“夫妻”。夫妻离婚也是很容易的。第一次世界大战以前欧洲国家之间的贸易依存度比现在中美之间还要高，但是欧洲国家之间还是发生了战争。贸易的互相依存能缓解国家之间的一些关系，但不能阻止冷战甚至是热战的发生。中美两个核大国之间不可能发生热战，但冷战有可能。贸易战首先要减少中美之间的贸易依存程度，如果两个国家贸易脱钩了，冷战的爆发就变得更有可能。

第三章

# 中国应对贸易摩擦的战略考量

# 一、技术冷战与中美冷战的序曲

中美两国的贸易摩擦，至少在言语层面，正在激烈地交锋之中。目前的局部贸易摩擦会不会升级成为全面贸易摩擦？贸易摩擦会不会导向技术冷战？技术冷战会不会升级成为全面新冷战？这些都是人们关注的问题。

如果中美能够在理性引导下，将矛盾主要控制在贸易领域，不仅两国可以维持正常贸易关系，目前的世界秩序也不至于解体。但如果失控，最终演变成技术冷战甚至新冷战，就意味着现存世界秩序的解体。在今天的世界格局中，中美关系绝对不是简单的双边关系。人们可以把中美关系称为国际关系的两根最主要的“柱子”，缺一不可，哪一根“柱子”倒了，国际体系就会垮掉。

很多人对今天的贸易现状很亢奋，也很恐惧。不过，从积极面来思考，这也不无正面意义。如果双方都感到贸易摩擦对自己会有重大损失，大家就会变得理性一些，意识到在经济全球化和互相依赖的情况下，民族主义情绪没有多少用处，解决不了问题，必须找到和冷战期间不一样的行为方式。对美国尤其如此。在贸易问题上，现在特朗普政府还是停留在“冷战”思维阶段，对今天复杂的世界贸易格局没有理性认识。

很显然，这一波全球化以来，世界产业链发生了本质性变化。从前一个国家制造一个整产品，但现在一个国家只制造一个产品的一些甚至一个部件，一个整产品是由众多国家制造的。尽管中国被视为世界制造工厂，但确切地说，中国只是组装工厂。很多产品部件都是由其他国家生产后运到中国，中国组装后再出口到美国。从这个角度说，中美贸易间的摩擦必然会影响到其他参与产业链的国家。

再者，贸易摩擦影响的不仅仅是贸易量的问题，更重要的是全球贸易体制的问题。国际贸易体制的形成就是为了减少和解决贸易纠纷，但如果一些国家避开国际贸易体制搞单边主义贸易战，不仅破坏国际贸易体制，也会大大打击国际社会对国际贸易体制的信心。这一点，新加坡总理李显龙在博鳌亚洲论坛上说得很清楚，他认为贸易战会对多边国际贸易体制产生灾难性后果。

就中美关系而言，贸易摩擦也会促使双方意识到，在推进国内工业化和现代化时，必须同时考虑其他国家的利益。例如，美国生产什么、消费什么、生产多少、消费多少，会影响到中国；反之亦然。任何一个国家，尤其是经济大国，在全球化时代如果过于自私，必然会产生负面的外部反应。

如果这次贸易摩擦能够促使人们思考这些问题，不仅有利于中美关系重建，更有利于国际经贸关系甚至整体国际秩序的重建。

## 1. 全面贸易摩擦爆发的几个方向

贸易摩擦会不会朝积极方向发展？经验地看，概率不是没有，但很小，更大概率是往坏的方向发展。如果全面贸易战爆发，中美之间的冷战就会变得不可避免。实际上，至少就美国强硬派来说，贸易摩擦是新冷战的起点。从贸易摩擦到技术论战再到全面新冷战，这里的逻辑和路径都很清楚。

最近几年，很多学者把今天的国际格局比喻成第一次世界大战前的格局。第一次世界大战之前也经历了类似今天的全球化，至少在欧洲国家之间，经济上互相依赖的程度，并不比今天中美两国之间低；同时，欧洲国家和世界其他地区之间的贸易依存度也不低。但当矛盾不可调和，在“国家安全”和“经济利益”之间，人们做出了直截了当的选择，那就是“国家安全”。今天的情况也差不多。逻辑地说，贸易依存度既可提高，也可减少，甚至脱钩。

如果美国强硬派想把中美关系引向冷战，那么这次贸易摩擦至少可以起到两个作用。第一，减少中美贸易依存度，直到最后脱钩。第二，美国向盟友发出信号，并开始调整和强化与盟国的关系。在两国贸易高度依赖的情况下开始冷战，对美国的伤害会很大。贸易摩擦是一个调整时期，逐渐把成本减下来。一旦脱钩，政治上甚至军事上的冷战便会开始。一个明显的事实是，美国的贸易制裁不具有普遍性即针对所有国家，而是专门针对中国，美国已经把对盟友和对中国的贸易政策区分开来。

这里还有一个人们没想到也不肯面对的问题，就是即使这场贸易摩擦因双方觉得对自己不利就不打了，在危机时刻戛然而止，但在一定程度上，美国也已得到想要的效果，就是拖慢中国崛起。正如一些观察家所说，今天中美两国已经开始了技术冷战。正如美国政策界和决策圈所公开明示的，美国发动这场“战争”的最终目标是“中国制造 2025”。

对中国来说，“中国制造 2025”是一个长远的国家经济发展规划，但美国并不这么看。美国认为这是一个中国超越美国甚至威胁美国的计划。事实上，中国内部也有不少人（至少在知识界）把此视为中国超越美国的计划。这些年来，不少人不是把中国本身的可持续发展视为目标，而是把超越美国视为目标。给国际社会的一种强烈感觉就是，中国所做的一切都是为了超越美国。这种过度的宣传更强化了美国对中国的忧虑或者“威胁感”。

再者，改革开放以来，中国的技术发展也已经累积到一定水平，在一些领域赶上甚至超越西方，西方感觉到实实在在的竞争压力。在这种情况下，如何拖延甚至遏止中国的技术超越，是西方战略家这些年在对华政策上所考量的一个主要问题。在这个层面，可以说，技术冷战也具有必然性。

今天西方的普遍共识是，尽管中国技术发展是自己努力的结果，但这么快速的发展主要是因为西方技术在中国的扩散。西方认为，中国是这一波全球化最主要的受益者，因为中国是从这一过程中发展起来的，其中西方技术扩散和西方向中国开放市场是两个主要因素。就向中国开放市场来说，西方促成中国的人口红利转化成为经济活动，“西方技术 + 中国劳动力”促使中国成为世界制造工厂。就技术来说，高铁就是其中一个案例。

要防止中国在技术上超越西方，西方也必须在技术上做文章。很多年里，西方对中国的所谓“工业信息谍报战”，以及中国企业对西方企业的"技术转让"要求一直耿耿于怀。美国在奥巴马政府期间，已经明确把如何阻止中国这么做提到政策议事日程中。特朗普上台后，尽管很多方面和奥巴马政府的政策背道而驰，但在对华政策上不仅具有一致性，且更进一步。近年来，欧洲国家和日本等技术先进国家在这方面的防范心理也越来越甚。

### 2. 美国两党形成"统一战线"

因此，尽管特朗普的这波操作并不是所有西方国家都认同，一些政治人物甚至持批评和反对态度，但在针对"中国制造2025"方面，可以说整个西方达成一定"共识"。在美国国内，无论亲华还是反华，无论民主党还是共和党，在这方面更是结成了"统一战线"。

怎么和中国进行一场技术冷战？目前来看，西方主要是"两条腿走路"。一方面，西方防止对中国的技术出口，尤其是防止高端技术出口中国；另一方面，西方防止中国企业进入西方市场，尤其是高科技领域。西方总是把技术进出口置于西方"国家安全"的概念构架中去认知和讨论，明显表明西方把经济和国家安全绑在一起。一旦冷战爆发，西方在这方面的动作会更大。尽管中国发展到今天这个水平，西方怎么做都难以围堵和中止中国崛起，但必然会拖慢中国崛起。

没有多少人预见到今天的中国国际形势，会发生如此戏剧化的改变。尽管在冷战结束以来，在以美国为首的西方，"中国威胁论"

的声音一波接一波，从来就没有中断过，但所有这些声音被简单地视为“冷战思维”，被人们人为地忽视了。尽管美国强硬派一直没有中断过制造新冷战格局，但在全球化时代，一场新冷战被视为是不可能的。尽管美国方面多年来一直在中国周边挑衅（尤其近年来在中国南海问题上），但因为中国有效地应付了这些挑衅，人们便很藐视美国，觉得美国不过如此，没有能力对中国进行更大规模的挑衅，或者进行一场新冷战。

现在国际局势剧变，很多人不能理解，就简单地说是特朗普个人的错误，认为是特朗普个人“非理性”甚至“疯人行为”所致。特朗普个人因素当然很重要，主要是因为特朗普政府的决策机制发生了重大变化。特朗普政府的决策模式是“商人 + 军人”。这个模式让决策效率大大提高，但缺失中国人所说的“权衡”过程，容易导致在外界看来是“非理性”甚至是“错误”的决策。不过，特朗普政府本身不会有如此认知。在他看来，他所做的正是美国很多届总统想做而做不成的一些事情。

不管人们喜欢与否，美国正在做其认为应当做的事情，中国也会做出其应当做出的回应，这就是国际政治。国际政治上有“认知”（perception）和“错误认知”（misperception）的分析，无论是“认知”还是“错误认知”都不是对错的道德判断，因为两者都是“社会事物”，一旦产生了，都会对现实政策产生影响。

美国正在发动的一些有针对性的行动，对中国构成了严峻挑战。改革开放 40 多年来，中国能取得如此大的内部建设成就，很大一部分原因是存在一个和平的国际环境。而这样一个和平国际环境，是中国和外在世界互动促成的。在改革开放之初，邓小平就国际局势作了一个正确判断，那就是和平与发展是国际两大趋势。

根据这个判断，中国进行改革开放，中国的改革开放反过来促成了世界发展与和平。很难想象，如果没有邓小平的正确判断和中国本身的努力，中国能够经历 40 多年的和平国际环境。今天，不利于中国的国际政治环境又回来了。中国不能逃避现实，只能直面。中国如何应对，不仅决定自己的前途，也将决定世界的前途。

# 二、美国如何理解“中国制造 2025”

## 1. 美国对中国误解的成因

中美之间发生的贸易摩擦，焦点在于美国提议征收的针对高科技产品的关税，以及美国要求中国停止对高科技市场的政府补助。美国的这些要求反映了其对中国有很深的误解，而这些误解已远超过当下对于中国市场缺少对美国商贸的互惠性开放，以及中方在中美贸易中巨额顺差的担忧。

美国的误解一定程度上来源于“中国制造 2025”计划。“中国制造 2025”计划的初衷是想要对中国目前的工业制造业进行产业升级，制造价值更高的产品，如机器人、人工智能、电动汽车和半导体。但一些西方观察者扭曲了这项计划的初衷，他们以为中国想要征服世界，其实中国只是希望能加强国家长期的可持续发展。

诚然，中国在开放市场方面的进程与速度的确没能满足西方的胃口。然而，中国的开放程度一直在提升，正如国家主席习近平所许诺的，中国将持续开放，进一步减少汽车关税，允许外资在中国企业所有权中占股超过五成，并放宽对金融服务的管制。

但哪怕这些问题都解决了，美国依然不会满足。当下贸易争端的本质其实是美国担忧会在未来失去其科技领先地位。而中国方面则确信，如果中国不进行经济升级，国家复兴的进程就会停滞。想要解决这一首要分歧，需要更明智冷静地分析，理解中国其实并没有攻击冒犯性的意图，以及理解中国科技现代化究竟与美国和世界有何关系。

## 2. 中国科技现代化与世界的关系

中国在高科技领域的发展之所以如此显著，尽管有部分原因是接受了许多发达国家的技术转移，但更多的是因为中国自身文化注重科技发展。英国著名科学家李约瑟（Joseph Needham）在他所著的多卷本《中国的科学与文明》（即《中国科学技术史》）中指出，历史上，中国曾领导众多科技发明与进步，而西方是后来才超越了中国。习近平新时代中国特色社会主义思想的一个重要组成部分正是旨在复兴中华文化中这一曾经备受尊崇的特质。

在中国当下的领导团体中有一个共识，即中国明清时期的“闭关锁国”政策使得中国在19世纪晚期远远落后于西方工业化国家。在这种情况下，“中国制造2025”计划的初衷并非像特朗普政府或许多西方媒体所讨论的那样充满沙文主义或侵略挑衅色彩。事实上，这项计划仅仅是自改革开放以来，中国在进行经济结构性调整与转型道路上迈出的最新一步。

中国领导人也清楚地意识到，中国在许多高科技领域都还远远落后于美国，不管是在喷气发动机技术、生物制药学、计算机操作系统方面，还是在集成电路方面。想要追赶上西方国家，中国还需要好几个十年。

尽管美国设置的高科技产品贸易壁垒能够在一定程度上减缓中国高科技产业的快速发展，但美国无法阻止中国发展高科技，高科技发展也只是中国势不可当的经济发展中的冰山一角。中国所拥有的储备丰厚的国家资本、人才储备以及广阔的市场，都将促进中国各个领域持续向前发展。

### 3. 美国在搬起石头砸自己的脚

实际上，美国是在搬起石头砸自己的脚。美国主张贸易战的鹰派们并没能很好地从历史中吸取教训。当代历史记录显示，当西方国家对一个有实力进行反击的国家实施科技贸易壁垒时，大多数情况下的结果都是适得其反的。

近几十年来，由于西方几次对中国在高科技上严格的排斥封锁政策，让中国被迫独立发展了其载人航天项目；在发展超级计算机技术上进行了巨额投资，并最终获得了超越美国的显著成果；还研发出了自己独立的军事武器和军事系统。

近年来，中国在关键技术行业注册了很多具有竞争力的专利，这些行业包括生物制药、生物科技、通信和电子设备。2019 年一年中国收到的专利申请数量，首次超过美国、欧盟、日本和韩国专利申请数量的总和。

如果中美贸易战持续升级，美国将会失去全球最具吸引力的市场并削弱自身科技发展进程。贸易保护主义很有可能带来的多米诺骨牌效应将使战后有规则的全球经济秩序变得无效，而这一经济秩序正是美国繁荣的基础。

对待贸易和科技的零和竞争方式也许在冷战时期成功地加速了苏联的解体，但今天的中国是一个全然不同的情况，与苏联并不具有可比性。相反，中美之间在价值链上更多地协同合作必定会使中美相互依赖的关系更加紧密，各自的科技竞争力也将得以加强，从而使得全球市场经济受益。

对于任何想要阻挠中国将其人民幸福水平提升至国际标准的势力，中国都不会容忍。如果美国能够从这一出发点理解“中国制造2025”的真实本意，那就没有理由惧怕。中国一些媒体应当停止以带有自卑情绪的强势论调来煽动西方的焦虑，这对中国来说已经过时——中国早已以自身的成就消除了所有过去的自卑。

## 三、如何理解中美贸易谈判的复杂性

特朗普过去专门写过书教别人用极限打压的方法达到谈判目的。从商几十年，他当然知道怎么谈判。但经贸摩擦毕竟是在处理两个大国的关系，可能一定程度上受到商业经验影响，但两者不可同日而语。如果把处理两国关系当作是商业谈判，就很难理解特朗普，还是要超越特朗普的商人身份去看待。

中美关系现在有三个主要的"互动领域"：第一，跟特朗普团队主管商贸的人谈贸易摩擦，这是贸易领域；第二，美国国会两党主导的、要跟中国发起"技术冷战"的领域，这是国会主导的；第三，传统安全领域，军工系统主导，也就是美国鹰派，想把中美关系引向传统美苏式的冷战。

这三个领域既相对独立又相互关联。尤其是后两个领域，有没有特朗普都一样，那些势力都在。所以贸易摩擦走向不仅取决于特朗普，更取决于美国国内的整体形势。现在在美国国内看来，特朗普跟中国的任何交易，一旦被认为己方妥协了，不但政治上不得分，而且受批评、有压力。

从经济的角度说，贸易摩擦当然对中美都有损害，但如果改变这种状态无助于特朗普在政治上得分，对他的政治前途没有好处，他就没有改善的动机。但同样，两国关系又不能搞得很坏，搞得太坏也是不符合美国利益的。这就是矛盾，是美国精英集团在外交政策方面分裂的反映。

因此，看中美经贸摩擦，特朗普本人的特点当然要考虑，但在考察他的行为时，除了经济利益，更要看政治利益。也就是说，跟中国达成协议，对特朗普政治加分有好处吗?

随着大选临近，特朗普也面临来自民主党的挑战。特朗普会更加考虑政治。不得分干吗要做呢?美国是由不同利益集团组成的，这些利益集团的竞争会反映到中美关系上。

最新的“关税威胁”之后，包括特朗普、莱特希泽、努姆钦等，都指责中国“出尔反尔”、作出承诺的力度减弱。这些指责当然没有道理。虽然这些内容没有向外界披露，但是，谈判就是讨价还价，不是说一方有要求，另一方就得全盘接受，那就不是谈判了。美国可以出价，中国也可以还价，这很正常。谈判也要有诚意，不能漫天要价，不能一味喊更高价格，逼着对方接受，毕竟协议要照顾到双方的利益。谈判肯定不能是“你说你的、我说我的”。所以，要达成双方都能接受的交易，肯定都要有妥协。所以这种指责也是美国政治人物不负责任的表现，都是说给内部人看的：“你们看，我对中国这样强硬，达不成协议都是中国的责任。”

只要双方仍有谈判意愿就是好事。也许在前面提到的三个领域里吵吵闹闹，但双方的利益诉求可以表达得更清楚，时间长了，说不定还更理性。

从之前中美的资本市场反应也能看出来，中国和华尔街当然都希望达成协议，因为这是两大经济体的关系，会影响到整个世界。企业界还是要放宽心态，只要谈判没有破裂就是好的，只要还在谈，还是能谈出理性来。

美国发动贸易战，认为自己是老大，中国就该听，但中国作为第二大经济体，几十年积累了相当的力量，即便是对华发动技术冷战，中国经过40多年的技术积累也绝非吴下阿蒙。特朗普总说“美国会赢”，但中国的经济表现也很不错。大家都要看清楚对方的实力。

以前战争也是一样的，战场上的表现决定了谈判的走向。现在的关键在于，双方要意识到，只要谈判进行下去，双方能更加理性，就应该看到双方的经济不能脱钩，一旦脱钩对彼此损害都很大。这就说明，这两个经济体总量最大，问题可能多，但消化能力也强。

如果贸易摩擦持续下去，到最后可能受损害、受影响最大的是其他国家。尽管东南亚的一些国家，如泰国、马来西亚、缅甸、印度尼西亚等，可能短期内得到了一些经济上的好处，但从长远看，这些国家经济发展会被影响。所以我们说“人类命运共同体”不是没有道理的，全球化发展到今天，国家间确实是命运共同体，科技、产业链都紧密联系在一起，一旦出现问题，大国消化能力强，小国最被动。

从长远看，对贸易摩擦不能轻视，但也不要看得太重。中美贸易顺差逆差，即便现在解决了，五年、十年、二十年之后可能还会有，就像股票涨跌一样。一方顺差过大、一方逆差过大到受不了时，市场无法自动调节，政府可能就会出来干预，用行政的、贸易的甚至是其他方式干预，就会出现贸易摩擦。只要有市场，顺差逆差必然存在，就看如何认识，这是心态问题。

同样，贸易摩擦也是中国和美国分别看到自身短板的时刻。有些问题的出现是因为经济政策，但还有很多是经济发展必然带来的。

比如美国，一些传统的制造业产业转移出去了，新的产业没有起来，就产生工作岗位流失的问题。这非常自然，用中国的话说就是“腾笼换鸟”，老“鸟”走了，新“鸟”没来，就产生麻烦了。所以这涉及如何调整经济和产业政策的问题。

从中国角度看，现在面临新一波的开放，笔者提出一个概念，就是下一步要“精准开放”，缺什么补什么。比如你要拉住华尔街，就要看到美国的优势在哪里。华尔街对实体经济不感兴趣，它的优势和兴趣点在金融、互联网，关注技术领域。对日本和欧洲呢？可能就是开放制造业的部分。从中国为了自身可持续发展的角度看，要吸取美国的教训，就要在精准开放中弥补自身短板，各方面要平衡。

其实对于中美贸易摩擦，我们可以很清楚地看到，中国和美国这样大的经济体，只要自己不犯颠覆性错误，没有一个经济体能打败另一个经济体。经济如此，其他领域也一样。每个国家都要做好自己的事情，而不是像美国一样，自己出问题了，把责任推给中国。

班农写文章论述美国应该对华发动经济战，列举了一系列的证据来论证必要性。所列举的问题都对，症状都对，但对病因的诊断错了，药方不可能开对。

美国是这波全球化的推手也是最大受益者，但它的问题除了产业失衡、空心化之外，很大程度就是没有解决好收入分配等社会问题，中产阶级人口占比从最高点的接近 80% 掉到奥巴马时期的

49%，人们从穷人变成富人可能还有点耐心，从富人变成穷人，谁都接受不了。这也是特朗普能上台的最主要社会基础。

但这种收入分配、贫富差距的社会问题，能用贸易战的手段解决吗？显然不能，打多久贸易战都解决不了。世界上从来没有国家把国内矛盾转移出去就能完全解决国内问题的。两次世界大战的起因就是这样，最后结果如何？欧洲还是通过社会改造、社会运动改变的。"美国第一"没问题，但前提是"解决问题第一"。

所以民主国家的麻烦就在这里，一人一票，不能得罪老百姓，老百姓是选票、是上帝，那就只能得罪外国人了。自己的上帝不得罪，去得罪别人的上帝，"文明冲突"就产生了。

# 四、中国必须以更加开放的态度应对贸易摩擦

今天应该怎么应对中美贸易摩擦？习近平总书记在 2018 年博鳌论坛讲得很好，我们要实行更大的开放政策。不能别人一拳打过来你就一拳打回去，更不能走封闭的路子，那会完全走上美国冷战派所期待的道路。美国存在三个“不一致性”。第一，白宫与华尔街之间的不一致性。现在支持对华贸易政策的主要是白宫而不是华尔街。虽然美国现在的企业界支持特朗普搞贸易战的也不少，但他们的思维是不一样的。这些既得利益的目标是要迫使中国更加开放，而不是让中国更加封闭。但白宫冷战派希望中国封闭起来。从美国的历史上看，最终是白宫听华尔街的而不是华尔街听白宫的。第二，美国各个利益集团之间的利益不一致。第三，美国跟其他西方国家利益是不一致的。中国的市场现在很大，没有一个国家会轻易放弃中国市场。

所以，中国必须以更加开放的态度去应对。如果他打过来你就打回去，那美国相对孤立了，中国也会变得相对孤立，这样冷战就开始了。我们要利用美国资本的逻辑，资本的逻辑就是扩张，不扩张资本就会死亡。美国的资本不可能不扩张。现阶段美国资本支持特朗普的对华贸易政策，就是为了使中国更加开放。习近平总书记在博鳌论坛宣布了金融和汽车等产业将更多地开放。中国的互联网产业尤其要开放。中国的互联网如果现在不开放，到最后互联网将

变成互不联网。如果开放了，美国可能会占领中国大量的市场，但中国也可以占到相当的份额，甚至击败美国也有可能。

中国的互联网行业人士错误地认为今天的互联网世界将是中美两家之争。这个观点是错的，今天的互联网只有美国一家，没有第二家。中国只是美国的技术应用。一旦美国封锁了芯片和操作系统的出口，我们的互联网产业会怎么样？对美国来说，中国只是它互联网产品的一个重要市场，没有中国它只不过是少了一个市场。但对中国来说，如果没有美国就是生死存亡的问题。事实上，我们没有创新互联网，我们只是在应用领域有些创新。我们到非洲或者印度尼西亚去看看，中国的游戏产业在当地确确实实比美国强大。为什么？美国做的是标准，不做地方化。中国做不了标准，只能做地方化。我们所做的工作其实都是建立在美国技术之上的。

日本当年在制造业方面确实有些领域超过了美国，美国感觉到了威胁。今天的中国制造业没有在任何领域对美国造成实质威胁，中国的制造业跟美国的制造业差距还是很大，只是我们自己把自己夸得太厉害，把人家说得害怕了。我们的大飞机基本上还是组装。中国的汽车产业也是一样，我们保护汽车产业这么多年，但我们真正的核心技术还没有。开放会让技术的传播更快一点。互联网也一样，现在开放还来得及，如果不开放中国的互联网就没有未来。

知识产权的问题同样重要。我们对知识产权保护太不重视。中国早期的发展不需要投入很多，有些技术西方不要了我们就去拿过来。但到了今天这个程度，我们的经济不能再是简单的扩张。这几年中央提出来要从数量经济转向质量经济，我觉得非常好。怎么提高产业附加值？技术很重要，创新技术的关键是产权保护。如果一家民营企业投资几亿元人民币，研发出一个产品几天后就被“偷”走，谁还有动机去投资科研？所以产权保护不仅仅是来自西方的压力，更是来自中国国内发展的需要。西方也一样，如果产权没有保护不可能发展，因为投入太大，投入大肯定要产权保护。

政府的政策变化很重要，但我觉得企业家也要转型。商人跟企业家是不一样的，商人就是以赚钱的多少来衡量自己成功与否，企业家就是要改变社会、改变国家、改变整个世界。西方以前也是多商人而少企业家。以前我们读法国的小说，可以看到很吝啬的一些商人。但西方的商人逐渐转型为企业家，企业家以技术创新为己任。珠三角的商人们钱很多，但有使命感的不多。企业家的产生和培养离不开社会环境。如果我们经济不转型、体制不转型的话，很多问题以后会更麻烦。

在是否会发生冷战的问题上，我们对“修昔底德陷阱”发生的可能性估计太低。习近平总书记多次提到“修昔底德陷阱”。今天我们怎样避免中美两个国家之间的冲突甚至战争？这是中国外交上最重要的任务。过去，日本和亚洲“四小龙”因为经济体量小都可以伪装起来，比如日本伪装成一个西方国家。中国太大，中国没法伪装也不需要伪装。中国的崛起怎样进行才能让现在的大国放心？邓小平时代讲韬光养晦，江泽民和胡锦涛时代提出“和平崛起”，习近平提倡新型大国关系。这些提法的内在精神是一致的——中国不要战争，中国需要一个和平的国际环境。

但我们做得还是不够，尤其是这几年中国民族主义的情绪有点过于膨胀。中国需要民族主义，但不是非理性的民族主义，尤其不是义和团主义。西方学者开始把中国的民族主义比喻成日本第二次世界大战以前的民族主义和德国第二次世界大战以前的民族主义，这对中国非常不利。

今后五年、十年甚至更长的时间，中国的国际环境不会变得更好。中国现在还没有崛起，还是发展中国家，从发展中国家到完全崛起的过程是非常艰难的。假定我们每年有5%~6%的GDP增长，我们需要十多年的时间经济总量才赶上美国，但技术上的追赶更难。中国在技术方面的自主创新不足，自主创新就是以我为主在开放状态下的创新，没有一个国家的技术是关起门来可以创新的。毛泽东时代的中国“两弹一星”技术是关起门来的吗？不是。如果没有钱学森等一批从西方回来的科学家，中国关起门是创造不出来“两弹一星”技术的。

美国也不会关起门来的，关起门就不叫美国了。有人说，1890年以前美国是孤立主义的时代，其实也不是。1890年以前，美国已经实现在拉丁美洲的扩张，只是没有扩张到其他欧洲殖民地地盘。整个美国发展的历史不是孤立的历史，而是一个扩张的历史。我们现在说美国的孤立主义其实是美国人自己的叫法。美国永远是扩张的，资本主义永远是扩张的。

中国改革开放40多年积累的很多经验，我们也不能完全把它们说成中国特色。任何国家的成功经验都有普世性的价值。所以我们要改变思路。我们要走出去，但如果特别强调中国特色那就走不出去了。我们总结好历史经验的话，“走出去”的学费就可以少交一点。

中国也要履行自己的国际责任。大国如果不提供国际公共服务的话，像联合国、世界银行、世界贸易组织、国际货币基金组织这样的多边体系就要垮掉。中国是第二大经济体，完全有能力为国际社会提供公共服务。现在，特朗普不想当世界警察了，因为美国担任世界警察承担的成本太高，特朗普希望先把国内建设好后再重新出发。在这个过程中中国完全可以承担更多的国际责任，这也是中国取得大国地位的必由之路。我们的"一带一路"现在也提供公共服务，但我们的方式和心态要改变，要避免暴发户心态。

中国接下来很长一段时间内实现政治稳定是没问题的。只要政治稳定，中国经济每年实现 5%~6% 的增长也是没问题的。如果这样再保持 15 年，中国大陆经济可以发展到今天中国台湾地区的水平，甚至更高一点。但是我们在外交专业主义方面还有更多的事情要做。

中兴的案例值得大家研究。中国企业从国际市场获得了很多好处，一定要遵守国际市场的规则。我们对中兴问题不能充满民族主义情绪，美国对自己国内公司也是一样严格处罚的，比如波音公司。我们不仅要思考国家应对贸易摩擦的政策，也要思考企业和个人的行为。我们作为大国的国民走出去应该在国际舞台上有怎样的行为？我们作为大国的企业走出去应该在国际舞台上有怎样的行为？这个代价不能太大。如果能早日把这些问题解决了，中国梦才能早日实现。

## 五、贸易摩擦与国际秩序的未来

正在进行中的中美贸易摩擦会导向怎样的中美关系？中美分别为世界第一和第二大经济体，两国间的关系基本上决定了未来国际秩序的大格局。两国关系会怎样发展？很显然，这不仅仅取决于美国，也取决于中国的回应。未来变化的可能性有很多，但其中如下四个未来场景是可以加以预测的。

第一，不了了之，回归常态。现在中美两国“你来我往”，但双方都是从自己的优势和对方的劣势来设计或者回应贸易摩擦的。不过，正如一些观察家已经指出的，贸易摩擦没有绝对的赢家，充其量只是相对意义上的赢家或者输家。也就是说，在这场贸易摩擦中，中美双方互相不可避免都会有所损失。尽管今天双方都不知道如何收场，但有可能有一天双方无心恋战而结束。这种场景不是没有可能，主要有以下几个因素。

一是特朗普性格的两面性。从个性来说，特朗普具有好胜的性格，这种性格促使其不时地去冒险、去投机。但同时，特朗普也具有作为商人的理性，理性地计算事物的发展，衡量得失。因此，一旦贸易摩擦对美国企业和民众造成巨大损失时，特朗普也会“实事求是”地改变政策。

二是美国资本的力量。尽管美国资本现在很支持特朗普，但资本与行政当局的利益具有很大的不一致性。如果说特朗普的目标是不让中国有能力挑战美国，那么资本的目标是为了中国的更加开放。美国的资本没有任何理由促成中国的再封闭，更不想放弃一个庞大的中国市场。

很显然，中国的封闭并不符合资本的利益。诚如马克思所言，资本的本性就是扩张，不扩张便是死亡。今天，美国的资本就是想借用国家力量对中国施加巨大的外在压力，迫使中国市场更加开放。

三是中国的开放态度。中国尽管在这场贸易摩擦中也不“示弱”，但中国的行为只是作为对美国的一种回应。中国本身并不想打这场仗。实际上，当美国要修正甚至放弃现存国际贸易体系的时候，中国已经成了这一体系最有力的捍卫者。更为重要的是，中国政府一再表示，中国会变得更加开放，以更加开放的方式来推动全球化进程。中国政府近来宣布的一系列开放政策举措，就展示了这个大趋势。

第二，体制的修正和重建。在这种情形中，特朗普的对华贸易政策有意或者无意地导向了一个新体制的出现，即所谓的“公平自由贸易体制”。特朗普的“美国优先”是通向这一新贸易体制的工具。尽管“美国优先”在现阶段表现为贸易保护主义和经济民族主义，但这并不表明美国会孤立起来。

特朗普认为现存体制导致了其他国家对美国的“不公平”贸易，需要修正，甚至重建。而美国所具有的“美国第一”优势条件（主要包括美国的大市场、技术、创新和美元等），为特朗普去修正和重建贸易体制提供了条件。

美国已经开始和欧盟重新进行贸易谈判，以达到零关税体系。日本和欧盟已经达成自由贸易体系。同时，美国和日本也会进行类似的谈判。日本和欧洲尽管对特朗普的做法感到不满，但没有任何国家敢公开站出来反对特朗普；相反，这些国家都奉行赤裸裸的现实主义，他们在意识到不能脱离美国经济而生存和发展这一现实的基础之上和美国进行谈判。欧盟和日本的这种现实主义做法，无疑是有利于特朗普修正和重建体制的努力的。

第三，以中美两个相对独立的大市场为中心的两个关联体系的形成。这种场景的前提是，中美两国因为多年的贸易较量，两国贸易依存度减少，但不出现“脱钩”的情形。就是说，中国和美国之间依然存在贸易关系，具有一定的贸易依存度，但两者已经相对分离开来。中国会形成自己的市场体系，美国也依然是一个强大的体系，各自形成自己的地缘经济圈。一些国家依存美国市场，一些国家依存中国市场，而更多的国家可能和中美同时保持经贸关系。

两个相对独立但又关联的经济体系形成的可能性很大。美国在很长历史时期里依然会是世界上最大的经济体。美国的经济优势在于庞大的市场、遥遥领先的技术、高能力的创新机制、无可替代的美元等。在所有这些领域，其他国家很难超越美国，至少在短时期里是不可能的。这些也是现存等级性世界经济体系的内在要素，就是说，正是这些要素保障了美国处于世界经济体系的顶端，保持其霸权地位。

而美国所具有的政治和军事优势，则是为美国的经济霸权“保驾护航”。美国经常动用政治甚至军事力量去惩罚那些违规或者挑战美国的国家，尤其是弱小国家。实际上，美国动不动对其他国家进行经济制裁，已经超出了经济的范畴，而是赤裸裸地用经济手段达到政治目标。即使是目前正在和中国进行的贸易摩擦，也已经不是简单的经济贸易摩擦了。

另一方面，美国和中国的贸易摩擦必然会影响到中国的国际环境和内部发展，会拖慢中国的发展速度。如果中国回应不当，也有可能促成中国陷入“中等收入陷阱”。但如果中国不犯重大的错误，继续坚持对外开放政策，美国的行为就很难阻止中国的发展，继续在发展链条上往上提升。中国经过过去40多年的发展，今天已经是世界上第二大经济体和最大的贸易国。尽管中国缺少美国那样的技术和美元优势，但市场已经具有一定的优势。中产阶级占人口总数的比例还是不大，但中产阶级的绝对数字已经和美国相去不远。

即使是技术方面，中国早期主要是进口和应用西方技术，忽视了原创性的技术，但中国可以从这次贸易摩擦中接受深刻教训再出发。实际上，中国很多方面的技术发展也已经有了一定的积累，只要政策有效，技术创新能力是有望得到大大提升的。就是说，如果中国在今后相当长一段时间里，经济能够实现中速发展，那么中国是可以避免陷入“中等收入陷阱”，进入发达国家行列的。

如果这样，中国就会形成非常可观的国际市场，从而形成一个以中国为中心的经济圈。同时，只要中国坚持开放政策，中美之间的经贸就不可能完全脱钩。这样就会出现中美两个市场相对独立但又互相关联的情况。

第四，中美之间进入冷战状态。中美两国贸易摩擦你来我往，不断升级，贸易依存度迅速减少，最终脱钩，于是走向冷战状态。有贸易依存度的中美关系和没有贸易依存度的中美关系具有不同的性质。

一旦贸易脱钩，美国的强硬派或者冷战派就可以像对待苏联那样对待中国了。美国和很多国家都进行过贸易战，包括德国和日本，但因为德国和日本是美国的盟友，尽管在贸易问题上和美国发生冲突，在安全方面则是被整合进美国的体系的，因此，美国充其量也就是把这些国家在经济上打压下去，而不会把他们往死里打。

美国的强硬派和冷战派这股力量很强大，始终存在，并且不时地冒出来。在小布什时期新保守主义崛起就是针对中国的，但正当新保守主义要对中国步步紧逼的时候，“9·11恐怖主义事件”发生了，美国不得不把注意力转移到了反恐，并且在反恐过程中，中美两国找到了一些共同利益。

奥巴马时代，这股力量又变得明显，其诸多战略调整都是针对中国的，包括“重返亚洲”、《跨太平洋伙伴关系协定》（TPP）等。今天，这股力量更是成为特朗普政府的重要组成部分。尽管特朗普迄今牢牢掌握着决策权，但这股力量对特朗普决策的影响力不可低估。说到底，这股力量是想把中美关系引向冷战状态的。

同时，中国在这方面的因素也不少。近年来，中国的内部民粹主义和外部民族主义情绪也很高涨。尽管中国的民粹主义和民族主义情绪，并不能像西方国家那样可以对政策产生直接的影响，但它们毕竟构成了中国政府的政策环境，经常对政府的外交政策构成巨大的压力。中国在总体上说还是一个比较贫穷的国家，民族主义或者民粹主义情绪很容易爆发出来，但是否产生巨大的政治能量则取决于领导集团的理性。

历史地看，如果领导集团很理性，那么就不难控制；但如果领导集团失去理性甚至去动员这些情绪，那么情况就会完全不同。实际上，美国方面也如此。如果统治集团足够理性，那么强硬派或者冷战派的力量就会受到制约。不管怎样，冷战不是资本的产物，而是政治的产物，冷战不符合资本的利益，只符合政治的利益。

很显然，在上述这四个可能的场景中，第一种、第二种情形下，国际秩序依然是一个体系，第三种情形中演变成两个相对独立的体系，而在第四种情形中更是成为两个独立的体系，犹如第二次世界大战之后美苏两个体系那样。也就是说，正在进行中的中美贸易摩擦，不仅仅关乎中美两国之间的双边关系，更是涉及整个未来世界体系的变化。

现存世界体系的很多方面的确产生了重大的问题，需要修正和改进。至少就美国来说，已经不能满足其利益最大化的要求，因此要修正甚至重建世界体系，这也并不难理解。问题在于使用什么样的方法。

世上没有免费的午餐。特朗普现阶段的对华贸易政策必然破坏甚至动摇现存世界贸易体系，这已经产生了很大的不确定性；而特朗普单边主义式地修正和重建世界体系则会带来更大的不确定性。可以预见，如果中美贸易摩擦持续进行，由此衍生出其他方面的冲突，那么现存世界体系会变得更加脆弱甚至动荡不堪。

# 第四章
# 中国应有的理性反思

# 一、中国新时期的外部风险

中国新时期的外部风险指的是“修昔底德陷阱”，就是如何避免中美之间的冲突乃至战争。简单地说，“修昔底德陷阱”指的是新兴大国和守成大国之间的关系，无论是新兴大国挑战守成大国，还是守成大国恐惧新兴大国，最终都有可能导向两者之间的冲突和战争。

根据哈佛大学一个研究团队的统计，自 1500 年以来，全球已经经历了 16 次在新兴大国和守成大国之间的权力转移，结果 12 次发生了战争，只有 4 次可以说是和平的转移。中美两国是否会陷入“修昔底德陷阱”，这些年来成为中美乃至世界讨论的热点问题，中国国家主席习近平本人也多次公开表示中国要避免这个陷阱。

如何避免大国之间的冲突和战争，是改革开放以来中国领导层最为关切的问题。改革开放如何成为可能？最重要的外部条件就是国际和平。和平的国际环境为中国的内部改革开放提供了条件，中国本身也要为国际和平作出贡献。这几乎成了改革开放以来中国和外在世界互动的最高原则。从改革开放到今天，中国对外政策的原则表面上有变化，但实质上具有内在的一致性。邓小平提“韬光养晦、有所作为”，江泽民和胡锦涛时期提“和平崛起”，中共十八大以来习近平提“新型大国关系”，这些政策目标的实质就是要处理好外部关系，尤其是大国关系。

但是，随着近来中美两大经济体贸易摩擦的开始，人们突然感觉到“修昔底德陷阱”的来临。实际上，西方已经有人认为，中美两国已经至少在经济上陷入了这个陷阱。问题在于，为什么中国在这方面作了那么多的努力，但“修昔底德陷阱”还是会出现呢？很多人把原因指向中国，认为是中国改变了往日邓小平“韬光养晦”策略的缘故。或许主观层面的政策是一个原因，但主要因素还是客观要素的变化。这可从中国和世界关系的演变来理解。

简单地说，中国和美国主导的西方世界体系的关系经历了三个主要的阶段。在20世纪80年代，中国刚刚改革开放，因为资本短缺，中国实行“请进来”政策，把自己的国门打开，欢迎外国资本到中国。在90年代，中国为了加入世界贸易组织而实行“接轨”政策。“接轨”就是改变中国自身的制度体系来符合国际规则。

不难理解，在这两个阶段，中国客观上不会和外在世界发生严重冲突；不仅如此，无论是“开放”还是“接轨”，中国都得到外在世界的欢迎。但现在到了第三阶段，即“走出去”。“走出去”在21世纪初已经开始，但早期规模很小，很难对外在世界产生实质性影响。中共十八大以后，中国开始比较系统地“走出去”，并且成为国家政策，尤其表现在“一带一路”倡议、亚洲基础建设投资银行和金砖国家银行等方面。过剩的资本、多余的产能和成熟的基础设施建设技术等要素组合在一起，构成了巨大的“走出去”动力。

在这个过程中，在西方看来，中国对外在世界的态度发生了巨变。西方认为，中国和世界体系的关系已经从以前的“学习”“接轨”“维持”转向了“修正主义”；在内部，无论是官方还是民间，中国的外交话语也越来越具有民族主义色彩，中国开始充当西方的

“老师”，教训西方并且开始输出自己的“模式”了，无论是经济发展模式还是政治制度模式。

对西方来说，这个转折点发生在2008年，西方发生大规模的金融危机，之后大部分西方经济体一蹶不振，处于长期的结构调整困难。而“互相否决”的政党制度，也使得西方国家很难有有效的国家政策，来促成经济走出危机。

## 1. 贸易摩擦的表现形式

很显然，中国和西方之间的这种反差既有主观的认知成分，更有客观环境变化的原因。从这个角度来说，贸易摩擦并不难理解。人们甚至可以说，这只是中美关系到了这个阶段的一种表现形式；如果不是贸易摩擦，也会通过其他形式表现出来。

中美两国关系的本质通过贸易摩擦表现出来，这表明贸易摩擦的本质并不仅仅是经济，而是两国的总体关系。两国的总体关系意味着什么？简单地说，美国作为世界霸权，其目的还是要维持世界霸权的位置；要维持其霸权的位置，就要阻止中国对其所构成的挑战，无论是事实上的还是想象中的。

这里需要一个判断，中美之间会不会发生军事冲突甚至战争？因为中美都是核大国，热战的可能性极小。局部冲突有可能，例如在中国南海和台湾问题上，但两国间的全面战争很难想象。并且从美国的角度来看，从军事上“征服”中国不仅不可能，也没有必要。

但两国之间从局部冲突发展到军事政治冷战是有可能的，这也是美国强硬冷战派的期望。冷战派希望无论是通过贸易上还是其他方面的局部冲突，把中美关系引向军事冷战；一旦发生军事冷战，美国就会像往日对付苏联那样对付中国了。

贸易上的摩擦是否会演变成为军事冷战？这取决于中美两国下一阶段的互动。就中国来说，所要考量的就是如何在和美国进行贸易较量的时候，努力避免其演变成为军事冷战。要达到这一目标，就要认真考虑特朗普为什么要实施现在的贸易策略这一问题。

对中国，特朗普到底害怕什么呢？对特朗普来说，中国的核心力量在于其日渐成长的"消费社会"。中国成为"消费社会"对美国意味着什么？这意味着中国的"大市场"，也就是经济力量。真正可以促成中国改变整个世界格局的是其庞大的"消费市场"，而非其他因素。这些年来，中国开始加速成为区域乃至可以和美国竞争的世界经济重心，其主要原因就是中国的消费水平。

因此，不难理解，这次贸易摩擦的核心就是"技术冷战"，就是针对"中国制造 2025"计划的。说到底，通过这场"技术冷战"，美国不希望中国在技术层面往上爬，至少可以拖延中国的现代化进程。也可以说，促成中国陷入"中等收入陷阱"或者促使中国回到"贫穷社会主义"阶段是美国所需要的。只要中国停留在"内部贫穷"状态，中国就不会有外在的影响力。从美国方面来说，中国的"中等收入陷阱"是避免两国陷入"修昔底德陷阱"的最有效方法。

显然，如果中国以美国期待的方式陷入"中等收入陷阱"，而避免"修昔底德陷阱"，并不符合中国的利益，是中国国家利益的最小化。中国该如何来避免这种情况的发生呢？一句话，还是需要通过进一步的改革开放来化解中美之间的矛盾，同时避免陷入“中等收入陷阱”和“修昔底德陷阱”。

## 2. 中国应该清楚本身的技术发展水平

中国首先需要摸清自己的家底。比如说，现在的技术发展到哪一步了？如果把工业 1.0 版定义为机械化，2.0 版为自动化，3.0 版为信息化，4.0 版为智能化，中国究竟处于哪个位置？与国际最高水平的差距究竟在哪里？有多大？

现实地看，中国大部分的企业处于机械化和自动化之间。信息化和智能化也在发展，但在这两个层面究竟有多少是属于中国自己的原创？有多少是对外国技术的应用？哪些核心技术中国高度依赖甚至受制于包括美国在内的其他国家？如果万一与美国的技术脱钩，这些核心技术的缺失，将会对中国的经济发展和国家安全等带来怎样的问题？这些问题中国是否能在短时间内有办法应对？

这一系列问题对于如何处理中美贸易摩擦非常重要。尽管改革开放 40 多年以来中国的经济建设确实取得了重大成就，但在技术层面，基本上还是西方技术的应用，现在还没有真正意义上的“中国制造”。第二次世界大战以后，德国和日本等国家的经济起飞，的确是建立在“德国制造”和“日本制造”上，但中国不是，中国只是“中国加工”和“中国组装”。在弄清楚了自己的家底之后，才能理性评估中国与美国的关系。

在一定程度上，贸易上的较量不可避免，但必须是非常有限的。中国可以在农产品或者汽车等一些可以找得到替代进口的领域打这场仗，在很多技术领域则没办法打，因为中国本身就没有那些领域的技术。农业产品的替代进口比较容易找到。汽车方面，日本和德国等拥有技术，中国可以转而向这些国家进口。

美国页岩油技术的飞速发展，意味着美国能源出口能力的增加。中国可以加大对美国能源的采购与投资，因为在美国不愿意向中国出口高科技产品，而其他商品不足以平衡中美两国的贸易赤字的情况下，目前看只有大宗能源能平衡赤字。而贸易赤字恰恰正是特朗普在中美关系中最看重的东西。

在处理中美贸易问题时必须注意发挥多边主义的作用。这次美国正式启动贸易摩擦后，中国第一时间把美国告到世界贸易组织（WTO），起诉美国的征税措施，这个方向是有建设意义的。习近平总书记最近也多次强调多边主义，中国会变得更加开放。中国接下来会加快汽车、金融方面的开放。此外，中国可能需要考虑互联网行业的对外开放，让更多的技术和资本进入中国市场。

中国互联网仅仅是美国技术的应用，没有太多原创性的技术。中国加快开放互联网市场，哪怕在最初阶段，西方在国内互联网市场占领多一点，但至少中国自己还会有份额，并且通过真正的竞争来发展自己的原创性技术。如果继续按照目前的趋势发展下去，中国互联网市场原创性技术都会掌握在美国手里，五年或十年以后中国的互联网就更加困难了。对互联网保护了那么多年，并没有导致原创性技术的出现。其实，汽车业的发展也说明了这一点。起初时期需要保护，但成长一段时间以后需要开放和竞争，否则就不会有进步。

更重要的是要加快建设中国国内的开放平台，例如“粤港澳大湾区”和“海南自贸区”都应该是重点建设对象。在这些内部平台上一定要有有力度、有深度的改革政策，由中央政府来统筹。和其他国家以及地区建立自由贸易区需要时间，并且不在中国的掌控之下，但这些内部自由贸易平台完全在中国自己的掌控之下。一定要使得这几个内部开放平台对国际优质资本具有强大的吸引力。

内部改革也要加快，尤其在知识产权方面。知识产权的保护不仅仅是为了应付西方的压力，更是要为中国企业本身提供技术创新的有效机制。没有知识产权的保护，企业就不会有创新的动力。同时，既然中国从国际市场获得技术，就要教育企业接受国际规则。

总体上说，虽然中国市场对美国非常重要，但一旦冷战开始，对安全的考量就会占据美国对华关系的主导地位，美国会为了安全而不得不放弃中国市场。美国可以去开发其他市场，但如果中国被排挤出美国主导的世界经济体系，或者中美之间经贸脱钩，就会是“修昔底德陷阱”的开端。

## 二、《日本第一》对中国的教训

1979年哈佛大学傅高义（Ezra Vogel）教授在美国出版了题为《日本第一：对美国的教训》（简称《日本第一》）的著作。这本书马上被翻译成日文，于1980年出版。在日文版出版之后，这本书一直是日本最畅销、由一位西方学者写日本的著作。

不过，1986年《广场协议》之后，日本在短短一段时间里便经历了从股市、房市经济的"腾飞"到经济泡沫破灭的全过程，惊心动魄。1991年，另一位西方学者琼恩·沃罗诺夫（Jon Woronoff）写了另一本书来回应傅高义的《日本第一》，书名叫《日本什么都是，但就不是第一》（*Japan as Anything but Number One*）。也就是说，日本是否是一个成功的故事，至少是否如傅高义所说的那样成功，在西方一直是有争议的。

傅高义在谈到为什么要在20世纪70年代末写《日本第一》时说，主要是"为了让美国人知道日本人很多事情做得非常好，至少比美国做得好，而当时美国人并不了解日本人取得了这么大的成绩"。他举了很多例子，如日本的普及教育很成功；社会治安很好，犯罪率较低；贫富差距不大；培养了非常能干的官员，而且官员腐败不那么严重；公司内部非常合作、团结，产品质量提高得很快，等等。傅高义认为，总结战后日本发展经验的真正目的是"对美国的启示"，让"美国人一看书名吓一跳，认真去了解日本，学习日本的长处”“让那些为自己的文化感到骄傲的美国人警醒，亚洲文化也是可以创造奇迹的”！

《日本第一》出版后产生了很大反响，在日本成为一本家喻户晓的畅销书。在东亚，这本书也是一些国家的政府推荐给公务员的必读书。这本书带给日本人的“自傲感”是任何东西也难以取代的。日本的商界在20世纪80年代后半期变得扬扬得意起来，一些人借着日元升值势头狂妄地声称“要把美国买下来”！不过好景不长，随着经济泡沫的破灭，日本在20世纪90年代和21世纪前10年度过了“失去的二十年”。之后，与其说是经济稳定下来，不如说处于长期的“滞涨”阶段。

诚然，对日本“失去的二十年”也是可以讨论的。傅高义本人对此很不以为然。虽然他也认为日本亟须改革，但日本经济发展的水平、教育、知识、国民素质水平仍然很高，日本人比美国人更节俭，日本很多公司仍很成功，很多产业仍是世界第一，在不少高科技领域，日本的出口仍然强劲，日本企业制度虽然有所改变或改进，但并没有被完全抛弃。

实际上，在2000年，傅高义还出版了另外一本书，不过没有引起人们更多的关注罢了。这本书叫《日本仍是第一吗？》（*Is Japan Still Number One？*）。这本书总结了美国人在哪些方面已经从日本学到了教训，同时也开始讨论日本本身可以接受的教训，提出了日本如何通过进一步改革自身而继续强大的建议。2016年，日本的一个出版物出版了一期题为“2050年日本会成为世界顶端强国吗”的专刊。在专刊中，傅高义仍然表示乐观。

## 1. 傅高义一直高度评价日本

一些人批评说傅高义“忽悠”了日本。不过，总体上，傅高义对日本的评价是客观的。日本是亚洲第一个实现现代化的国家，人们尤其是亚洲人对日本总有过高的期望。很多对日本的批评就来自这种过高的期望。今天的日本的确面临很多问题，尤其是人口老龄化和社会欲望低下，但所有发达经济体都面临着严峻的问题，日本并不是例外。实际上，较之其他发达资本主义国家，日本的问题并没有那么严峻。对大多数人来说，日本仍然是一个非常适宜居住的“美好社会”。

傅高义本人也认为中国更须学习日本，特别是学习日本在发展过程中“做得比美国好的地方”，而不要“学美国不好的地方”。日本人总的来说富而不奢，不像美国人那样过度消费；日本在社会公平与和谐方面虽然不如过去，但仍然比美国做得好，特别是企业内部比较平等。在改革开放以后的很长时间里，中国的确是向日本学习的；或者说，日本是中国重点学习对象之一。

但随着中国的继续崛起，很多中国人变得自傲起来，觉得日本经验不值得一看了。在一些人眼中，甚至连美国都不需要重视了。直到近年来大批中国消费者蜂拥至日本购买各种日本制造品，直到这次中美贸易摩擦开始，他们才发现中国现代化过程中竟然缺失了这么多东西。傅高义有关中国向日本学习的这些观点，都是值得人们注意的。

傅高义非常谦虚，他并没有多说中国可以在日本的崛起过程中吸取怎样的教训。很多年来，他一直关切中、美、日之间的关系，论著不少。最近，他完成了一本中日关系的大作，从隋唐讲到现在。如果人们仔细阅读傅高义的诸多作品，不难从中得出中国可以从日本的崛起中学到怎样的教训。这些教训不仅仅是上述内部方方面面的发展，同样重要的是如何应付本身崛起的环境。

日本从第二次世界大战的废墟中崛起，很快成为世界上第二大经济体（后来被中国超越）。日本的崛起可以说是和平的崛起，这不仅因为日本第二次世界大战之后没有和其他国家发生冲突，而且其他国家也是接受日本的崛起的。崛起、和平、让其他国家接受等，这些都是人们在借鉴日本经验时需要思考的。

较之其他国家，战后日本人是谦卑的、低调的。从 1955 年到 1973 年，日本的国内生产总值年增长率达到 10%。在 1950 年到 1970 年的 20 年间，日本的国内生产总值增长了 20 倍。1968 年，日本便超越德国成为世界上第三大经济体。同时，日本成为世界上最强大的工业国。20 世纪 50 年代，在世界的眼中，“日本制造”仍然是“廉价”的代名词，但很快日本成为制造业强国，在很多领域名副其实地赶上和超越了西方和美国。日本也成为西方学者称之为“发展主义型国家”的原型和典型。

日本是吸取了第二次世界大战的深刻教训的。第二次世界大战前，日本统治者被明治维新之后的快速崛起冲昏了头脑，试图建立以日本为中心的“东亚共荣圈”，扬言要把西方赶出亚洲，确立日本的霸权地位。但日本帝国主义的做法不仅使其本身成为牺牲品（战败），更对亚洲各国造成了巨大的灾难。第二次世界大战后，或许是因为美国掌控了日本的外交环境，日本人埋头苦干。

在对外方面，日本往往把自己“伪装”成西方，和西方话语保持高度的一致性。尽管到20世纪80年代，民间也出现“日本可以说不”的声音，但整体精英界并没有出现这种声音，日本政府和主流社会的“亲美”立场始终没有变化过。同时，日本主动辅助美国，在提供“国际公共品”方面也尽力而为。

## 2. 日本崛起对中国的教训

当然，这也是日本“苦楚”的根源，因为即使日本想改变，实际上也很难。日本毕竟不是一个全部主权国家，很多政策受制于美国。很显然，日本和美国的关系对日本的崛起来说，既有积极面，也有消极面。就积极面来说，最主要的就是日本是西方（美国）体系的一部分，西方（美国）容许日本的崛起；就消极面来说，也正是因为同样的理由，日本的崛起是有限度的。人们经常把日本形容成为亚洲国家崛起的“天花板”，这个“天花板”很大程度上是受美国限制的。以此来反观今天的中国，日本的崛起对中国的教训是多方面的，人们至少可以从如下几个方面来讨论。

第一，中国和西方（美国）的贸易冲突不可避免。日本尽管是美国的盟友，但当日本在经济上的确对美国构成了挑战的时候，仍然会遭到美国的打压。傅高义的《日本第一》尽管本意是要美国学习日本，但并非所有美国人都这么看。相反，很多人看到了另一面，他们认为美国为日本提供了军事保护，并且向日本敞开市场，但日本并没有真正向美国开放，日本的成功是日本对美不公平贸易的结果。

当时美国智库经济策略研究院院长克莱德·普雷斯托维茨（Clyde Prestowitz）写了一本题为《交换场地：我们如何让日本领先了》的书，这本书第一章就是耸人听闻的“美国世纪的终结”。正如人们所看到的，《日本第一》之后，接下来很快就是贸易战、301条款和《广场协议》等等。

中国和美国不是盟友，当美国认为中国挑战它的时候，自然会向中国施加莫大的压力，并且这种压力不仅仅局限于经济贸易，而且会扩展到包括技术、军事、政治等方方面面。

第二，针对西方和美国，尽管中国不想“伪装”自己，也“伪装”不了，但也没有必要过度张扬。日本当年的经济和技术的确对美国构成了竞争，美国因此打压日本。中国经济尽管量大，但在最具有实质性意义的技术方面远远不及美国。只不过有些人在近年太高调了，唤醒了美国本来就潜在的“中国威胁意识”。其实，国家和个人是一样的，低调和谦虚总是促成进步，而自我膨胀会最终导向失败。这也是第二次世界大战前日本的例子，这种心态是一个崛起中的中国必须避免的。

第三，现在贸易冲突发生了，人们也不需要太惊慌失措。诸如此类的问题是任何一个国家在崛起过程中必然要面对的，无法逃避；不过人们必须理性面对，任何民族主义的情绪都很难解决问题。较之日本，中国在这方面也具有优势，即中国不存在日本所面临的“天花板”。中国的发展是自主的，并且中国有市场、有人才、有其他各个方面的能力。只要中国本身坚持对内的改革和制度建设，对外更加开放，中国还是有希望崛起的。

第四，自我认同和普遍性之间要实现统一性。中国尽管不能，也不想把自己“伪装”起来，但如果否定本身发展的普遍性或者普世性也是不明智的。人们有足够的理由否认“西方的是普世的”观点，但这并不是说所有西方的东西都没有普世性。任何事物都是普遍性和特殊性的结合，中国的也一样。

中国有自己的特色，但中国的很多方面也具有普遍性。尤其是今天，当中国努力走近世界舞台中心的时候，就更加需要有普遍性。邓小平和西方“求同存异”的态度无疑是正确的。在国际舞台上，“同”要强调，“异”要承认。今天中国和西方之间的很多“误解”和近年来只强调“异”而避谈“同”，无疑是有关联的。

第五，民族主义和国际主义的统一性。作为大国，中国的民族主义不可避免。理性的民族主义也是剧变中的中国所需要的，因为民族主义代表的是内聚力；没有民族主义，中国很难作为一个整体站在世界舞台上。但同样，作为大国，中国也需要国际主义。各种区域和国际秩序都可以被视为“公共服务品”，大国必须出更多的力来提供这些公共品。

随着中国的崛起，中国也在提供越来越多的这类“公共品”。实际上，包括中国本身的“开放”也已经成为“国际公共品”，而并非简单的内部事务了。简单地说，没有国际主义精神，中国也很难在国际社会上有所作为。

# 三、中美贸易摩擦我们暴露了怎样的弱点

在正在进行的中美贸易摩擦中，中国暴露了怎样的弱点？这是一个人们无法回避的问题，因为美国（和西方）看到了中国的弱点，就会利用其变本加厉地对中国加以打击。很显然，中国如果不能尽快克服这些弱点，那么就不仅输了这一轮竞争，今后的发展也会变得更加困难。

当然，因中美贸易摩擦而暴露弱点也不全是坏处。所谓的弱点就是从前被自己所忽视，但对国家的发展至关重要的领域。如果在知道了弱点之后，努力克服，亡羊补牢，无疑对国家的未来发展会起到正面的，甚至推动性的作用。

## 1. 若世界市场不存在，中国会怎么样

这次暴露的弱点无疑有很多，但至少包括如下几个大的领域：

第一，工业体系的脆弱性。如果借用全国政协经济委员会副主任杨伟民的话“人家（美国）一断芯片，你就休克了”来说，中国工业体系的脆弱性是显而易见的。

具体来说，表现在几个方面。首先，中国有速度，有“大而全”，但缺质量、附加值和原创。在过去的 40 多年里，中国创造了世界经

济史上的“中国速度”奇迹，20 多年一直保持两位数的增长，经济总量已经位居世界第二，不过，并没有出现中国质量和价值。工业体系呈现出“大而全”的局面，几乎什么都能生产，并且生产能量巨大，很多领域的产能位居世界第一或者第二。实际上，一些产品，如果中国开始生产，就轮不到其他国家了。在很多年里，人们普遍相信，珠三角足以加工和提供全世界所需的产品了。这也是美国老说“中国抢走了美国人的饭碗”的原因。

除了少数几个领域，例如人工智能（AI）、超级电脑、航天、生物科技等，总体上说中国工业缺少核心技术，尤其是原创性技术。这就导致了中国的单向依附性经济体，即中国依附其他经济体，而不是相反。所谓的“加工业”就是为其他经济体加工，是对人家的技术的加工，是依附于人家的。这就造成一种“人家缺了你可以，但你缺了人家不行”的局面。

缺少技术创新也意味着产业的附加值低。很多年里，很多产业的发展，尤其是加工业的发展，主要是依靠农民工廉价的劳动力和地方政府提供的廉价（甚至免费的）土地，技术因素对经济的贡献很有限。因此，劳动力和土地价格一变化，很多产业就会面临危机。

即使就技术的应用来说，产业界也存在着严峻的问题。如果把机械化界定为工业 1.0 版，自动化为 2.0 版，信息化为 3.0 版，智能化为 4.0 版，那么中国大多数企业仍然处于 1.0 版和 2.0 版之间，3.0 版和 4.0 版也有，但大多是其他国家技术的应用。如果存在着容许技术自由流通的世界市场，那么企业可以从世界市场上获取技术，不断升级。但这里的危险在于，一旦出现贸易保护主义和经济民族主义，世界市场不存在了，中国的工业体系就会即刻发生危机。

换句话说，如果发达国家不提供技术了，1.0 版和 2.0 版的产业仍然可以自主地生存和发展，但使用 3.0 版和 4.0 版技术的企业就要“休克”了。互联网业就是一个很好的例子。在很长时间里，人们总以为互联网是中美两家的技术。但实际上互联网技术只属于美国一家，因为中国的大多数互联网技术只是美国技术的应用。如果美国真的中断互联网技术供应，中国就可能会回到“内联网”时代。

在国际经济领域也存在着企业和市场之间的关系。国际市场的主体是企业，所以企业必须遵守和服从市场规则，否则就会受到惩罚。一些中国企业（也有一些地方政府）要求西方企业进行技术转让，以市场换技术。而另一些企业（例如中兴）尽管从国际市场上获得了技术等利益，但并没有遵守市场规则。

但实际上，中国企业的选择是有限的：要不企业本身有能力创造，无须依赖国际市场；要不服从国际市场规则，从国际市场获得技术。企业在国内不守市场规则的行为一旦延伸到国际市场，肯定要出问题。对这一点，西方政府和企业看得很清楚，它们现在也知道如何来对付中国企业了。

第二，对国际层面的事物发展缺乏预判能力。贸易战绝非新鲜，历史上一而再、再而三地发生，也必然会发生在中美两国之间。但很长时间以来，大多数人都相信中美之间不会发生。美国学者提出了“G2论”，或者经济上的“中美国”，中国学者相信“婚姻关系论”。两者的依据是一样的，即中美两国之间贸易依存度高。不过，实际上历史经验已经表明，高贸易依存度不仅不能避免贸易摩擦，反而会促成贸易摩擦，取决于进出口是否平衡。

基于简单而乐观的假设，中国对贸易摩擦没有做任何准备。直到贸易摩擦产生了，人们还不敢相信，认为只有特朗普这样的“疯子”才会这样做。这种认知更没有驱使有关方面去认真解决中美贸易逆差的问题。

尽管多年来，中国高层也一直表示不以追求贸易顺差为目的，但在政策层面的确缺失有效性。中美双方的贸易不平衡也并非中国的原因，更多的是美国的原因，因为美国不愿意向中国出口高科技。但不管是谁的原因，巨大的贸易逆差都必须解决，如果得不到解决，肯定要产生严重的后果。

第三，对事物的本质缺少判断能力。很长时间以来，在外交政策上盛行“经济决定论”，一切为了经济，考虑问题也基本上过分强调单向面的经济要素。就贸易层面而言，一个重要的问题是，贸易摩擦仅仅是经济问题吗？很多人停留在经济思维，仅仅从经济层面来理解贸易摩擦。理性地说，贸易摩擦发生了，如果能够把此局限在经济领域自然是最理想的，人们也不能用其他手段来解决贸易摩擦。但如果不能考虑到贸易摩擦的外部影响，就会判断失误。就这次贸易摩擦而言，一些人对中美关系演变的本质缺乏正确的判断。

贸易摩擦仅仅是其中一种体现方式（或者特朗普方式），如果没有贸易摩擦，也会以其他方式体现出来（例如在中国南海、中国台湾、朝鲜半岛等问题上）。中美关系发展到今天这个阶段，就需要全面的调整：调整好了，就可以维持和平；调整不好，就会发生冲突。这也是历史所证明的，即人们所说的“修昔底德陷阱”。

第四，最为重要的是暴露了社会反应的脆弱性。对内部来说，社会的反应是最为关键的。概括地说，对中美贸易摩擦中国社会的反应表现为两个极端。在一个极端，一些人支持美国现阶段对中国的贸易政策，幻想来自美国的外在的压力少则促成政府降低进口关税，多则促成内部的进一步改革。

特朗普在中国可能要比在美国更受欢迎。直到今天，特朗普和美国的主流社会（尤其是媒体）一直处于对峙状态；在中国则不然，一些人对特朗普的政策抱有过多的幻想。就贸易层面的摩擦而言，历史地看，外在的压力从来没有促成内部更好地发展，这从德国和日本的例子可以看到结果。

## 2.“恐惧感”促使西方对华政策改变

中国并不想在贸易上和别国产生分歧和矛盾，贸易摩擦也不是中国所发起的。不过，借用一位西方外交官的话来说，是中国的一些人“唤醒了中国在西方的敌人”。这里的“唤醒”主要指一段时间以来，有关方面的“过度宣传”，结果大大超越了政策设计者的初衷。

这主要表现在三个领域，即“中国制造 2025”“一带一路”“中国模式”。“中国制造 2025”实际上仅仅是中国本身产业可持续发展所需，就如德国的工业 4.0 项目一样，但对一些学者和政策研究者来说，这好像成了超越美国和西方的项目。“一带一路”在高层看来仅仅是中国的发展“倡议”，并且多次强调，“一带一路”尽管是中国的倡议，但发展机会是属于大家的，利益是大家共享的。至于“中国模式”，通过近代以来的探索，中国的确形成了“中国模式”，但“中国模式”和其他模式不存在必然的冲突，而更多的是互补。尽管中国也强调“中国模式”为人类提供了另外一个可能性的选择，但同时强调不会输出模式。但对一些学者和政策研究者来说，“中国模式”的目标就是要打败西方模式。这种过度的宣传和解读无疑给西方制造了一种“恐惧”，莫名其妙地感到西方要被中国所超越、所取代，而这种“恐惧感”又促成美国（和西方）改变其对华政策。

不管如何，现在中国的“敌人”已被唤醒，并且从各个方面开始向中国发难，对中国构成了巨大的压力。不过，这里的问题是，这场贸易摩擦能够唤醒中国本身吗？如果只唤醒了“敌人”而不能唤醒自己，未来的前景只有更坏，没有最坏。但如果在唤醒“敌人”的同时也唤醒了自己，便是进步的动力。

和美国（西方）的冲突迟早会到来，关键在于如何应对。中国所需要的既非一些人毫无自信地去“乞求”外力，更非另一些人那样盲目自大而走向“义和团主义”，而是在摸清楚自己的家底之后，理性应对贸易摩擦；在这个基础之上发挥自己在一些技术领域的优势，并在更多的领域抓紧补课，踏踏实实地求进步。

更为重要的是，中国所做的一切都是为了自己的可持续发展和进步，而非超越和打败任何一个国家。像中国这样的大国，只要自己不打败自己，就没有其他国家可以打败。

# 四、中国仍是一个发展中国家

中国国务院总理李克强在2020年5月28日举行的全国“两会”记者会上说：“中国是一个人口众多的发展中国家，我们人均年可支配收入是3万元人民币，但是有6亿中低收入及以下人群，他们平均每个月的收入也就1000元左右，1000元在一个中等城市可能租房都困难，现在又碰到疫情。疫情过后，民生为要。”

这一数据引起各界的热烈讨论，因为它简单明了地揭示了中国这个已经是世界上第二大经济体、人均国民所得达到1万美元经济体的另一面。

李克强总理这里所说的可支配收入，指的是扣掉个人所得税、私人转移支付和各种社会保险费之后的收入，并且是以家庭为单位的，即包括劳动人口，老人、儿童等无收入人口在内的所有家庭人口。李克强的数据既有统计的支撑，也有抽样调查数据的支撑。

据中国国家统计局所公布的数字，2019年全国居民人均可支配收入是30733元。同年，城镇居民人均可支配收入是42359元，月均大概是3500元。农村居民人均可支配收入是16021元，月均大概是1300元。因此，农村居民的月均收入状况，本身就已经接近“月入1000元”。贫困地区农民的收入更低。2019年贫困地区农民人均可支配收入11567元，月均收入大概为966元，低于“月收入1000元”。

北京师范大学中国收入分配研究院课题组，在2019年分层线性随机抽取了7万个代表性样本所作调查显示，中国有39.1%的人口月收入低于1000元，换算成人口数为5.47亿人；而月收入在1000元至1090元的人口为5250万人，月收入1090元以下的总人口为6亿人，占全国人口比重为42.85%。这与李克强所说月收入约1000元的人口规模达到6亿人吻合。

北京师范大学的调查报告也显示，在这6亿人中，有546万人收入为零，有2.2亿人月收入在500元以下，有4.2亿人月收入低于800元，有5.5亿人月收入低于1000元，有6亿人月收入低于1090元。若以1090元至2000元作为中低收入者的标准，则该群体人口达到3.64亿。也就是说，中国月收入低于2000元的人数达到9.64亿。

调查发现，这6亿人中，来自农村的比率高达75.6%，分布在中部和西部的比重为36.2%和34.8%；平均受教育年限为9.05年，处于刚刚完成义务教育的阶段，其中小学及以下的比重为43.7%，文盲的比率占9.6%；非劳动力占比最高为37.1%，自我雇佣者占比达到很高的18.0%，而工资就业者占比仅为37.4%，明显低于其他收入群体。

概括地说，这6亿人的典型特征是，绝大部分都在农村，主要分布在中西部地区，家庭人口规模庞大，老人和小孩的人口负担重，是小学和文盲教育程度的比例相当高，大部分是自雇就业、家庭就业或失业，或干脆退出了劳动力市场。

无论是统计数据还是北师大的抽样调查，结果其实都是人们可以观察到的现象，也和人们的常识相一致。近来“地摊经济”发达起来，就说明了一个很大的问题。疫情对社会底层的打击，仅仅是地摊经济复苏的其中一个原因。地摊经济并非人们所嘲讽的那样，也不是人们天生爱好摆地摊，而是为实际生活所迫。

### 1. 中国中产阶层仍薄弱

改革开放以来，尽管中国促成了 8 亿多人口脱离贫困，为世界经济史上的奇迹；但人们必须意识到，这里所说的贫困仅仅是绝对意义上的贫困。脱离了绝对贫困状态并不是说没有贫困了，很多人不仅仍然长期处于相对贫困状态，而且会返回绝对贫困状态。这也可以解释为什么中共十八大以来，中国政府把精准扶贫置于头等政策议程。

中国的这一国情实际上不难观察到。不用和发达的欧美国家作比较，仅仅和东亚经济体比较一下，就很容易看出来。日本和亚洲“四小龙”（韩国、新加坡、中国香港和中国台湾），在经济起飞之后的 20 多年时间里，不仅实现了高速经济增长，而且造就了一个庞大的中产阶层，使得中产阶层达到 60% 至 70%。中国则不同，尽管也实现了高速增长，但在改革开放 40 多年之后，中产阶层还是不到 30%。

为什么这么多人会对这一基本国情感到吃惊呢？至少有如下几个原因。

在社会层面，现在的中国是典型的商业社会，优胜劣汰，嫌贫爱富。尽管衡量一个国家是否伟大，要看这个国家有多少人脱离了贫穷，而不是看这个国家培养了多少富人，但社会的关切点仍然在富人。

在知识层面，学者多为资本经济学家或资本社会科学家，为财富说话。尽管经济学家为财富说话是普世现象，但从来没有像中国的经济学家那样围绕着财富转。中国前总理温家宝曾经抱怨中国没有穷人经济学家。然而，这是基本事实，为穷人说话无利可图。同时，尽管中国有 8 亿人口脱离贫困，但没有经济学家或社会科学家能够把此现象说清楚。

在政治层面，最近这些年的民族主义，和改革开放之后的民族主义具有了不同的性质。中国因为落后而改革开放，通过向发达国家学习而追求富强。进入新世纪以来，民族主义开始转变为基于对国家崛起的自豪感之上，这种情绪在年轻一代中更为强烈。尽管这种民族主义或爱国主义是自发的，但走过头了就造成一个不好的后果，只能说国家“好”的一面，而不能说“坏”的一面，只能显富，不能说穷。“基尼系数”“收入差异”“社会分化”等经常成为敏感的概念。很多学者也迎合这股“民意”，过度吹嘘国家的成就，而不谈甚至掩盖国家所存在的问题。

实际上，显富摆富也造成国际社会对中国的错误认知。因为民族主义随着财富的增长而高涨，西方强硬派便把此作为“中国威胁论”的依据。

中国这一国情的长期存在，可以从中国经济增长方式来理解。

和东亚经济体比较，中国的经济增长有几个显著的特点。

第一，不公平增长。日本和亚洲“四小龙”的增长显现出公平增长，这些经济体所取得的公平性，是世界经济史上少有的。这也是这些社会中产阶层比较庞大的原因。不同经济体通过不同的方法培养了中产阶层，例如日本的终身雇佣制和收入倍增计划，中国台湾地区和香港地区发达的中小型企业，新加坡的公共住房政策等。这些经济体在2008年世界金融危机之后，才开始出现比较严峻的收入差异现象。

中国则不然。早期农村改革和城市改革，呈现公平增长。加入世界贸易组织后，经济增速，但收入差异越来越大。这是世界普遍现象，中国也不例外。这一波全球化创造了巨量的财富，但财富的大部分到了少数人手中。在西方，中产社会演变成富豪社会。中国尽管没有产生西方那样的富豪社会，但情况也异常严峻。

第二，无论是中产阶层的地位，还是脱离贫困的人口，社会制度的基础都不足。在任何社会，社会制度基础建立在医疗（公共卫生）、教育和公共住房等社会公共品的供给上。中国在这些社会公共品领域，不仅没有足够的制度建设，反而遭到破坏。20世纪90年代末开始医疗领域的产业化和商业化；1998年亚洲金融危机之后，开始教育产业化；世界金融危机后，开始房地产产业化。结果，形成了人们所说的新“三座大山”。如果中产的标准主要体现在经济上，保障中产地位的便是这些社会公共品。再者，如果没有这些社会公共品，穷人脱贫永远没有制度保障。

第三，技术创造动能足，但实际能力不足。科学和技术创新基本上是一个中产阶层现象，因为一方面，在满足了基本生活所需后，人们才有精力去充实创新；另一方面，创新具有风险，中产阶层以上的群体才能负担创新的风险。中国的“创新”基本上还停留在管理经营模式，或者技术应用方面的创新，原创技术创新少之又少。

## 2. 中国须追求公平增长

中国改革开放的历史，可说是一部悲壮的脱离贫困、追求富强的历史。其实，这也是近代以来的历史主题。中国最终选择了社会主义道路，因为人们相信较之资本主义，社会主义能更有效达成多数人的富裕。有鉴于改革开放之前“贫穷社会主义”的局面，邓小平提出了“致富光荣”“让一部分人先富裕起来，走集体致富的道路”。邓小平已经确立日后中国改革开放的两个主题——发展和公平。

从计划经济向市场经济转型，不可避免地会造成贫富分化。在新世纪的头十年，中国经济因为此前的市场化导向的改革，和加入世界贸易组织等因素而实现了高速增长，但社会的分化及后果也不断显现出来。中国政府开始转向社会建设。中共十六大就提出了“和谐社会”和“科学发展观”的理念。尽管经济增长是硬道理，但人们必须问“什么样的增长”。不是所有形式的增长都有利于社会，中国要追求的是公平的增长。

中共十八大以来，中国政府把社会公平的问题提到了最高议事日程上。在过去很多年里，政府动员和投入大量人财物力，大力推进精准扶贫，促成每年1000万人口脱离贫困。

中国的领导层对中国的国情是高度清醒的，历届领导人都坚持两个基本判断，即：在内部，中国会长期处于“社会主义初级阶段”；在外部，中国会长期属于“发展中国家”。

在世界范围内，今天社会底层所面临的严峻局势，怎么也不会高估。疫情对社会各个阶层都造成了冲击，但受冲击最大的还是社会底层。美国种族问题引发的全国暴力，尽管表面上是种族问题，但本质上是阶层或阶级的问题。黑人如果不能改变其阶层或阶级上的位置，种族问题还是会不断爆发。

中国必须引以为戒。正如前面所讨论的，中国社会的底层依然庞大，社会依然脆弱，经不起危机折腾；而本来就不很大的中产阶层，又缺失足够的制度基础。

中共十九大前后通过制度改革，巩固了执政党的领导地位，现在再次转向改革开放。中共中央、国务院在2020年5月11日颁发了《关于新时代加快完善社会主义市场经济体制的意见》，此前于2020年4月19日已经颁发《关于构建更加完善的要素市场化配置体制机制的意见》。这些都是深化市场化改革的信号，是继十八届三中全会制定的《关于全面深化改革若干重大问题的决定》之后的纲领性改革文件。

在法律层面，全国人大刚刚通过了人们期待已久的《民法典》，这是十八届四中全会提出建设法治国家之后最重要的法律成果。在开放方面，继早先的一系列开放政策之后，“两会”期间通过了《海南自由贸易港总体方案》，并且开始了《海南自由贸易港法》立法相关工作。这些比开放政策又进了一大步，即要用法律的形式来保障开放政策，使得国家的开放性不以政治意志为转移。

在当代，无论是西方的经验还是亚洲经济体的经验都表明，在社会的中产阶层没有达到60%至70%之前，社会稳定就没有坚实的经济基础，即古人所说的“有恒产者有恒心”。不过，即使在达到60%至70%之后，改革仍然不能止步。美国（和西方）今天所面临的民粹主义崛起，就是中产阶层不断缩小的问题。

外部的强大也取决于一个强大的内部中产阶层。所有发达国家的强大，在于其中产阶层的庞大，因为中产阶层是消费社会的代名词。

如果邓小平还活着，他肯定会谦虚地说，中国还没有解决好“发展”和“公平”这两个主要问题，即既没有解决好做大蛋糕的问题，也没有解决好分配蛋糕的问题。

现在，改革已经再出发，但离一个富裕公平社会的路途依然遥远。基于贫穷人口依然占多数这一国情，人们只能诉诸行动，而没有任何骄傲懈怠的空间。

# 五、中国会再次封闭起来吗

中国的开放来之不易，中国的全球化更是来之不易，或者说，无论是开放和全球化在中国并不是必然的。中国历史上曾经非常开放过，但明清之后数百年一直处于孤立状态。直到近代，中国被西方帝国主义的枪炮打开大门，被迫开放。但改革开放之前的数十年里也是处于相对封闭状态，只和有限的国家交往，改革开放之后才开始主动向西方开放。不过，向西方开放是血的教训换来的。在20世纪80年代，当邓小平一代领导人决定对外开放时，他们的决策是基于这样一个事实判断：封闭就要落后，落后就要挨打。如果近代是因为挨打而被动开放，改革开放就是主动向世界开放。

中国的开放对中国和世界都是一个机遇，这也是开放政策比较顺利的原因。这里面有一个中国和西方世界之间“推”和“拉”的互动关系。中国主动“推”，积极推动自己的开放政策；西方是“拉”，拉一把中国，即欢迎中国加入世界经济体系。但中国和西方世界的全面交往和融入，是在加入世界贸易组织之后的事情。

毋庸置疑，中国从一个一穷二白的国家转型成为第二大经济体，从封闭状态转型成为最大贸易国家，从农业大国转型成为世界工厂，所有这些都是中国实施开放政策的结果。

新冠肺炎疫情会成为中国和西方世界的熔断器，熔断两者之间好不容易建立起来的关联，导致中国再次封闭起来吗？

无论在中国还是西方，一些人可能对此不以为然，因为他们总是认为中国和西方世界已经深度融合，没有可能被新冠肺炎疫情所熔断，更不用说中国再次封闭起来了。的确，直到美国总统特朗普发动中美贸易战，人们一直相信中国和西方经济互相依赖的力量。

## 1. 中国继续推进全球化的决心

即使美国开始搞经济民族主义和贸易保护主义，中国领导层也仍然保持着清醒的头脑，在多个场合表示决心继续推进全球化。中国也是这么行动的，通过艰苦的努力和美国谈判，达成了第一阶段的贸易协议。

但新冠肺炎疫情似乎正在改变一切。尽管改革开放40多年了，尽管人们以为中国已经深度融入世界体系，但突然间，人们发现中国其实还没有准备好接受世界，西方也没有准备好接受中国。无论中国还是西方（尤其是美国），勃兴的民族主义和民粹主义不仅在促成中国和美国之间冷战的升级，更指向中美局部热战的可能性。

事实上，美国（和西方）与中国之间从往日的“拉”和“推”的关系，已经演变成为“挤”和“退”的关系，即美国（和西方）想把中国挤出世界体系，而中国自己也在无意识地“退”出这个体系。也就是说，中国和西方已经不是相向而行，而是背道而驰了。

首先是西方的“挤”。西方对中国的不放心由来已久，也可以理解。自20世纪90年代初以来，西方盛行不同版本的“中国威胁论”，无论什么样的理论，其背后折射的是对中国的不放心。对一个具有不同文明文化、不同政治制度、不同意识形态、不同价值体系的国家，西方国家的这种不放心情有可原。但也正因为如此，西方和中国从来就没有建立起足够的政治信任，各种关系皆维持在利益关系上。这也可以理解，国家间的关系都是利益关系，唯有利益是永恒的。不过，光有利益关系并不足够。如果利益是硬力量，信任就是软力量。没有软力量，硬力量就很容易被理解成为一种威胁。实际上，在新冠肺炎疫情之前的中美贸易战过程中，西方很多人就一直批评中国，把世界和中国之间的经济依赖度“武器化”，即中国利用这种高度依存关系来追求自己的利益。尽管“武器化”一直是西方对非西方国家惯用的手法，即“经济制裁”，但因为对中国的不信任，即使中国并没有“武器化”，也被西方认为中国在这样做。

从不相信中国到感觉到中国的“威胁”，到排挤中国，这是西方的行为逻辑。中美贸易战无疑是西方和中国关系的转折点。之前，西方总是认为有能力改变中国，通过把中国融入世界经济体系，把中国塑造成它们想看到的国家。但贸易战意味着，西方（尤其是美国）放弃了这一西方学者认为是“天真”的想法。既然改变不了中国，就转而排挤中国。

病毒所引发的西方（美国）对中国的态度恶化，就是这一逻辑的延伸。从一开始，美国的政治人物就是有其议程的。对疫情在美国的扩散，他们从来就没有承担过任何责任，而是一直把责任推给中国。从病毒冠名之争和病毒起源的各种阴谋论，到后来的对世界卫生组织的指责和对中国“秋后算账”，各种行为都是这一议程的一部分。

很显然，这种行为逻辑不仅属于美国，也属于整个西方世界。尽管中国在本土疫情得到基本控制之后，尽力向包括一些西方国家在内的100多个国家提供医疗卫生物资，但西方对中国的不信任不仅没有降低，反而急剧增加。中国的对外医疗援助被视为“口罩外交”“影响力外交”“地缘政治外交”。“秋后算账”的声音在整个西方世界盛行，英、法、德高官也直接或间接地指责中国。

除非在接下来的一段时间，西方和中国的关系出现逆转，否则西方新一波更大规模的“反华”和“反中”浪潮不可避免，无论是在疫情之中还是疫情之后。

在西方对中国转向“挤”的时候，中国本身也从“推”转向了“退”。“退”不是表现在物理和物质意义上，而是表现在思想和态度上。实际上，在物理和物质意义层面，正如“一带一路”倡议等项目所显示的，中国近年来刚刚走向世界。然而在思想和态度层面，很多人开始从世界体系回撤，以至于越来越多的中国人也持有了美国人一般的“我就是世界”的心态。

## 2. 民族主义的崛起与国际化

改革开放无疑促成了中国经济越来越国际化。直到今天，无论从哪个角度来看，中国的经济都是相当国际化的。就投资贸易开放度来说，中国甚至比西方一些国家更加国际化。

人们的心态则越来越内向，即“向内看”。产生这种倾向的原因有很多，其中一个最为重要的因素是民族主义的崛起。因为中国的快速崛起，人们对国家的崛起变得无比自豪。同时，经过多年的开放，很多人看到西方的体制原来远非过去所想象的那么美好，“不过如此”。这无疑是积极正面的。

但是，人民在享受改革开放成果的时候，并不十分了解这成果是如何得来的，国家是如何崛起的。尽管没有人会否认改革开放的成果和国家的崛起，是中国人民辛苦劳动得来的，但不可否认的是，这也是中国和西方互动的成果。如果没有西方“拉”的一面，中国尽管也会最终崛起，但崛起会困难得多。

没有这个认知，越来越多的人就骄傲起来。在一段时间里，“超越西方”的声音盛行，人们相信西方已经衰落，中国已经全面超越西方。当然，也有很多人开始当西方的“老师”了。

但是，一旦面临日益恶化的外部环境，物质（尤其是技术）层面受到西方大力挤压的时候，民族主义和民粹主义力量更倾向于内部化。人们不是像从前那样选择和西方互动，向西方学习，而是开始“抱团取暖”，通过团结内部力量来应付恶化的环境。这自然也符合行为逻辑，但这显然是一种恶性循环。

新冠肺炎疫情发展至今，很多人的行为就是如此。民间的民族主义和民粹主义导致社会内部的急剧分化，每个人的意识形态认同都是“旗帜鲜明”，“自己人”和“他人”之间的关系犹如井水不犯河水。

儒家社会本来就比较保守，比较内向，所以儒家社会的国际化很不容易。在东亚，日本和之后的“四小龙”（韩国、新加坡、中国台湾地区和中国香港地区）现在都是高度国际化的社会，但这些社会的国际化都是人为的结果。这些社会都是精英统治的典范，而精英是高度国际化的。因为近代以来，尤其是第二次世界大战之后，这些社会属于西方阵营的一部分，因为精英了解这个西方世界是如何运作的，也努力促成社会和国际的接轨。

但今天的中国似乎不是这样。不难看到，被视为最了解国际形势和西方世界的精英，都变成最具民族主义色彩的一群，他们不去引导民众，而是主动屈服，甚至诉诸民粹。如此，其后果是不言自明的。人们忘记了，中国作为第二大经济体和最大的贸易国，经济已经深度融入国际，实际上，“国内”和“国际”之间并不存在明显的界线；也就是说，内部发生什么都会对外部产生巨大的影响。

精英部门是这样，民间更是如此。实际上，精英和民间是互相强化的。在自媒体时代，商业民族主义已经达到一个前所未有的高峰，越来越多的自媒体投入到“爱国主义”这一蒸蒸日上的行业之中。媒体操作和资本逐利可以理解，但管理部门为什么也不作为？如果说对政治上敏感的媒体与人能够有效管治，对类似“××国想回归中国”那样愚昧无知，又能产生极其负面国际影响的言论，难道不应当进行有效管治？

一旦有了“退出”世界的心理，人们与世界的心理距离就会越来越远，和世界隔离的心墙会越来越高、越来越厚。以至于一旦走出这堵又高又厚的墙，人们犹如“外星人”，不知道如何与世界沟通，更不知道与世界沟通什么。自然，世界也并不认同走出这堵又高又厚的墙的人们了。

### 3.“我就是世界”离封闭不远

从经验来看，如果有了“我就是世界”的观念，离再次封闭也就不远了。历史上就存在过，笔者称之为“明朝陷阱”。明朝有一段时间，无论从国家能力（如郑和七次下西洋）还是社会能力（如反映民间海商力量的所谓“倭寇”），在当时都是天下第一。但在“天朝什么都不缺，哪用得着开放”的心态主导下，明朝实行海禁，最终使得中国失去了海洋时代。清朝继承了明朝的遗产，闭关锁国，直至近代被西方彻底打败。

但这并不是说，再次封闭是必然的。其实，自始至终，并非整个国家都骄傲了，也有清醒的社会和精英群体存在；尤其重要的是，领导层一直是清醒的。早期，领导层的清醒表现在和西方世界进行“求同存异”的互动，他们不仅发现了和西方世界的共同利益，更发现在一些共同价值观上，也是可以和西方讨论对话的。

在一段时间里，中国和西方世界进行了价值观（包括民主和人权等）的对话。尽管并没有实质性的进展，因为中国本身也具有和西方不同的价值系统，对话可以，但并不能互相取代。但这种对话本身很重要，因为它指向人们心态的开放。

这些年和西方世界的对话出于各种原因变少了，但领导层在一如既往地全力推动全球化。很显然，领导层对中国崛起所面临的挑战具有清醒的认知。就以人们引以为傲的制造业来说，中国所处的现实仍然严峻。被视为处于衰落之中的美国仍然遥遥领先，处于第一梯队，欧洲国家和日本处于第二梯队，而中国仍然处于第三梯队，甚至更低一些。

考虑到中国目前所处的地位，是前面所说的中国“推”和西方“拉”的结果，也就是西方技术在中国的扩散效应，中国如果要成为制造业大国，还需要有 30 年的时间。简单地说，美国和西方国家能够生产大量的整装产品，而中国的很多产业仍然停留在组装阶段，中国的整装产品少而又少。

无论美国和西方如何对付中国，中国不会停止发展，更不会灭亡。不过，随着西方的“挤”和中国的“退”，中国再次封闭起来是有可能的。曾经被拿破仑称为“东方睡狮”的中国，会不会刚刚醒来不久之后又睡着了呢？没有人可以对此掉以轻心。这自然也考验着这一代人。

# 六、要警惕狭隘民族主义

在民族国家时代，不管人们喜欢与否，民族主义无处不在。自近代以来，民族主义精神始终反映在一个国家的思想、文化、经济、社会和政治等方面。在一定程度上，民族主义（尤其是爱国主义），也已经成为人们的一种生活美德。但同时，民族主义也不时地给人类社会带来巨大的灾难。近代以来各国之间的战争，无一不和民族主义有关，尤其是德国和日本的民族主义。也正因为如此，自从其产生的第一天起，民族主义便是人们争论不休的话题。有人歌颂，有人诅咒。今天，随着地缘政治的变迁，民族主义重新抬头和复兴，对国际和平和民族国家的统一，构成了巨大的挑战，民族主义也再次成为人们不得不关心的重大议题。

民族主义不可避免。只要这个世界是由主权国家所组成，民族主义就不会离人们远去。因此，一个现实的选择是构造一种比较理性的民族主义，避免各种非理性的民族主义，尤其是那些建立在民粹之上的民族主义。这也正是今天的中国所面临的巨大政治挑战。这种挑战既发生在国家意识形态的宏观层面，也发生在社会心理的微观层面。

改革开放之后，中国民族主义的主要精神，就是通过把自己融合进世界而崛起和强大。当邓小平说“我是中国人民的儿子”的时候，他表达了其民族主义精神，这种民族主义精神就是要通过改革开放，追求国家的强大。邓小平实现了他的民族主义精神，因为正是他的改革开放政策，引导中国走到了今天，在短短40来年的时间里，从一个贫穷的国家发展成为世界上第二大经济体。

但近年来，无论官方还是民间，民族主义作为一种意识形态，发生了很大的变化。2008年全球性金融危机可以说是一个转折点。2008年以来，西方长期处于危机之中。中国本身没有危机，也有效地防范了金融危机扩展到中国。在很多年里，中国成为世界经济增长的主要来源。不过，在同一过程中，西方和中国之间的各种冲撞也表现出来。从前西方经济好的时候，信心十足，并没有感觉到崛起中的中国真能"威胁"到西方。但是，深陷危机的西方，开始对自己信心不足，认为中国的崛起已经对西方构成了实实在在的威胁。这种被中国"威胁"的感觉，促成西方做出各种有悖于中国利益的事情。这种外在的变化，无疑为中国新一波民族主义的崛起，提供了强劲的动力。此外，很多内部因素，例如社会所出现的各种不稳定因素、传统意识形态的衰落、民族精神的萎靡不振，等等，也是民族主义的内部驱动力。

## 1. 几种中国民族主义力量

今天中国的民族主义主要表现为几种力量。第一，传统比较左的力量。传统左派对西方的批评或者憎恨，主要是出于意识形态的考量。他们强调传统意识形态的"纯洁性"，只要涉及西方的东西，就恐惧起来，害怕西方会改变中国的一切。改革开放以来，传统左派一直对之抱怀疑态度，经常对改革开放发难。尽管中国通过和世界体系的融合变得更强大了，但这个事实并没有改变传统左派对西方的看法和敌视。在任何国家，都会存在这种敌视其他国家的力量。

第二，保守主义力量。无论何地，保守主义力量都是强调“国家利益”的，他们并不相信任何超越“国家利益”的东西的存在。中国的“国家利益”既包括硬力量如经济力量，也包括软力量如文明和文化。对保守主义者来说，民族主义代表的是中国国家利益的软力量，因此只要是民族的，也就是产生在中国的，就是好的。很自然，他们很抵制西方的文化“侵入”，提倡用“民族的”来对抗“西方的”。

第三，愤青式民族主义。很多“愤青”没有经历过改革开放前贫穷落后的中国，成长在富裕的时代。更为重要的是，他们的成长过程也刚好是国家的强大过程。对他们来说，一个国家要变得强大并非难事。他们为国家的发展而感到骄傲。同时，他们也目睹了近年来西方的衰落。因此，他们有一种不切实际的感觉，甚至是自我欺骗的感觉，那就是，“西方衰落了，这个世界就是我们的了”。

第四，民族主义的利益相关者。这个群体非常庞大，出现在各个领域，包括意识形态、战略、文化、文学（包括网络文学）等领域。“利益相关者”意味着通过使用民族主义，他们可以获得具体的利益，例如，得到更高的地位或者更多的经济利益。对这个群体来说，民族主义不是一种信仰、意识形态和文化，只是一种获取其他利益的工具。简单地说，就是用“国家利益”的名义来追求个人利益。对这个群体来说，他们需要一个外部“敌人”，即使没有，也要把这个“敌人”塑造出来，因为通过这个“敌人”可以追求到自己的利益。例如，他们往往通过夸大来自西方的威胁，包括军事战略、意识形态、文化等，把社会吓住的同时，也获得自己的利益。

所有这些民族主义力量都有一个重要的特点，那就是过分“自信”。对一些人来说，是自然的自信，对另一些人来说，“自信”只是“自卑”的另一种表达。自信很重要，不过，如果过分自信，或者假装自信，就会出现“义和团式”的自信。如果这样，民族主义就会走向愚昧。

## 2. 两种错误的逻辑

在知识群体中，所谓的“公共知识分子”所呈现出来的民族主义，既是对国内自由派的回应，也是对西方那些愚昧的、专事攻击中国的人的回应。这里是两种错误的逻辑所致。中国自由派一向倾心于西方的民主自由。对他们来说，中国病了，西方没有病；中国要医治好自己的病，必须用西方的药方。他们中的有些人甚至相信，中国可以成为西方那样的国家。这一群体的思维，从近代到当代从来就没有缺失过。

民族主义者的逻辑刚好和自由主义者相反。在他们看来，西方病了，中国没有病。这个群体的公共知识分子，因此列举了西方的种种病症。当然，有些病症的确是存在的，而有些病症便是他们自己想象出来的，并不符合西方的实际。

客观地说，这两群人都是有问题的。自由派的民主自由观往往来自西方的教科书，他们中的很多人并没有在西方生活的实际经验，他们总觉得别人比自己好，对国家、民族和人民没有任何信心。民族主义者的逻辑也不能成立。一个人不能通过论证别人生病的方式，来证明自己的身体是健康的。别人的确生病了，这不能证明你自己没有病。别人生病了，你自己也可能有病，甚至是更严重的病。用证明别人生病的方式来证明自己的健康，那只是愚昧，最后会害了自己。

一个更为严重的问题是，在一些民族主义群体中，存在着一种“泛道德化”的不正常倾向。一些人总以为自己是爱国的，而爱国的就是道德的。只要是爱国的，什么样的手段都不重要，包括欺骗，为了爱国的欺骗也是道德的。因此，一些人并不了解西方，但他们任意曲解西方，希望激起人们对西方的憎恨。一些广受欢迎的所谓的民族主义公共知识分子，实际上并没有资格充当公共知识分子，因为他们并没有足够的有关西方的知识。在没有成为一个好的知识分子之前，是很难成为一个公共知识分子的。

这种民粹性民族主义，最终不可避免地使国家走向衰落。这个世界上，从来就不存在任何一种孤立而纯洁的文化。即使是传统文化，也是在不同文化沟通过程中成长起来的，在今天的全球化时代更是如此。

## 3. 不可拒绝学习他国

现代主权国家并不是封闭国家。强大的国家都要善于学习外国的经验，同时也不能盲目地学。所以，各国需要批判性地学习外国经验。不存在一个不变的制度，任何制度都是在演进过程中得以生存和发展的，历史从来就不会有终结点。学习他国的最优实践，同时避免他国的沉痛教训，是进步的动力，也是塑造一个更好的制度的前提。这里的结论就是，人们可以批评他国，但不可以拒绝学习他国，无论是成功的经验还是失败的教训。

中国的改革开放已经进入新的时代，既需要人们对民族的自信，也需要保持虚心的学习态度。这就要求塑造新型的理性民族主义精神。从这个视角看，人们应当花大力气纠正目前日渐盛行的民粹性民族主义。要达到这个目标，就需要发动新一轮向其他国家学习的浪潮。文明的进步都是在开放状态下取得的。在全球化时代，谁最终能赢得国家间竞争的胜利，并不取决于谁最民族主义，而是谁最开放。今天的中国已经开始进行大规模的制度建设，这需要更大的开放，向其他国家学习它们的制度细节，尤其是技术层面的制度细节。这里没有那么高调的意识形态，而只有人类发展出来的、用于解决人类各种问题的制度技术。这些正是中国的制度建设所需要的。

一句话，盲目的民族主义会走向封闭，封闭会走向落后，走向衰落。这既是世界历史的经验，也是中国本身的历史的经验。

# 七、西方为何不相信中国不称霸

中国的思想往往产生于危急时刻，无论是由内部因素还是由外部因素所致。最典型的就是春秋战国时代、佛教与本土文化漫长的冲突时期、中央权力衰败国家被分裂时期，以及近代传统类型国家被西方列强所征服时期。改革开放之后20世纪80年代初讨论“球籍”的时候，也算是一个“危机”时代，因为这种要“被开除球籍”的危机感至少存在于当时的知识精英和政治精英的认知里。

春秋战国时代奠定了数千年中国哲学的基础，也是中国哲学最发达的时期。佛教和中国本土文化的融合前后花费了一千多年的时间，佛教的传入对本土文化既构成了巨大的危机，以至于在很长历史里发生了“灭佛”运动，但也提供了一个机会，整合之后，儒释道并存，大大丰富了中国的思想。此后，不管是什么样的危机，并没有产生深刻的哲学思想。近代西方列强到来之后，尽管产生了深刻的危机，但并没有产生伟大的思想。

不管如何，在各种深刻危机下产生的哲学，其主体思想便是求生存，可说是“生存哲学”。春秋战国时代曾经产生过有潜力发展成为类似西方自然科学的以探讨自然世界为核心的哲学（主要是道家和墨家），也产生过有潜力发展成为类似西方近代社会科学的探讨社会行为的哲学（主要是《管子》）。可惜，自从汉代儒学被立为官方的统治哲学之后，所有思想要么被“罢黜”，要么被儒化了，即道德化和人化。人们也可以把这种中国哲学称为“生活哲学”。

西方哲学则很不相同。西方哲学的主体是征服，可以说是“征服哲学”。这里既包括人们对自然界的思考，也包括对人类社会的思考，也就是说，无论是“自然”还是“人类社会”，都是西方哲学需要“征服”的对象。今天在中国，在学术界，人们也在谈论“仰望星空”，但传统上这个概念和中国的哲学思考似乎一丁点关系都没有。秦始皇统一中国之后，中国哲人们的眼光和思考似乎从来没有离开过人事，主要是“五伦”，包括君臣、父子、夫妻、兄弟和朋友。“仰望星空”好像只是西方哲人的权利。从古希腊的苏格拉底、柏拉图、亚里士多德到近代的笛卡儿、牛顿、康德再到现代更多的科学家和哲学家，一说到哲学便是“仰望星空”。

“仰望星空”就是探索宇宙、自然、人类社会等是如何形成、运作、变化的，即马克思所说的“解释世界”，其目的是如何“征服”它们，相当于马克思所说的“改造世界”。就知识而言，把宇宙、自然和人类社会作为客体的研究形成了自然科学和社会科学。

中国数千年没有产生自然科学和社会科学，而只有针对人伦关系的“道德学”，这和中国哲人们缺少对宇宙、自然和社会的“客体”关怀有很大的关联。西方形成了“自然法”，中国则是“社会自然法”：前者关切的是普遍性，后者关切的是特殊性；前者关切的是统治世界，后者关切的是自我生存。

这种哲学思维上的差别可以解释中西方其他很多方面的不同和差异。在科技层面，近代以来中西方学者力图回答的一个问题就是：

“尽管在西方到来之前，中国在很多技术领域取得了伟大的成就，但中国为什么没有产生类似西方的科学？”这也是李约瑟（Joseph Needham）博士组织的多卷本《中国科学技术史》所要回答的问题。不难观察到，中国有很多单项的技术发明，但却不善于整合。中国的“四大发明”除了对日常生活有所改进（例如“火药”用于“爆竹”）之外，基本上对中国日后的发展没有什么巨大的贡献，但却促成了西方人对世界的征服。

## 1. 中国缺失“工匠精神”

英国哲学家培根在其所著《新工具》里指出：“印刷术、火药、指南针这三种发明，已经在世界范围内把事物的全部面貌和情况都改变了：第一种是在学术方面，第二种是在战事方面，第三种是在航行方面，并由此又引起难以计数的变化：竟至任何教派、任何帝国、任何星辰对人类事务的影响都无过于这些机械性的发现了。”马克思显然同意培根的说法，也认为，“火药、指南针、印刷术——这是预告资产阶级社会到来的三大发明。火药把骑士阶层炸得粉碎，指南针打开了世界市场并建立了殖民地，而印刷术则变成了新教的工具，总的来说变成了科学复兴的手段，变成对精神发展创造必要前提的最强大的杠杆”。

不过，现代也有西方学者认为，除造纸术有明确的证据是由中国传到西方外，其他三项发明并无直接证据表明是由中国传入西方的。一些西方学者认为，火药、指南针和活字印刷为中西方各自的独立发明。中国方面尽管在时间上早于西方，但传播不广，亦缺乏改进。西方虽时间上晚于中国，但传播广泛、精于改进，后世使用的火药、指南针和活字印刷是直接从西方发展而来的。

不过，这里要讨论的重点，并不在于这些技术到底是谁先发明的，而是有了这些技术发明之后的使用，就是上述培根和马克思所说意义上的。不管怎样，西方人把这些技术进行了各种整合之后便征服了世界。火药的作用远远不止马克思所说的“把骑士阶层炸得粉碎”，因为马克思只看到了内部的影响，而没有讨论外部的影响。火药和指南针的整合为西方塑造了无比强大的西方海军，促成了西方殖民地主义和帝国主义。

印刷术在西方所起的作用也远超马克思所说的“新教工具”。借用当代美国学者安德逊（Benedict Anderson）的话说，造纸术和印刷术的结合为西方社会创造了“想象共同体”（imagined communities），即“民族”的概念，而“想象共同体”的产生是西方近代民族国家中最为关键的，是近代以来西方征服世界的内部制度基础。

近代以来原创性技术大多产生在西方，而非中国。这和中国人对宇宙和自然不那么感兴趣有关系。自然，人们会问：同属儒家文化圈的日本和韩国近代以来不是也有很多技术创新吗？尤其是日本，这些年已经拿下了那么多的诺贝尔奖。这个问题需要另文回答，但这里可以提出两点：第一，日本和韩国原创性的技术也不是很多，它们精于应用，并在应用的基础之上有很大的改进，制造出来的产品甚至超越西方。第二，这些国家在第二次世界大战后基本上采用了西方的制度，尤其是科研制度方面。主要政治精英都是接受西方教育，形成了西方式思维方式。尽管中国也有很多人留学西方，但他们不是社会的主体，更不是政治的主体。

中国也专于应用，但是中国缺失日本人和韩国人所具有的“工匠精神”。历史上，在“士农工商”的社会结构里，“工匠”是被瞧不起的，精神也无所寄托。这方面，中国今天的情况也没有根本性的变化。人们一直在呼唤“工匠精神”，但在缺失文化和制度环境的情况下，很难产生。

从政治经济方面来说，西方近代以来在“征服”世界方面走过了几个阶段。早期，西方世界所使用的就是最原始意义上的“征服”，即实行赤裸裸的殖民地和帝国主义政策。第二次世界大战以来，西方主要通过世界规则的制定来统治世界。它们把自己的观点打造成“普世观念”，再把“普世观念”转化成为普遍规则，在全世界扩张、推行。西方的使命感文化最初来自宗教（基督教文化），但近代以来演变成政治价值和意识形态，成为各国争相“征服”世界的工具。

在规则方面，中国也仅仅是应用，近代以来中国所做的都是在适应和应用产生自西方的规则。哈佛大学教授费正清曾经提出过“挑战－回应”模式，来解释中国近代以来的现代化，就是说，中国一直处于回应由西方的崛起而产生和强加的“挑战”状态。这个概念可以解释直到今天为止的中国生存哲学。

## 2. 中美发展互联网的不同处

人们不需要举不熟悉的例子，就举今天谁都知晓的互联网就足以说明问题。互联网早已经成为中国人生活的不可缺少的部分，较之其他国家，中国人更为依赖互联网。但比较一下中国和美国的互联网就可以知道不同处在哪儿了。中国的BAT（百度、阿里巴巴、腾讯）无一不是以生活为中心，甚至是核心的。在西方，互联网公司被称为高科技公司，因为它们都在研发高科技。但在中国，在很大程度上来说，互联网公司与其说是高科技公司，倒不如说是高科技应用公司。

中国的互联网的确发展出了自己的商业模式，但绝对不是技术。互联网公司用来做买卖，“外卖”，推销产品等。不是说这些不可以做，但做这些实在让人看不到这些互联网公司的技术格局。在社会层面更不用说了，互联网已经“培育”了多少的“键盘手”和“网红”。互联网都是用这些层出不穷的新概念而深入中国社会的。但要知道，在中国的互联网热衷于做“外卖”的时候，西方人已经用互联网走向了太空。

多少年来，在人们的概念中，互联网是中美两家的竞争，好像与其他国家没有多少关系。但是，上次中兴事件一来，人们就完全傻了眼。关键的技术例如芯片和触屏等高度依赖美国等国家，如果美国及其“盟友”（日本和韩国），禁止它们的企业向中国供应这些关键技术，那么中国马上就面临深刻危机。

实际上，情况远比芯片技术严重。直到今天，所有的操作系统都是西方创造发明的。哪天西方不提供给中国了，中国就没有了“互联网”。这种情况并非杞人忧天。尽管中国的市场具有巨大的吸引力，但在国家安全问题上，一旦美国把中国视为“敌人”，便会在所不惜，使用一切手段来对付中国。

即使在商业模式方面，中美的差异也已经代表着两个不同的方向，即西方做标准化，而中国搞地方化。前者强调普遍性，后者强调差异性。美国互联网公司专注于把自己的标准推广到全世界，在标准化方面从来不妥协。中国则相反，中国的公司（例如手机公司）也走向世界，但重视的是技术的地方化，利用地方的特殊点（无论是物质上的还是制度文化上的）提供特殊的产品。这里并没有谁对谁错，但结果是很不相同的。

一句话，中国哲学从来没有超出“求生存”的水平；即使生存问题没有了，中国人也没有征服世界的念头，而转向了实在的生活。这种哲学的优势就是其和平性质。西方人不相信中国是和平的，这主要是因为西方人以自己的逻辑来理解中国。

不过，对中国来说，如果“生存哲学”不变，其结果也是显然的，那就是依然缺少原创性技术、没有能力制定规则、继续当一个善于适应环境的好学生。如果“生存哲学”仅仅只是人们的一种选择（在汉朝，这仅仅是选择），那么人们还可以做不同的选择；但如果“生存哲学”已经演变成为“基因”或者“血液”，那么人们只能接受“命定论”了。

# 八、对“美国衰落”的重新评估

多年来，“美国衰落”一直是学界和政策研究领域的一个最重要的话题，不仅在美国本土，在世界各国也都是如此。这个话题产生的主要原因包括客观和主观两个层面，或者现实的和认知的两个层面。

客观层面有两个方面。第一，新兴经济体的快速崛起，尤其是中国的崛起。20 世纪 80 年代以来的全球化造就了一批新兴经济体，尤其是中国。中国 70 年代末开始改革开放，尽管在这一过程中遇到不少困难，但中国很快通过自己的改革开放克服了深刻的危机。自 20 世纪 90 年代开始，中国快速成长，在不长的历史时期里跃升成为世界第二大经济体。同时，其他一些新兴国家的表现也不弱，尤其是金砖国家。

第二，美国的相对衰落。相较于这些国家的快速发展，美国发展速度显然比较缓慢，美国经济和军事等可以量化的方面，在世界总量的份额在减少。不过，在所有绝对数上，美国还是维持在绝对的优势。

主观层面也包括两个方面。第一，其他国家的自我膨胀。世界历史表明，上升中的国家尤其是快速上升中的国家和衰落中的国家，尤其是快速衰落中的国家，往往产生强烈的民族主义情绪。对上升中的国家来说，如果民族主义情绪控制不好，往往产生不切实际的错觉，即觉得自己有能力去挑战现存霸权，或者自己去争取当霸权。再者，衰落中的大国也往往会求助于民族主义试图恢复大国地位，同样会用各种方式去挑战现存大国；这样做尽管有可能加速衰落，但在相当长的一段时间里可以保持国民的民族自豪感。像大英帝国那样承认自己的衰落，并且计划体面退出大国地位的国家少之又少。一句话，民族主义往往高估自己的实力，而低估其他国家的力量。

第二，美国的深刻危机感。美国是一个危机感驱动的社会。和其他国家的国民比较，美国人很少有忍耐性。因为民主、开放、自由，美国人一有苦就叫出来，加上热衷于报道负面新闻的媒体的大肆渲染，美国社会往往具有深刻的危机感，而政治人物（选票的缘故）不得不回应。实际上，整个西方都是如此。不难理解，“西方衰落”和“美国衰落”的声音，在西方和美国从来没有间断过。但类似的危机感在其他社会甚至是落后社会并不多见。实际的情况是，很多社会即使身临危机，但各方面仍然感觉不到。

那么如何客观评估“美国衰落”的问题呢？在这个问题上，人们首先需要认识几个重要变量。

第一，美国的衰落是相对的，就是与其他国家的发展相比较而言的衰落。如果与美国自己的过去相比较，美国仍然在发展，只是发展较慢。

第二，历史经验表明，大国的衰落是一个很长的历史过程。中国晚清的衰落经历了很长时间，同样，苏联解体之后，俄罗斯的军事实力到今天为止仍然是最强大的之一。也就是说，在这个漫长的过程中，美国仍然有复兴的机会。尽管美国是2008年全球金融危机的发源地，危机对美国经济的冲击也是显而易见的，但在西方国家中，美国似乎表现出了强大的自我纠正能力。

第三，美国没有全面衰落，而是部分衰落。在经济、军事、科学技术、创新等领域，没有任何其他国家可以和美国比拟。尽管美国的意识形态和政治制度（也就是软力量方面）的优势，已经不能与在“第三波民主浪潮”期间相比，但在这些领域，美国并没有遇到挑战者，实际上也并不存在替代制度。再者，这个问题是美国自己造成的，主要是美国在海外（尤其在大中东地区）不计成本地推行美国式民主的失败和美国国内党派政治的对立。

### 1. 美国是全球化最大获益者

现实地看，尽管美国经历着相对衰落，但美国经济的表现比任何一个国家都要好。到今天为止，美国仍然拥有世界上最大的市场、最先进的技术、最强大的创新能力、无可替代的美元霸权等。在所有大经济体中，美国的劳动生产力仍然是最高的，而自由市场和强大的民间力量使得美国修复危机的能力也仍然强大。

就经济形态而言，美国一些传统的产业要么已转移到其他国家，要么已经衰落，但美国牢牢地掌控着世界的金融经济和互联网经济，即当今世界两个最重要的经济领域。尽管其他国家也在发展金融经济，但没有任何力量能够挑战华尔街。而互联网迄今为止则可以说只有美国一家，因为尽管就数量而言中国在这个领域也几乎占了半壁江山，但中国主要是技术应用，原创技术很少。同时，美国也掌握着知识经济的最前沿。所以，单就经济而言，没有任何迹象指向美国的长期衰落。军事上更不用说，其他国家的军事预算可以说只是美国预算的很小一部分。没有国家可以阻止美国军事力量在世界上的横行霸道。

如果再深入讨论，与其说它必然会衰落，倒不如说是必要的转型。的确，美国经济也出现了很多的问题，但这些问题并非美国所独有，而是几乎所有国家都面临的普遍性问题，即全球化和技术进步所导致的收入分配不公和社会的高度分化。对美国来说，全球化既是优势，也是劣势。

最近一波由美国所领导的全球化为美国创造了大量的财富，美国是全球化最大的获益者，尽管其他国家尤其是中国也是全球化的获益者。不过，全球化也使得美国失去了经济主权，美国社会内部收入分配出现了大问题，即全球化的大部分好处流向了主导和参与全球化的绝少数人，大多数人没有获得足够的利益，一些人甚至成为受害者。而技术的进步尤其是机器人和人工智能，则取代着越来越多的传统劳动力，这进一步加速了社会分化。很显然，这种现象不仅仅限于美国，而普遍存在于其他国家，包括中国在内的全球化参与者，或多或少都面临这个问题。

马克思 19 世纪的论断仍然是对的，即经济是基础，政治是上层建筑。就是说，全球化和技术的进步导致了经济基础的变革，那么政治如何变化来适应这个新的经济基础呢？这个问题大多数国家都面临着，美国更是如此。多年来，美国内部就此也进行着不断的争论。今天，美国民主党里产生激进路线也很容易理解。实际上，从奥巴马上任美国已经开始了美国式社会主义的趋向。特朗普上台之后，全盘否定奥巴马具有社会主义性质的一些福利政策，尤其是医改。这导致了后来民主党的反弹。

## 2. 国家兴衰有其自身客观规律

美国成功逃避了 19 世纪末 20 世纪初的欧洲式的社会主义运动，第二次世界大战之后一直代表着最典型的资本主义。那么，迟到的社会主义革命现在会不会在美国发生？这是一个很有意思的理论和实践问题。不过，现实地看，美国仍然拥有最强大的保守主义，尤其是当美国的社会主义意味着利益向少数族群和社会底层倾斜的时候，遇到的保守阻力会非常巨大。

美国平常很少讨论这些问题，因为这涉及“政治上不正确”。但一旦涉及实际政策时，问题就会浮上台面。特朗普已经“光明正大”地否定了奥巴马的医改政策。进而，特朗普掌权以来，过去被视为“政治上不正确”的一些问题，也变得不那么敏感了。也就是说，美国即使会发生社会主义革命，但这场革命不会过于激进化。

当然，近期所经历的美国政治变化也有可能导向美国的制度创新，最终产生一种既有别于现存美国制度，但也有别于欧洲福利制度的美国制度。当苏联解体之时，美国的自由派乐观地认为，西方式民主制度是人类可以拥有的最好的制度，因此也是“历史的终结”。

不过，现在新历史的种种可能性再次向美国开放。

美国的内部变化也表明，人们要对“美国衰落”的观点做审慎的考量。不管如何，美国衰落的观点本身具有很强烈的意识形态性质。在美国内部，尽管很多人也在讨论“美国衰落”问题，但这些绝非唱衰美国，而是提醒美国所面临的问题，尤其是把中国问题提到议事日程上来。

在美国之外，那些相信美国正在衰落的人，往往关切的是美国在世界舞台上所做的“坏事”，并且希望美国尽快衰落，这样这个世界会美好起来；而那些不希望美国衰落的人，则关切美国所做的“好事”，他们相信这个世界秩序是由强大的美国创建的，是美国加以维持的，也需要美国继续这样下去。

尽管无论是美国衰落相信者还是不相信者，双方都可以找到自己的经验论据，但不管如何，先入为主的意识形态妨碍着人们对美国力量的客观评估。

在政策领域，不管喜欢美国与否，人们都必须对美国衰落做客观的评估，否则就会造成错误的决策，导致灾难性的结果。尽管全球化把世界各国紧密地连接在一起了，形成了人们所说的“地球村”，但全球化丝毫也没有改变国际社会的“无政府状态”的本质。不仅如此，正是因为全球化状态下各国之间的“互相依赖”或者“关联”，一个国家自私的考量就会对其他国家造成更严重的负面影响。这些年美国单边发动的贸易战就是明显的例子。

再者，在全球化时代，霸权与反霸权、挑战国与被挑战国之间的斗争永远不会停止。经验地说，没有一个国家可以永远称霸，也没有一个国家永远不会衰落。国家的兴衰有其自身的客观规律。对崛起中的大国来说，对现存霸权国家尤其要有足够的耐心。人们既不能低估美国对他国崛起的恐惧，以及这种恐惧感所带来的非理性行为，也不能低估美国为了维持霸权而遏制他国崛起的决心。任何情绪化的决策都会导致冲突乃至战争，而只有谨小慎微的理性，才能在维护自己的利益的基础上实现和维持世界和平。

# 九、美国人为什么有强烈的危机感

第二次世界大战之后，美国一直是世界上最强大的国家。近几十年里，随着中国的崛起，美国国内充满着各种美国衰落、中国挑战美国的“危机论”。但是，美国仍然拥有世界上最大的市场、最先进的技术以及最大的技术创新能力。此外，美国还有仍然无可取代的美元霸权。正是因为这些，很少有发达的经济体能够离开美国经济。

在军事上，美国仍然第一，没有一个国家的军事实力能够和美国竞争。这一点看看美国每年的军事预算就非常清楚了。在政治上，美国这些年来的确遇到了很大的困难，主要是党派政治分裂，反对党为了反对而反对，两党之间互相否决，大大影响了政府运作的效率。不过，美国人应当庆幸，因为美国政治制度仍然健全。特朗普总统那么具有破坏能力，处处和建制派作对，但结果也不过如此。在很大程度上，美国拥有一个强大的社会，在政府不作为的情况下，社会仍然能够自行运作。托克维尔在著《美国民主》时已经充分看到了这一现象，今天“强社会”这种局面依然如故。

但另一方面，自从其卷入世界事务、成为世界独一无二的领导者之后，美国就一直充满着危机感。第二次世界大战之后，美国和苏联斗争，无论用怎样的名义，包括意识形态、政治制度、军事扩张等，一直视苏联为美国最大的威胁，直到苏联解体，美国在和自己的“威胁”（敌人）的斗争中获得了胜利。

不过，美国的“威胁”显然不局限于像苏联那样公开称自己为美国的“敌人”的国家，也包括美国的“盟友”。20 世纪 80 年代之后，随着德国和日本的崛起，美国感觉到德国和日本的制造业对美国构成了“威胁”，就毫不犹豫地和德国、日本进行贸易战。尽管这两个国家是美国的同盟国，但美国和它们斗争起来，也毫不留情，什么方法都可以使用。最终，美国在和盟友的这场斗争中也取得了胜利。

现在美国转向了中国。近年来，美国的国家安全报告公开地把中国和俄罗斯列为美国的主要对手。不过，对美国人来说，俄罗斯充其量也只是一个“麻烦制造者”，因为今天的俄罗斯已经不再是往日的苏联，俄罗斯的经济总量仅仅和中国的广东省相当。因此，真正的“威胁”来自中国。这些年里，美国国内盛行的“修昔底德陷阱”主要指的是中美关系，各种“中美战争”的论著充斥着美国的话语市场。

但中国真的对美国构成了威胁吗？显然没有。从经济上看，尽管中国的经济总量很大（并且在不长的时间里就会赶上甚至超过美国），但就人均国民所得而言，中国还不到美国的 1/5。拿中美两国的各种经济数据来比较，在大多数方面，并没有任何证据说中国对美国构成了威胁。美国所具有的经济竞争力不仅仅和中国比较而言，而且在全球范围内美国也是独领风骚。

这里不说别的，就单拿经济竞争力来说就足以说明问题。根据最近《日经新闻》的报道，2018 年度全球净利润约 40% 由美国企业创造，而美企的净利润10年间增长3.8倍。2018年全球企业的销售额为35万亿美元，较10年前增长19%，净利润大幅增长2.5倍，达到2.8万亿美元。

从净利润来看，美国企业的表现最好，10年前美国的"全球份额"占25%，如今大幅提高到39%。今天支撑美国增长的产业，已从制造业和零售业等实体产业，转换成知识密集型产业。这可以通过调查美国企业持有的资产看出，代表技术实力的专利及代表品牌影响力的商标权等无形资产达到4.4万亿美元，是10年前的2倍以上。

在过去数十年的全球化过程中，美国是获益最大的国家。美国的问题并不是利益获得问题，而是内部利益分配问题。也就是说，在全球获得的利益并没有解决好内部各社会阶层之间的分配。今天美国盛行的经济民族主义和贸易保护主义，只是美国政府把内部问题转化成外部危机感而已。

就政治制度而言，中国的确发展出了自己的制度体系。过去的经验表明，这个体系具有巨大的变化能力来适应新环境，同时又不会向美国所希望的方向变化。因为各方面的成功，尤其是经济上的成功，这一体系对一些发展中国家产生吸引力和影响力，但对美国和西方的制度并没有任何影响。而且中国也不像苏联那样，没有向外"推销"自己的政治模式，既强调不简单地输入模式，也强调不简单地输出模式。美国说中国的政治制度对世界构成威胁，显然是夸大其词。

即使在有关安全的军事上，五角大楼为了自身利益不断夸大所谓的中国军事威胁，以图更大的国防预算。尽管中美两国为了自身的安全都会继续发展军事，但在这个核武器互相威慑的时代，很难想象中美之间的热战。即使是美国内部，军事研究专家也意识到了中美两国军事现代化之间的巨大差距。

### 1. 危机感来自何处

美国为什么具有如此强烈的危机感？或者说，其危机感来自何处呢？至少可以从如下几个方面来讨论。

其一，美国的国家使命感。从文化上说，美国是一个具有强烈使命感的国家，既表现在宗教文化上，也表现在政治价值和意识形态上，并且宗教和政治意识形态互相强化。自从美国卷入世界事务以来，没有一个国家像美国那样，花那么巨大的人财物力把自己的政治、经济、社会、文化等推销到世界各地。一旦遇到外在的阻力，就会产生沮丧感，从而也是危机感。

其二，美国的征服感。与其使命感相适应，从独立战争赢得胜利立国之后，美国越来越具有征服感。19 世纪 90 年代成为世界上最大的经济体。在此之前，算是美国的“孤立”时期。但“孤立”是很大的误解，因为美国在 19 世纪 90 年代之前聚焦在美洲的扩张和征服，美国人把欧洲人赶出了美洲，宣称“美洲是美国的美洲”。这种征服感也表现在内部各方面，包括西部开发、进步社会等。第一次世界大战期间美国开始卷入世界事务，之后通过不断征服，把其势力范围扩展到整个世界。

其三，霸权本身所具有的危机感。冷战结束之后，美国成为世界上独一无二的霸权。但独霸产生其自身的危机感，即总是会感到自己的霸权地位要被他国所取代。寻找这个要取代自己的“他国”，就成为美国外交政策的焦点。很自然，苏联解体之后，中国俨然成了美国所界定的“他国”了。上述所说的“修昔底德陷阱”，近年来在美国盛行开来并非毫无道理。说穿了，这是美国人的危机意识的一种表现形式。

其四，保持经济力量最高端所带来的危机感。这点和上述美国霸权有关联，但又有区别。如果说霸权地位的担忧带有更多的主观成分，那么经济力量的变化是实在的。美国是世界上最全球化的经济体，其经济影响力深入世界的各个角落。在这个过程中，美国也是最了解世界经济形势的。一旦发现哪个国家的哪个经济领域对美国构成竞争力或者有可能构成竞争力，美国就会产生危机感，就会去超越或者遏制这个国家。对德国、日本等国的贸易战就是如此。今天，美国的焦点是控制世界经济的“脑袋”，即知识和智慧经济，不难理解这次和中国贸易摩擦的核心，就是知识产权、技术等方面。

其五，把外界的假威胁感有效转化成为危机感。一般来说，大国很难出现来自外部的危机感，但美国是个例外。经验地看，美国非常善于利用外在的威胁感，把外部威胁感转化成为自身的危机感。第二次世界大战以来，美苏全面竞争，但两国的表现不同，苏联方面拼命夸大自己的成就，而美国方面则拼命夸大自己所面临的威胁。不同的表现是两种政治制度的必然产物，因为苏联要通过夸大成就来获取政治合法性，而美国媒体不在政府手里，“不是负面的消息就不是新闻”的美国媒体，自然夸大美国所面临的威胁。

而无论是苏联夸大式的宣传，还是美国媒体的过度负面报道，都是符合美国政府和既得利益集团的利益的。事实上，美国有效利用苏联的过度夸大成就，不仅在美国各社会阶层之间造成了“团结感”，而且巩固了美国和其盟友之间的“团结感”。在很大程度上，今天中国和美国之间的关系，类似美苏之间的关系。很显然，尽管如上所述，中国各方面并没有在实际上对美国构成威胁，但美国已经非常有效地利用了中国一些方面的过度宣传，把其转化成为美国本身的“危机感”。近年来美国国内各阶层对来自中国的威胁感和危机感前所未有。

## 2. 中美之间的危机差异

如果说美国是一个危机感驱动的社会，那么中国则可以说是一个危机驱动的社会。两国之间的危机差异是巨大的。和其他国家相比，中国可能是一个最没有危机感的国家。没有危机感，也是有诸多理由的。中国是世俗文化，无论在国家层面还是社会个体层面，大家都安于现状，很多人得过且过。中国文化只有“变化”的观念，但从来不具有“进步”的观点。“变化”和“进步”不同，前者是适应外在环境，后者则是改变环境。例如，中国历史上也是有诸多技术发明的，但这种发明并不为各方所重视。进而，即使一项发明被重视，中国社会也是把它用来“生活化”，而不是用来做各方面的改进。

因此，火药被用来放烟花，指南针被用来看风水。在一定程度上，到了今天，这种现象仍然没有根本性的改变。例如美国人把互联网技术用来征服太空，中国人则把互联网用于生活（外卖、网购等）。再者，对中国社会的大多数人来说，即使在生活层面，只要过得去，就没有去“折腾”的动力。

中国国家大，消化危机的能力也强，一般小的危机影响不到整个国家，因此也不会得到重视，任其存在和发展，直到演变成为大的危机。

此外，和美国比较，中国往往没有有效表达“危机感”的机制。美国人是最没有承受感的，一旦感觉到了危机，就表达出来，通过媒体等方面的宣扬和夸大就成了真的危机感。中国社会具有强大的承受能力，大家对一般的危机感不表达，而对真正的危机感也无以表达，无论是主动的还是被动的。

但正因为没有危机感，就最容易发生大的危机。人们说，在中国，没有危机就没有变化，小危机小变化，大危机则大变化。这一方面表明了中国社会的韧性，但同时也表明了中国社会的致命弱点。直到大危机来了，人们才回应，但为时已晚，因为大危机对整体社会所造成的损害是巨大的。尽管如人们所言，危机也是机会，但为了这个机会要付出的代价实在太大了。

这里提出了一个问题，即：可以把中国从“危机驱动型社会”转化成为“危机感驱动型社会”吗？如果要避免大危机以及大危机所带来的巨大成本支出，做这种转型是值得的，尽管转型的困难是巨大的。

# 第五章 中国企业家的忧与思

# 一、中国企业家的困局

在任何一个社会，企业家是国家经济的主体。如果根据马克思“经济是基础、政治是上层建筑”的观点，人们可以说，没有企业家群体的崛起就没有国家的崛起。近代以来，无论是早些时候西方的崛起，还是后来日本和东亚“四小龙”的崛起，都说明了这个现象。

从反面来说，即使国家通过政治力量“强行”崛起，但如果没有一个企业家群体的支撑，国家的崛起就会变得不可持续。不说久远的历史，苏联的崛起即是一个典型的案例。

在计划经济下，国家替代了企业家的角色，尽管在中华人民共和国成立之后的一段时间里，国家能够集中最大的资源来搞经济建设，也取得了很大的成就，但因为缺失企业家群体，最终没有实现可持续发展，在和西方的竞争过程中败下阵来。

类似地，第二次世界大战以来，很多发展中国家在赢得独立之后，即使政治领袖有崛起的雄心，但因为缺失企业家群体，经济发展缺失主体，国家崛起计划只好付诸东流。历史地看，没有人会否认政治的重要性，但政治如果没有企业家群体的支撑，便往往是无效的政治、空洞的政治。

中国改革开放以来的崛起也是以经济崛起为核心的，这个过程中企业家群体的作用自然怎么评估都不为过。不过，在进入新时代以来，因为内外环境的急剧变迁，企业家群体面临前所未有的严峻挑战。总体来说，中国仍然为商人群体居多，而少企业家。商人和企业家既有关联，更有本质性的不同。简单地说，商人以赚钱为己任，以钱的多少来衡量企业的成功和自己的成就，而企业家则以改造世界为己任。

## 1. 中国企业家的本质和特征

从这个角度来说，中国企业家群体表现出至少如下特征。（也应当指出的是，这些特征也表明了这个群体今天所面临的挑战是难以想象的，因为与其说这些特征是中国企业家的本质，倒不如说是企业家所处的环境造就了这些特征。）

第一，离钱太近，离科学技术太远。大多商人见钱眼开，唯利是图，但对科学技术不那么感兴趣。商人自古就有，但企业家更多的是近代工业化的产物。经验地看，近代以来的企业家群体是资本和科学技术相结合和整合的产物。西方的企业家改变了世界，但离开了科学技术则无从谈起。世界上很多文明都好商，但商本身不足以构成国家崛起的动力。成功的国家都实现了从“商人”到“企业家”的转型。没有这个转型，国家崛起会变得极为困难。当代中国尽管也培养了一大批专于技术的企业家，但相对于庞大的商人群体来说，这个群体的人数仍然太少。

这些年，中国人蜂拥至日本购买普通的马桶盖、电饭煲等，这是让人匪夷所思的事情。这并不是说，中国人没有能力制造优质的马桶盖和电饭煲，而是没有工匠精神，没有能力建设自己的品牌。中国已经偏离传统的“制造业”概念，确切地说是“组装大国”。今天，很多企业深刻担忧中美技术冷战的来临，因为一旦发生技术冷战，技术进口就会变得困难，企业就必然面临生死存亡的威胁。

第二，离权力太近，离使命太远。企业有无使命？可以说，企业家的“初心”是有的。看看中国企业的发展历史，很多企业最初也是雄心勃勃，想干一番大事业，但可惜的是，逐渐地或者很快地，企业的使命发生了“异化”。对一些人来说，钱就成了唯一的“使命”，而另外一些人则以和权力的关系来衡量成功。“权力崇拜”文化在中国根深蒂固，几乎已经流入人们的血液，企业家更不例外。

尽管表面上看中国有“士农工商”的传统，“商人”处于社会等级的最底端，但在实际层面，“商人”和“权力”的关系一直很密切，“红顶商人”层出不穷。商人只有社会地位，没有政治地位，但一旦靠近权力，和权力拉上关系，便可“狐假虎威”，似乎自己也有了权力。再者，商人这样做也是有经济理性的，赚钱不容易，通过和权力的关系而得到“政策寻租”的机会，是最容易赚钱的方式。

第三，离官员太近，离老百姓太远。经验地说，官商永远是一体的，但“官民一体”或者“商民一体”充其量也一直只是一个难以实现的理想。“官商一体”主要是因为两者有共同的利益。中国企业家或者商人是最懂得官员需要什么的一个群体，而官员也最懂得企业家或者商人需要什么。两者之间经常互相帮忙，或者互为工具，通过合作达到各自的目标。

但很可惜，无论官员还是企业家却不知道老百姓需要什么。理论上说，在商业社会，消费者（即老百姓）是“上帝”，但实际上，消费者是最弱的一方，是最容易被欺骗的一方。

第四，离政治太近，离社会太远。所有社会，政治和经济不可决然分离。企业家需要关心政治，不关心政治的企业家不会太成功。不过，企业家本身不是政治人物（除非弃商从政），不能把自己视为政治人物。当然，企业家参与政治则是另外一回事。企业家具有丰富的经验，尤其在经济事务方面，他们的实践知识对国家的发展至为关键，可以通过各种途径参与到国家政治过程之中，把这部分知识贡献给国家。但是如果企业家的政治参与过程演变成为“政策寻租”过程，就会离政治过近。离政治过近的危险性也是不言而喻的，因为政治不是一成不变的。

离政治近可以“培育”出企业家，但更可以葬送企业家。实际上，企业家的最大政治就是把自己的企业做好，而要做好企业便要接近自己的“上帝”，即消费者。不过，很可惜，中国的企业家离社会实在有些远。甚至有一些企业可以说是“政治企业”，只对官员负责，而社会则是被忽悠的对象。

这些年来，尽管“公司的社会责任”（CSR，corporate social responsibility）的概念也进入了中国的企业界，但到底有多少企业把“社会责任”当作它们运行的内在动力？对很多企业来说，即使是“社会责任”，大量的行为也是在做表面功夫，而并非真心实意地为了社会。经济发展了，但社会也被破坏了。在经济发展过程中，保护社会的努力实在太少。保护社会既是政府的责任，也是企业的责任。

第五，在国际社会上，离“机会”太近，离“规则”太远。对中国的企业来说，走向国际市场实在不容易。国际市场已经被发达国家所占领，中国企业家是国际市场的“后来者”，“走出去”处处受挤压，要承受更多、更大的风险。这就要求企业做更多的努力，尽量根据市场的规则来行事，以减少风险。但企业家对这个客观环境认识不清或者没有足够的认识，从而把自己推向“风险地带”。

很多企业家走出国门之后，一旦看到机会，便失去了理性，什么事情都敢做。一些企业家在国内也经常是“机会主义者”，出了事情，就通过和政治的关联来化解风险、求得问题的解决。问题在于，如果走出国门之后依然是机会主义者，要通过什么途径来化解风险呢？国内的“关系”很难延伸到国外。当然，也有一些企业家走出去之后的确能够和当地政府权力、官员和政府建立各种关联。不过，这种关联也正是这些企业所面临的巨大风险。一句话，对企业家来说，如果对“机会”所包含的风险评估不足甚至看不到，最终肯定是要出问题的。

## 2. 社会环境制约企业发展

诚如前面所说，企业家所具有的这些行为特征，大多是企业家所生存的社会环境的产物。但不管其起源如何，它们也是客观存在的，有效地制约着企业的发展。就是说，如果要改变企业家的行为，就必须改变他们所生存的社会环境。

在这方面，政府作为的转型是关键的。在中国，政府本身是企业最重要的营商环境，光有企业自身的努力难以改善营商环境。所谓的营商环境也就是一系列制度机制的存在，包括法治、政商关系、明确的产权、财产保护等。产权的“明确化”和“保护”已经讨论了数十年，但仍然处于两个极端。对自由派来说，是私有产权；对左派来说，是国有产权。这种意识形态的争论永远不会有终结点。

经验地说，无论是国有资产的产权还是民营资产的产权，都需要明确化，都需要得到保护。近来人们开始讨论“中性制度”的确立问题，但在意识形态、制度和政策各个层面来实现“中性”是很不容易的一件事情。

同样，知识产权的保护似乎刚刚有了点意识。之前，这个概念只是为了应付西方（尤其是美国）的压力，现在人们终于认识到了知识产权的保护是为了自己的可持续发展，而不仅仅是为了应付西方的压力。如果上述这些构成了企业的营商环境，还必须塑造企业“趋善”的制度环境，例如，确立可行的税收制度，鼓励企业群体承担和行使社会责任等。如果企业不能承担很大一部分社会责任，政府失败便是可预期的。

在国际市场上，中国企业首先要遵守现行市场规则，哪怕是不合理的规则。只有在接受的基础之上，才能进入国际市场，再寻求改革、改善和创新市场规则。在航海时代之前，世界各地已经形成了地方市场规则。葡萄牙、西班牙、荷兰和英国开拓世界市场，破坏了原来的市场规则，确立了符合自己利益的市场规则。不过，当时的世界处于“弱肉强食”时代，“适者生存”，没有其他国家有能力抵抗这些列强的强盗行为。

但现在的情况已经大为不同，通过全球化，已经形成了全球市场和与之相关的市场规则。这需要中国企业的智慧。但不管怎样，政府和企业的合作原则是不变的，光是政府或者光是企业，都不足以开拓海外市场。企业在国际市场所面临的挑战，和政府在国际组织所面临的挑战几乎就是一样的。尽管如此，政府和企业如何通力合作走向国际，仍然是一个巨大的挑战。

# 二、中国企业家为何缺少格局

改革开放以来，中国似乎进入了一个“企业家”辈出的时代。人们可以说，这是一个人人都可以把自己称为“企业家”的时代。一些人即使不是企业家，但也认为自己具有企业家精神。“企业家精神”可以说是一个可以用来描述当代中国社会的关键词。

但是，近来中美经贸关系一紧张，实际贸易战还未开打，一些企业马上就遇到了巨大的困难，更多人顷刻间对前途感到渺茫了。人们发现中国的企业缺少核心技术，鲜有人们期望的企业家，更不存在人们一直挂在口头上的“企业家精神”。

无论是企业还是企业家精神，关键在于企业家。为什么说中国鲜有企业家？这里需要先来看看所谓的中国企业家群体的一些基本特征。经验地看，人们不难观察到中国企业家群体中普遍存在着（至少）如下一些特征。

第一，以钱的数量来衡量自己的成功和企业的成功，赚钱变成了自己和企业的唯一目标。不过，如果企业除了钱没有其他目的，那么企业就很少能够找到格局，因为光是钱很难撑起企业的格局。没有格局，不管赚了多少钱，也只是小商人一个。

第二，大多数企业集中在几个最赚钱、能赚快钱的行业，例如早期的煤炭企业和很长时间以来的房地产企业，更有一些企业脱离自己本来的行业而转入能赚快钱的行业。

第三，“跟风”现象严重，哪个地方可以赚钱了，企业家就会蜂拥而至，造成企业之间的恶性竞争和向下竞争，大多数企业没有自己持之以恒的探索和追求。

第四，企业大多是加工业，即为别人（别国）加工。中国尽管被视为世界的制造工厂，但绝对没有形成“中国制造”，更不用说“中国智造”了，充其量只是“中国组装”。

第五，依靠市场的简单并且无限扩张而赚取微薄的利润，产品的附加值很低。

第六，大多数企业经营者到了中年在企业碰到瓶颈的时候就成为简单的消费者，有了钱就进行大量的个人消费，大多成为“油腻中年”，再也没有进取心。

第七，大多数企业进行的是简单再生产，经不起折腾，企业出生率高，死亡率也同样高。

如果这些是中国“企业家”的主要特征，那么这个群体充其量也只是商人。商人和企业家有关联。“商人”的范畴要比“企业家”广，但并不是所有商人都可以成为企业家，都具有企业家精神。商人一直被定义为“以别人产生的商品或服务进行贸易，从而赚取利润的人”，也被称为生意人。中国传统上有“士农工商”“四民”，工、商是两个不同的阶层。“工”指的是“工匠”，有技术含量。自近代以来，较之“商”，“工”更靠近“企业家”。

在传统中国，商业的崛起与农业和手工业的发达有关。商人作为独立的职业，也是社会分工进一步细化所产生的结果。不过，传统上，商人的社会地位极低，处于“士农工商”社会结构的最低端。

由于人口众多，历代统治者把农业视为立国之本，商人成为统治者眼中的末业。“重农抑商”是历代皇朝的基本国策，统治者都或多或少有打压商人的政策。

早在春秋战国时代，韩非子在《五蠹》中就把商人看作社会的蛀虫。汉高祖曾发过一道禁令，规定商人必须纳重税，不得穿丝绸衣服，不得骑马，子子孙孙都不得做官。汉武帝发令，商人不论登记与否，一律课重税。不许商人和家属拥有土地，违者土地没收，并充当奴隶。隋唐科举制明确规定，商人及其子弟不得参加科举考试。

宋朝只允许商人中有“奇才异行者”应举。不过，官方的这些政策于实际层面在多大程度上影响商人的生活是可以存争议的。尽管商人在官方意识形态中的地位不高，但商人较之其他两个阶层(即农、工)更容易赚钱和积累财富，商人的经济地位实际上远较农、工高。即使在政治上，很多朝代对商人也是采取“招安”政策，鼓励商人购置土地、容许和鼓励商人的下一代考功名。不过，历代皇朝的小农意识形态，的确有效遏制了中国社会发展成为商业社会。

## 1.“企业家精神”区分商人和企业家

近代以降，商业已不局限于过去的贩运和零售的运作状态，而是渗透进各个行业。因为整个社会都在以商品生产和交换为基本状态，商人的社会地位有了空前的提高。不过，中国的商人并没有从传统的“低端”文化中解放出来，这个群体的行为仍然停留在传统模式，无论是主动的还是被动的。更为重要的是，这个群体并没有把自己提升成为企业家。

这和西方社会构成了明显的对照。西方社会本来就没有类似中国“四民”的区分，商人的地位历来就比较高。近代以来西方社会的诸多变化中，商人历来就是主角。在罗马帝国解体之后，欧洲并不存在中央集权，而是产生了众多的城市，而城市的主体便是商人。即使在中央集权制度形成之后，商人仍然是政治主体。因此，马克思认为当时的西方国家仅仅是资本的“代理人”。

西方近代以来经济领域一个最大的变化，就是很多商人转变成为企业家。一般说来，企业家被视为能够自己创立并运营企业的人。企业家对整个企业承担责任，并为企业长远利益着想谋划。一个人如果接手前任所拥有的事业，并且做法不具创新、突破或者变革的特点，就不符合企业原来“创立”的意义，也就是说不会被视为“企业家”。如果企业传承于接班人或者第二代，而在发展方面展现求变，模式与前一代有显著不同的特征，那么，此接班人或第二代仍然可以称得上是“企业家”。

所以说，尽管在人们的概念中“商人”和“企业家”不是那么容易区分开来，但人们也很清楚，不是每一位经商、从商或者有频繁商业行为的人都可以称为企业家。把“商人”和“企业家”区分开来的就是经济学家一直在讨论的“企业家精神”。

历史地看，“企业家精神”的概念也是近代西方的产物，和西方国家近代企业产生和发展的过程密切相关。法国早期经济学家让－巴蒂斯特·赛伊认为，企业家就是冒险家，是把土地、劳动、资本这三种生产要素结合在一起进行活动的第四种生产要素，企业家承担着可能破产的巨大风险。英国经济学家阿尔弗雷德·马歇尔也认为，企业家是以自己的创新力、洞察力和统率力，发现和消除市场的不平衡性，给生产过程提供方向，使生产要素组织化的人。

美国经济学家约瑟夫·熊彼特的“企业家”定义最为经典。熊彼特认为，企业家是不断在经济结构内部进行“革命突变”，对旧的生产方式进行“毁灭性创新”，实现经济要素创新组合的人。

他归纳了实现经济要素新组合（也就是创新）的五种情况：一是采用一种新产品或一种产品的某种新的特性；二是采用一种新的生产方法，这种方法是在经验上尚未通过鉴定的；三是开辟一个新市场；四是取得或控制原材料（或半成品）的一种新的供应来源；五是实现一种新的产业组织。

和熊彼特一样，美国经济学家彼得·德鲁克也认为，企业家就是革新者，是勇于承担风险、有目的地寻找革新源泉、善于捕捉变化，并把变化作为可供开发利用机会的人。

### 2.“企业家”的一些本质特征

如果人们把社会对“商人”和对“企业家”的看法做一比较，就可以看出“企业家”的一些本质特征，即冒险家和创新者。因此，在经济学里面，企业家更多的是代表一种素质，而不是一种身份和职务。

在西方，诚如德国社会学家韦伯（Max Weber）所说，宗教革新所产生的“新教伦理”解释了企业家赚钱的合理性。企业家不仅无须对赚钱负有“罪”的感觉，更进一步具有了使命感。他们的使命是改变世界，无论是在政治领域还是在其他领域。企业家不以赚钱的多少来衡量自己的成败；有了钱就要追求自己的使命，钱本身并非目的，而是追求自己使命的工具和手段。

而当代人们频繁讨论的所谓的“企业的社会责任”，反而是次要的，主要是要企业家去照顾企业所处的社会环境。“企业的社会责任”即企业家对社会的一种责任，但这种责任也是为了通过营造有利的社会环境，而促进企业自身的发展。

当代中国的情况又如何呢？无疑，企业界也涌现出不少企业家。但和西方比较，中国的企业家的局限性是显而易见的，主要表现在两个方面：首先，大多数企业侧重于现有技术的应用，而非创造新的技术；其次，企业家侧重于内部管理方式的创新和外部商业模式的创新。但所有这些目标都是为了赚钱，赚更快、更多的钱。结果，中国原创性的技术少而又少。总体上，因为企业家没有强烈的使命感，企业不能提升自己，尤其是没有革命性的变化。同时，企业家自身也不能得到提升，仍然维持在“唯利是图”的商人水平。

企业家精神的缺失更影响了社会和政治结构的变化。从传统到现代，人们在中国看到了商业模式的变化，但不见社会政治结构的变化。马克思主义把人类社会分为奴隶社会、封建社会、资本主义社会、社会主义社会和共产主义社会，这是对西方社会而言的。

尽管这种线性历史观是否确切是有争论的，但这种分类或者其他的分类，的确表明西方社会经济领域中所发生的巨大历史变化。而经济的变化又导致政治的变化，因为在马克思主义看来，经济基础决定（政治）上层建筑。也就是说，这五种社会形态也是社会形态和政治形态。

近代以来中国社会已经发生了巨大的变化。但是，这些变化是质变还是量变呢？中国的经济结构肯定是变化了，从农业社会转型到商业社会、工业社会，甚至是后工业社会。但主导商人的文化有没有变化？答案是显然的：变化并不大；即使有变化，也是表象上的。直到今天，商人仍然是商人，企业家仍然鲜有。

这种“恒定不变”状态的因素既有个体层面的因素，也有制度层面的因素。在个体层面，企业家及其企业仍然只关注自身的生存与发展，它们没有公共目标，没有使命感，对社会和国家也没有多少使命感。简单地说，就是企业家缺少格局。有人说，中国的商人赚再多的钱也仍然是“穷人”，这种说法虽然有些偏激，但也并非没有道理。

制度层面的因素似乎更为重要。因为企业家拥有政治社会的抱负是一件极其沉重的事情，企业家不得不转向把“赚钱”作为唯一的目标。此外，产权（尤其是知识产权）保护、法治、有效的税收等制度的不完善，更遏制了企业家产生企业家精神。

不管如何，在企业家仍然鲜少的情况下，中国崛起成为世界强国面临难以克服的瓶颈。如何在文化和制度层面为企业家群体的产生打下一个坚实的基础，仍然是中国改革所面临的最大的难题之一。

## 三、中国国有企业的边界在哪里

国有企业本来就聚集了庞大的资本，现在政府的拯救经济方案的庞大的财力又大多流向了国有企业。凭借越来越庞大的资本，国有企业在各方面的作为可以说是如鱼得水，畅通无阻。目前的发展趋势如果得不到有效的纠正，拯救危机者反而最终会演变成其他各种危机的根源。

毫无边界的国有企业因此既是中国的经济挑战，也是中国的政治挑战。国有企业不讲效率，不讲市场机制，因此也就没有有效的竞争能力，尤其在国际市场上缺失竞争能力。国有企业越大，海外投资越不讲经济理性，在国际上受到的阻力就会越大。

自金融危机发生以来，中国国有企业的发展呈现出两大趋势。一是国有企业急剧地扩展到原来的一般性垄断行业。国有企业本来集中在电信、石油、矿产等被定义为国家核心利益的领域，但最近国有企业很快扩展到包括地产业在内的一般性垄断行业。第二个趋势也同样显著，那就是出现各种不同形式的国有化，国有企业用股份等手段渗透到原来非国有部门的企业。

金融危机一爆发，国有企业马上就有了用武之地。中国政府为了应付金融危机，出台了庞大的四万亿元人民币应付危机的方案。国有企业在执行政府的拯救经济过程中起到了很大的作用，也就是人们所说的“经济杠杆”。西方政府通常只有金融杠杆，而缺少经济杠杆。中国的经济杠杆主要表现在存在着一个庞大的国有经济部门，通过这个部门，政府就可以结合政治、行政和经济的方法把其政策推行下去。

人们既要承认国有企业在应对金融危机过程中的作用，也要看到目前国有企业发展趋势令人担忧的地方。目前的发展趋势如果得不到有效的纠正，拯救危机者反而最终会演变成其他各种危机的根源。

### 1. 导致产能过剩和变相的宏观调控

在很大程度上说，尽管可以把国有企业视为国家利益的承担者，但它们也不可避免地是巨大的既得利益者。因为国家要通过它们作为经济杠杆来实施危机拯救措施，它们也自然把危机视为一个极好的机会来扩展自身的利益。实际上，它们的利益扩张已经导致了诸多消极后果，例如，各级国有企业的盲目的扩张已经使得很多产业出现了产能过剩。这迫使中央政府必须进行一波变相的“宏观经济”调控。

本来，金融危机给中国的产业升级提供了一个很好的机会，但因为各级政府在制定拯救危机方案方面缺乏科学性，庞大的资金注入没有导向产业升级，所得到的只有产业的无限度扩张。更有甚者，很多地方把原来是宏观调控对象的、需要淘汰的诸多企业进行拯救，把落后的企业又救了回来。也就是说，金融危机本来应当是淘汰落后企业的，但实际上保护了落后企业。很显然，这种低层次的产业扩张是不可持续的。

实际上，自20世纪90年代末以来，国有企业的发展非常迅速，规模越来越庞大，但同时国有企业也是各种经济和社会矛盾的一个主要根源。因为中国各方面的法制不健全或者法制得不到执行，国有企业的发展显现出三个主要的弊端。

一是发展毫无边界。国有企业可以借力国家庞大的经济能力和政治行政权力，再加上市场机制，这些都使得国企发展所向无敌。

二是没有外在的机制和手段能够有效地规制国有企业。因为往往是政企不分，无论是政府的哪个部门要规制国有企业的行为异常都困难，甚至表现为不可能。在政企不分情况下的规制往往是人们所说的“左手规制右手”。

三是国有企业内部治理机制的缺失。尽管是国家的钱，但国有企业犹如独立的“小王国”，可以自行决定内部的工资水平，同时在很长时间里也不用上交利润。（现在即使国有企业开始上交利润，其比例也极小。）中国的国有企业部门已经大大超出了其他国家的“公共部门”的概念了，因为所有的公共部门是要受制于公共的监督的。国有部门因此是中国社会收入分配差异越来越大的一个重要根源。同时，因为是国家的钱，国有部门无论是对内投资还是对外投资，其决策往往没有任何经济理性。应当强调的是，所有这些过程中都包含着无穷尽的腐败。

国有企业的这些变化始于20世纪90年代中期“抓大放小”的改革。这个设想非常具有战略性。就“抓大”来说，中国需要一个相当规模的国有企业。这是中国的传统，从《盐铁论》到近代，企业的发展需要国家的支持，而国家也需要垄断关键的工业和商业。中国这么大的一个国家，不但要建设各种庞大的公共工程，而且也不断面临各种危机。国有企业的作用非常重要。在全球化时代，国有企业必须扮演另外一个积极的角色，即增加中国的国际竞争能力。

同时，“放小”的目标是发展一个同样强大的非国有部门。在当代，非国有部门从很多方面来说，例如，就业、分配、效率和效益、竞争等方面，甚至比国有企业扮演的角色更为重要。从本质上来说，中国的经济问题不是要不要国有部门或者非国有部门，也不是国家所有制或者其他所有制的问题，而是它们间的边界问题。无论是哪一方，如果没有发展边界，侵占了另一方的空间，那么经济必然失衡，危机不可避免。从现在看来，尽管无论是“抓大”还是“放小”在执行过程中都产生了一些问题，但主要还是它们之间没有任何边界。

## 2. 有别于西方的“国进民退”

有人说，这次金融危机之后，国有部门在所有国家都得到很大的扩张。这就是一些人盲目乐观，过早宣布市场经济和资本主义灭亡的原因。但实际上，在今天的世界，意识形态上的“社会主义”还是“资本主义”已经不再重要，重要的是如何在各种因素中间达到平衡的问题。无论是哪种主义，其实践走到了极端，必然导致危机。

中国目前的“国进民退”和西方的很不相同。没有任何一个西方政府像中国政府那样拥有自己的企业。并且在西方，“私有化”在意识形态上天经地义。就是说，西方政府很容易实施“退出”。实际上，西方各国也正在设想和准备各种退出机制。但中国则相反，“国有化”拥有意识形态的合法性，而“私有化”则是意识形态的敌人。等国有企业侵占非国有部门之后，要退出则非常困难，如果不是不可能的话。从以往的经验来看，这种“退出”（中国称之为“民营化”）过程往往又导致巨大的腐败——权力的腐败。

毫无边界的国有企业因此既是中国的经济挑战，也是中国的政治挑战。国有企业不讲效率，不讲市场机制，因此也就没有有效的竞争能力，尤其在国际市场上缺乏竞争能力。20 世纪 90 年代设想的国有企业的国际竞争力没有能够实现，反而调转方向和国内的民营企业进行竞争。国际政治的现实情况是，国有企业越大，海外投资越不讲经济理性，在国际上受到阻力就会越大。这种国际阻力不仅仅是经济上的，更重要的是政治和意识形态上的。这次中国有了自己企业的“五百强”，但正如国资委领导李荣融所强调的，这是企业的“五百大”，而非“五百强”。西方的企业经过这次危机期间的调整，在危机之后竞争能力会更强。中国的企业会面临更恶劣的竞争环境。

国有企业毫无节制的发展也会导致消极的政治后果。因为大力侵占非国有部门，本身又没有竞争概念，缺乏效率和效益，从长远来看，国有部门经济会遏制甚至扼杀非国有部门经济。国家的税基因此会很快变小。在这方面，中国历史上有很多的教训。税基变小的政治后果往往是不可设想的。

### 3. 阻碍经济和政治制度的创新

国有企业也在有效地阻碍着经济和政治制度的创新。国有企业好比皇家经济或者农民的“自留地”，自给自足，不会受外在环境过度的影响。历朝历代垄断关键的工业和商业，政府所需资源大多来自这些部门。这导致了中国历史上从来没有发展出一个比较有效的财政、金融和信用等制度体系。在西方，因为政府没有自己的企业，其所需要的资源来自民间和社会，因此必须发展出一整套制度体系，一方面促进经济发展，扩大税基，另一方面又从社会中汲取资源。中国的传统政治好像非常恐惧和社会、民间打交道，对民间经济的发展多有限制，国民党甚至还搞过“党产制”，但结果还是不管用。

如果一个政权所需的资源需要从社会、民间汲取，那么这个政权就要想方设法地发展和社会的结合机制。如果政权所需的资源来自自身，即国有经济，那么，这个政权会丧失和社会打交道的能力，或者这方面的能力发展不起来。这就会导致政治体制创新能力的缺失和社会的脱节，最终走向大危机。

因此，无论从哪个方面来看，人们实在没有理由因为国有企业的大扩张而感到乐观；相反，人们应当对国有企业目前的大趋势深感忧虑。设定国有企业合理的边界、政企分离、有效防止国有企业对市场的干预、改革国有企业内部的企业治理机制、建立国有企业的外部监管机制等，所有这些都必须通过有效的改革才能达到。有了这些制度，国有企业是国家强大的保障；但如果没有这些，国有企业会导致国家从兴盛走向衰落。

# 四、中国最大的困扰是体制成本

“供给侧改革”的概念提出之后，引发了对中国需要什么样的改革的思考。尽管这一改革具有广泛的内容，包括“去产能、去库存、去杠杆、补短板”，但归根结底就是要理顺政府和市场或企业之间的关系。在健全的市场经济条件下，市场本身在调节产能和库存、补短板方面发挥关键作用。因为市场本身也会有失败的时候，政府就需要起到市场所不能起的作用，补救市场的短板和失败。但不管在怎样的情况下，政府都不能取代市场而调节经济活动。一旦政府取代了市场，经济活动就会严重失衡。

中国在过去很多年积累了那么庞大的产能、库存，在那么多领域出现严重短板，就是政府和市场作用严重失衡的产物。从这个角度来看，供给侧改革的核心就是“去杠杆”，尤其是去制度杠杆，即政府干预市场经济活动的种种手段和方法，包括显性和隐性的制度。

因为企业是国家经济发展的主体，人们开始去探究企业所面临的各种制度杠杆的成本和制约。《人民日报》曾经整版发表了对53家企业所做的实地调查，再次说明去制度杠杆的重要性。调查发现，困扰企业最大的就是制度性成本。这里所谓的“制度性交易成本”就是由于体制、机制问题而造成的经济、时间和机会等各种成本。中共十八届三中全会以来，中国经济改革的重点就是要下放行政审批权，给企业更多的权力。但事实上并不全是这样。

在很多地方，一些用来帮助企业减低成本的政策，要么沦落为空头支票，要么到最后反而增加了企业成本。政策松绑表面化，理论上为企业带来便利，但实际上则增加了企业的成本。税费、评估、检测等制度性交易成本让企业不堪其重。更有甚者，即使高层呼吁行政审批权下放，但到了基层，权力下放后接不住或不想接。文件治理经济的现象十分严重，并且文件往往缺少细则，政策口号出了一箩筐，企业仍然是画饼充饥。报告的结论是，作为有形之手的政府仍在不恰当干预市场，企业在呼吁建立“亲”“清”的政商关系。

这份报告所揭示的现象并不让人惊奇，因为稍微了解中国经济现状的人都知道，这些现象是存在于中国经济中的痼疾。但这份报告提出了非常严肃和严峻的问题：为什么改革越多，体制的弊端就越多越严重？中共十八届三中全会提出经济改革的目标是市场起决定性作用，政府起更好的作用。这一改革目标是继 1992 年中共十四大提出“社会主义市场经济”概念以后，对政府和市场关系最为明确的表述。这个政策目标应有助于理顺政府和市场之间的关系，有效推动经济改革的深化。不过，企业和政府打交道的经验则不是这样的，它们和政府的关系不是简化了，而是更复杂了；政府不是简政了，而是繁政了。

为什么会这样？不能回答这个问题，就很难找到解决问题的方法。不妨围绕着政府和市场关系的变化，回顾中国经济改革的进程。不难看出，甚至“去制度杠杆”也不是什么新的概念，即使之前没有直接使用过这个概念，但通过体制改革为企业松绑的思想和改革行为早就有了。

### 1. 批权的下放不理想

中国改革的总方向是要实现从计划经济到市场经济的转型。在20世纪80年代，改革的目标就是分权，要政府向企业分权，但80年代分权的主线是从中央政府到地方政府的分权。80年代更提出了迄今仍然有效的改革口号，即“小政府、大社会”。政府小了，社会就可以长大。类推也可以说，“小政府、大企业”，政府小了，企业就可以大起来。

所以，每一届政府的一个改革重点都是行政体制改革，都希望通过它来调整政府和市场（企业）的关系。其中，朱镕基总理的“拆庙赶和尚”改革方案最为激进和有效，大大减少了政府机构和人员的数量，市场空间有了长足的发展。在朱镕基改革期间，一方面是从地方向中央的集权，另一方面是从政府向市场的分权。市场或者社会的进步都和行政体制改革有关。

中共十八大以来，政府机构的调整空间变得极其有限。这个现象在胡锦涛、温家宝时代已经开始出现，当时政府开始向服务型转型，要求政府承担更多的提供社会服务的责任和功能，政府有了扩张的动力。中共十八大以来，政府机构改革不再是改革的重点，这个现象是可以理解的。取代机构改革的是行政审批权的下放。经过前面几波的行政体制改革，政府机构尽管减少和减小了，但仍然掌握着大量的行政审批权，有效地制约着企业的发展。为了减少行政审批权，各地（尤其是自由贸易区内）还制定了负面清单。

这几年的实践表明，行政审批权的下放不是很理想。那些含金量很大的权力，各级政府机构还是舍不得下放，另外一些权力，下面没有能力接和接不住；而那些没有含金量的权力，下面不想接。这就是中国的现状。从理论上说，市场要在经济活动中起决定性作用，但市场运作所需要的自由（也就是权力）仍然掌握在政府手中，作为经济活动主体的企业仍然没有足够的权力。同时，政府尽管仍然掌握着很大的经济权力，但其在经济方面已经难有作为。这样，就出现了“权力闲置”状态。这也可以解释为什么目前经济增长缺乏动力。

中共十八大提出“市场起决定性作用，政府起更好的作用”，就是说要在经济领域确立“大市场、小政府”的体制。但实际上，这些年来改革没有达到所预期的目标，要让市场和社会发挥决定性作用，就首先要把市场和社会做大。如果不让企业和社会成长起来，制度杠杆成本就不会有实质性的变化。为什么市场和社会成长不起来？因为在很多方面，不同的政策之间没有有效的协调，出现互相矛盾甚至互相抵消的情况。例如，政府一方面呼吁分权（给企业和社会），但同时很多政策方面的做法则是限制市场和社会的成长发育。尽管市场空间的发展已经具有了法律的合法性，但仍然有很多政策在限制着市场的发展；社会空间更是面临着更多的制约。

### 2. 确立法治原则是关键

在市场和社会没有发展起来的情况下，即使政府愿意放权，市场和社会也没有能力来接，即使接了也很难行使权力。在这样的情况下，经济体系的运作还必须依靠政府的有形之手。只要经济体系的运作对政府这只“有形之手”仍然有需求，政府还会一直干预下去，企业必然也要面对来自政府的制度杠杆的制约和影响。

随着政府向服务型政府转型，政府面临着很强的扩张冲动。发达经济体在转型成为规制型政府和服务型政府之后，政府规模大大扩张。这就是20世纪80年代美国里根革命和英国撒切尔革命的背景。第二次世界大战之后，福利社会的扩张导致了政府官僚体系的扩张，这场革命就是要缩减政府，把很多功能从政府转向社会（企业）。

从提供社会服务的角度来说，和发达国家比较，中国政府的规模实际上仍然较小。这也就是一些提倡大政府的学者所持的观点。不过，他们忘记了，迄今为止，中国政府机构所履行的大都是企业可以履行的经济功能，而非如发达国家那样履行政府的服务功能。如果政府不想从经济领域退出来或者退不出来，而社会服务领域政府又有责任进入，政府规模必然会得到扩张。

如果真的要去制度杠杆，就必须结合中共十八届三中全会和四中全会提出的两个改革方案。前者的核心就是市场起决定性作用，政府起更好的作用。后者的核心则是建设法治国家，让法律在调节社会经济生活中起决定性作用，而政府起更好的作用。中共十八届三中全会强调了社会建设，但还需要强调培养社会空间的重要性。如果没有市场和社会的发育和发展，就不可能发生有效的供给侧改革。同样，中共十八届四中全会的建设法治社会的改革方案也必须到位。在市场和社会空间发展起来之后，法律就要成为调节它们行为的最有效的制度手段，并且法律也是调节政府与市场、政府与社会关系的最有效手段。

无论是过去的改革经验还是现实情况都表明，要真正有效地去“制度杠杆”，改革不能仅仅着眼于政府或者官僚体制侧的改革，而要同时着眼于市场和社会侧的改革，只有当市场和社会壮大之时，供给侧的改革才会具有可能。

# 五、中国民营企业需要怎样的结构性改革

从数字上说，民营企业在中国国民经济中的地位已经是牢不可破。人们经常以“5、6、7、8、9”来形容民营企业的显赫位置，即民营经济贡献了中国经济50%以上的税收，60%以上的国内生产总值（GDP），70%以上的技术创新成果，80%以上的城镇劳动就业，民营经济的企业数量占90%以上。近年来，在中美贸易摩擦的影响下，中国经济下行压力加大，民营企业如何健康发展显得更加重要。

无论是美国（和西方）所要求的中国经济结构性改革，还是中国努力推行的结构性改革，民营企业都是重中之重。正因为民营经济在整个国民经济中的“分量”，中国政府近来花大力气优化民营经济发展环境。中国国家主席习近平主持民营企业家座谈会，就民营企业的发展多次发表谈话或讲话。

国务院多次发文，出台各种举措鼓励、支持、引导非公有制经济发展，包括按照竞争中性原则，在要素获取、准入许可、经营运行、政府采购和招投标等方面，对各类所有制企业平等对待；构建亲清新型政商关系，健全政企沟通机制，激发企业家精神，促进民营经济发展升级；保护产权必须坚定不移，对侵权行为依法惩处，对错案冤案有错必纠；等等。

但所有这些努力，并没有反映在民营企业所面临的实际生存环境上，或者说并没有给民营企业一种对未来的确定感。民营企业和

企业家所面临的压力似乎越来越大，不仅来自国际层面（贸易战），更来自内部环境的变化（意识形态、“国进民退”、法治、财产和生命安全等）。所有这些都使得民营企业面临巨大的不确定性。这种不确定性直接表现在民营企业家的行为上。

从经验来看，今天国际局势动荡不安，中国仍然是最稳定的国家；尽管经济也面临下行压力，但相较于其他国家，中国经济仍然维持在较高的增长水平；而且中国正成为最大的内部消费市场。照理说，民营企业应该着眼于内部的发展，实际上则不然。很多民营企业不仅没有很大的意愿来扩大内部投资，反而在收缩；一些企业家趁政府“PPP 改革”（公私合伙制）的机会，顺手把公司“交给”了国家，把自己变成食利阶层；也有很多企业家因为对内发展没有足够的信心，而千方百计、不计成本地“外逃”到海外。

为什么会产生这种情况？从表象来看，原因也不少。政府的很多政策很难落实，甚至在政策执行过程中变形而导致相反效果。例如“竞争中立”就只是一个漂亮的政策口号，很难执行。“PPP 改革”也是一个例子。这一改革的初心是好的，是为了纾解民营企业所面临的金融压力，但执行效果并不好。在一些情况下，这一改革成为民营企业抛掉自身包袱的一种手段。很多民营企业在发展过程中产生了困难（例如产业的升级），企业家受自身的局限，感觉发展到了顶点，就利用这个机会把包袱“交给”了政府。在另外一些情况下，这一改革成为国有企业（资本）“吞并”民营企业的有效手段。

在中国的政治环境中，无论是从理论上还是从实践上，“公私合作”很难说可行，因为“公”和“私”运营逻辑是不同的。公和私如何可能形成“伙伴关系”？公的逻辑是控制，而私的逻辑是盈利。所谓的“国进民退”也经常表现出很吊诡的现象。

从一些发达省份（如广东和浙江）的国有企业与民营企业的发展情况来看，国有企业所占空间并不是那么大，民营企业实际上仍然在发展，但人们还是感觉到“国进民退”的趋势。在一些原来国有企业占据主导地位的地区（例如东北）来看，“国”并没有“进”，但“民”也没有“进”。更多的地方表现为“民”的确“退”了，但“国”也没有“进”。

## 1. 中国经济结构是什么

所有这些矛盾现象需要人们的思考，如果对这些矛盾理不出一个逻辑，就很难制定切实可行的政策来实现可持续的经济发展。今天中国所面临的问题是，尽管人们讨论结构性改革已经很多年，但迄今为止谁也不清楚中国的结构是什么，或者说，在中国，结构性改革意味着什么。很多人还是深受西方新自由主义经济学的影响，套用西方的概念和理论，根据西方的“结构”定义来理解中国的“结构”，结果各级政府出台的很多政策根本不符合中国国情。在这种情况下，出现上述种种矛盾实属必然。

中国的经济结构是什么？简单地说，从汉朝到当代，除了几个很短的历史阶段（王莽改革、王安石改革、朱元璋改革和毛泽东改革）外，中国基本上呈现出一个三层资本的结构，即顶层的以国有企业为代表的国有资本、底层的以中小型企业为主体的民营资本，以及一个国有资本和民营资本互动的中间层。只要这三层资本处于均衡和平衡状态，经济发展就会是稳定和可持续的；一旦这三层资本出现严重的失衡状态，无论是国有资本占据绝对优势，还是国有资本大幅度衰退，都会出现严重的经济问题。从三层资本结构来理解今天中国民营企业所面临的困境，不无参照意义。

第一层是国有资本。国有资本承担着民营资本所不能承担、没有能力承担的经济责任，包括大规模的基础设施建设投资、对国民经济至关重要的一些领域的投资、应付经济周期引起的危机和其他因为环境突变所导致的危机、“平准经济”和补充“市场失败”等。所有这些对一个国家的经济稳定发展不可或缺。

不过，这里涉及几个重要的问题。首先是国有企业与民营企业的空间分布。除了少数省份两者的分布比较合理外，大多数省份国有企业占据的空间仍然过多。那些分布比较合理的省份，往往呈现出“国强民也强”的局面。在多数省份，国有企业仍然占据了过多、过大的空间，民营资本没有足够的空间，既难以进入，更难以生存；结果国有资本什么都做，什么都做不好，导致了“国弱民弱”。如果这些省份的国有企业不能让渡更多的空间给民营企业，这种双弱的局面会一直持续下去。

一个更重要的问题是，国有资本应该去哪里？现在提出国有企业“管资本”的思路。这个思路的核心在于，不管国有资本去哪里，只要资本在增值就可以了。在这个思路的指引下，今天的国有企业犹如美国华尔街的风投资本，哪里有利可图就去哪里。据说这是学习新加坡国有资本管理模式。这里既有误读新加坡模式的成分，也有“描红”（照抄照搬）的成分。新加坡模式的精神是国有企业也要市场化，国有企业必须是盈利的；即使是那些承担社会功能的国有企业如水电、医院等也需引入市场机制，来实现分配和提供服务的效率。从这个角度说，中国国有企业的确应该大力学习新加坡模式。

不过，新加坡和中国国情不同。新加坡是一个城市国家，没有也不需要一个完整的产业体系，能够在一个产业体系（无论是国内还是国际）上抓住几个重要、附加值高的环节即可。中国则不同，那么大的一个国家，需要大量的完整产业体系。国有资本需考量的不仅仅是盈利问题，更需考量产业体系建设。如果容许国有资本扮演风投角色，悲剧将不可避免，不仅会减弱产业建设方面的角色，而且会与民争利，导致国有和民营失衡，最后破坏整个国民经济体系。

## 2. 中国需要非西方定义的结构性改革

第二层是中间层的国有与民营的“混合经济”。这里的问题是，国有企业和民营企业需要各自的空间，还是大家合作共享空间？体现在今天改革政策中的无疑是后一种思路。必须指出的是，近代以来这种思路（例如“官督商办”）不仅根本就没有出现过好结果，而且导致了巨大的腐败。

诚如“PPP 改革”，如果真的落实了，无非会产生以下两种情况中的一种：不是国有资产的大量流失，就是国有企业吞并民营企业。这两种情况其实已经发生了。在一些情况下，“公私合作”变成国有资产的“民营化”，而在另一些情况下，则是民营资本的“国有化”。今天，很多官员都在提倡政府在面对国企和民企时要“竞争中立”；实际上，除非是自欺欺人，竞争中立仅仅是乌托邦，完全没有可能实现。政府如何在国有企业和民营企业的竞争中做到中立呢？这完全是西方逻辑的简单套用，根本没有考虑到中国的国情。

如果考虑到中国的国情，就会有另外的改革思路，那就是国有企业和民营企业之间基于“劳动分工”之上的合作。在一些领域，例如自然垄断领域、基础设施建设、具有强大社会功能的服务领域（医疗、教育、住房、社会保障）、对国家安全和国民经济至关重要的领域，国有企业理应占据主导地位，而那些竞争性领域和民生经济领域，民营企业理应占据主导地位。在确定了这些领域（分工）之后，就可以在一个领域引入多个甚至无数个企业，防止垄断的出现，促成企业之间的竞争，保持经济体的开放性。只有当国有企业之间出现竞争时，只有在民营企业之间出现竞争时，政府才谈得上“竞争中立”。

第三层是中小型企业。这里有两个结构性问题，第一个问题就是空间问题。对大多数中小型企业而言，仍然缺少投资的空间。新空间从哪里来？一方面需要国有企业让渡更多自己不作为也很难作为的空间，另一方面需要通过技术创新。

第二个问题是缺少为中小企业服务的金融机构。中国大型国有银行的服务对象天经地义是大型国有企业，它们没有任何动机为中小型企业服务。如果通过行政或政治方式迫使它们服务中小型企业，既不符合经济规律，也不可持续。在很多年里，这些银行在服务中小型企业方面只是象征性的。

中小型企业的发展因此需要金融系统的结构性改革，即设立大量意在服务中小型企业的中小型银行（无论是国有还是民营）。现在人们只盯着美国的华尔街，这是对美国经济的误读。2008 年全球金融危机为华尔街所引发，但促成美国经济复苏的并不是华尔街，而是美国大量的中小型银行，甚至是社区银行。

在中国，中小型企业因为不能从正式金融管道得到金融支持，只好转向非正式管道（包括影子银行、P2P 网络借贷、地下钱庄等）。这些非正式金融机构往往处于无政府状态，容易酿成巨大的危机，结局是可想而知的。如果维持今天的金融结构，中小型企业的发展会越来越困难。

贸易战开打以来，美国（或整个西方）对中国经济提出结构性改革的要求。对于西方的要求，中国绝对做不到。例如，中国哪有全盘私有化的可能性？更为重要的是，如果根据西方所定义的结构性改革（或从前所说的“华盛顿共识”），中国经济的命运必然是悲催的。自苏联计划经济解体以来，已经有太多的经验证据证明了这一点，中国无须再去重复失败。

中国经济可持续发展的确需要结构性改革，但绝非西方所定义的结构性改革。现在人们顺着西方结构性改革的思路来看中国问题，这本身已经成为中国进行有效经济改革的一个巨大阻碍。如果这样下去，改革最终只会演变成意识形态之争，并不会有任何的结果；人们预期的进步不仅不可能，反而会出现巨大的倒退。

中国经济的结构性改革，首要任务是搞清楚中国的经济结构是什么，需要什么样的结构性改革。一句话，中国需要懂中国经济的经济学家。

## 六、政府可以成为中国企业的“帮手”吗

就政府和企业之间的关系来说，中国具有数千年的经验。概括地说，中国自古至今具有三层经济（资本）结构，即顶层的国有资本、低层的自由资本和政府—民间资本互动的中间层。

在中国文化中，经济永远和政治分不开，因为经济本就是政府管理社会的一个有效手段。或者说，政府永远把管理经济视为自己内在的责任。因此，历史上，政府在诸多重大领域负有最重大的责任，包括基础设施建设（即西方所谓的“水利社会”）、社会救济和应付危机、平准市场等。同时，社会也一直把这些视为政府不可推卸的责任。不过，经验地说，传统上，政府本身基本上只起到一个“维持秩序”的作用，而非积极的作用。西方近代以来所产生的“重商主义”没有发生在中国的传统。

在海外，唐宋之后和明清以降，政府反对企业“走出去”。尽管在海外有众多的华人企业家群体，但这些群体是没有任何来自政府的支持的。王赓武先生因此称之为“没有帝国的商业群体”。这和近代以来欧洲国家的企业形成了鲜明对比。葡萄牙、西班牙、荷兰、英国和法国的企业之所以能够创造一个“海洋时代”，最主要的一个原因就是这些国家的企业（无论是以商业为目标的航海还是后来的“东印度公司”），都是有国王或者政府在背后支持。很难想象没有政府在财政上，甚至军事上支持，这些欧洲企业能够在全世界“横冲

直撞”。

近代殖民地主义和帝国主义，西方企业是内在的一部分。中国因为政府反对企业“走出去”（即“海禁”）而失去了一个海洋时代。而所谓的“朝贡体系”也明确地体现出这一点。“朝贡体系”是单边的开放政策，即外国人得到中国皇帝的许可就可以在中国经商，但中国皇帝从来不会要求对方也向中国开放。

政府需要成为企业的“帮手”，这是一个近代课题。进入近代（也就是和西方有接触以来），中国连连被拥有强大经济和军事力量的西方国家所打败。在“实业救国”的思路下出现了政府如何促进企业发展、至少帮助企业发展的思考。近代有官办、官督商办和商办企业之分，也说明了政府和企业两者之间关系的变化，从传统上政府管理经济事务向政府促进经济发展转变，即从被动的角色向主动的角色转变。毫无疑问，近代以来，经济发展成为政府责任的一部分。

经济发展作为政府的责任，在当代中国又具有了新的内容。如果说近代政府促进企业（经济）发展主要是为了“救国”，在当代，同样的政府行为除了继续推动国家发展之外，更关乎政府本身的合法性。如果和西方政府作比较，中国政府的合法性资源是不同的。

在西方，经济基本上属于企业家的事务，而非政府事务；不仅如此，政府干预经济事务被视为不具有合法性。西方政府的合法性来自选举政治，即政治本身。在中国，政府的合法性更多地来自对经济发展的推动，借此来向社会提供福利。经济发展对政府合法性的重要性极为显著。

## 1. 政府“帮助之手”帮了谁

在当代，政府是如何向企业伸出“帮助之手”的呢？这只“帮助之手”仍然体现为三层资本形态上。

第一，政府本身履行企业家的角色，即学术界称之为政府的企业化（corporatism）。中国传统上就存在政府企业，但在推动经济发展方面从来没有像今天这样具有规模和发生作用。在地方层面尤其如此。自20世纪80年代以来，很多观察家就指出，中国的县政府本身就是企业，至少在早期，经济增长更多的是来自地方政府之间的竞争，而非企业之间的竞争，即中国所说的“市长经济”而非“市场经济”。

不过，国有企业尤其是央企更是政府履行企业职责的象征，国有企业被纳入政府建制，其管理者更多地以官员的身份而非企业家的身份出现。尽管到今天国有企业只占不到一半的经济江山，但因为其在国民经济关键领域的垄断和主导地位，被西方称为“国家资本主义”。

第二，发展型政府或者发展型国家。在这方面，中国和东亚其他经济体的经验没有多少差别，即政府大力支持一些其认为是重要的（往往是大型的）民营企业。也就是说，政府本身并非企业家，但辅助企业家从事经济活动，推动经济发展。这主要发生在上述中间层资本。

第三，中小企业的发展。中小企业数量极大，流离于政府之外。除了秩序之外，它们对政府并无多大的要求。同时，政府除了管理和税收之外，对它们也不会有多大的要求。中小企业在解决就业和地方税收方面作用巨大，在大多数地方都能和政府处于双赢的格局。因为中小企业大都是民营企业，它们能否得到发展取决于空间环境。那些国有企业占据主导地位的地方（例如东北），中小企业生存空间不大；而那些国有企业不占主导的地方（例如浙江和广东），中小企业生存和发展空间就很大。

这三个层面都形成了不同的政府和企业之间的关联。不过，在很多方面，政府在扮演“帮助之手”的角色方面仍然缺乏经验。宏观产业政策就出现诸多问题。产业政策对大多数经济体都很重要，属于“发展型政府”的日本、韩国、新加坡等一直有产业政策，促成这些经济体周期性的产业升级。很多欧洲国家也有产业政策，例如德国最近就提出了工业 4.0。

但在中国，产业政策首先面临的问题就是对谁的产业政策？对国有企业、大型民营企业及中小企业具有不同的产业政策吗，还是平等地对所有类型的企业？这里，不平等歧视性产业政策是显而易见的。直到最近有关方面才提出政府和企业的“中性”关系，即政府对各类企业没有偏好。不过，这更多的可能只是理论层面，而非在实际层面。在不存在趋于“中性”的制度环境下，政府偏好不可避免。例如处于垄断地位的国有银行，其服务对象一定是国有企业和处于中间层的大型民营企业，很难想象大型国有银行会产生服务于中小企业的动力机制。

对国有企业，政府强调越做越大。但结果并不必然越做越强，而是相反。显然，政府在这里并非是“帮助之手”。因为保护国有企业垄断，国有企业占据了太多的经济空间，但没有竞争力。另一方面，对民营企业，政府没有提供足够的经济空间，同时产权保护还有待加强，因为企业家担忧财产的安全。

最近产权保护因为中美贸易摩擦而变得重要起来，但产权保护的概念并非现在才提出来，这是一个老概念了，只是这么多年来政府在这方面没有作很多的努力。更多中小企业处于“自生自灭”的“无政府”状态。不过，这反而成为很多中小企业的优势，因为它们在“弱肉强食”的环境下长大，竞争能力很强。很多处于中间层的大型民营企业就是从这个领域产生和发展出来的。不过，一旦长大，它们就必然和政府发生关系，一些是主动的，一些则是被动的。这可以从近年来的 PPP（公私伙伴关系）项目实施中看出来。

## 2. 政府补贴是好事还是坏事

企业和政府发生关联，但政府并非一定扮演“帮助之手”的角色，很多时候和政府的关联容易变成企业的劣势。政府可以从多方面“帮助”企业，包括土地、环保、劳工和金融等方面。在企业的早期阶段，这些“帮助”可以很重要，但政府过度的“帮助”马上会成为企业发展的阻力。

政府对企业的补贴一直为西方国家所争议，认为是不公平竞争的重要来源。但就中国企业来说，政府补贴到底是好事还是坏事呢？在大多数情况下可以说是坏事。因为政府的补贴，政府很容易把一个企业培养成政府自己的企业，成为政府赚钱的工具，同时必然损害企业的竞争能力。太阳能板生产就是一个案例，政府大量的补贴马上就导致了这个领域的产能过剩，直至最后的倒闭。这样的例子实在太多。AI（人工智能）是最近的例子。和美国比较，中国在 AI 方面实际上具有很大的优势。

不过，大量的政府补贴正在很快地改变着企业的动机结构，很多企业正在从技术竞争转型成为政策寻租型。在政府补贴巨大的情况下，企业哪有追求技术竞争力的动力呢？同时，这个领域更多的中小企业，因为政府看不上，它们就很难得到政府金融方面的帮助。不仅如此，它们本来所拥有的人才还会被那些得到政府补贴的企业挖走。

在国际层面，政府的“帮助之手”更有问题，主要表现在国有企业“走出去”上。“一带一路”以国有企业为代表，在“走出去”过程中往往重政治理性，轻经济理性。这被西方视为不公平竞争。国有企业巨大，具有封闭性，与当地政府和老百姓缺乏关联，往往成为“孤岛”，被当地社会所“异化”。同时，国企所从事的项目贷款过于优惠，当地政府实际上很难成为“利益相关者”。西方污蔑中国在搞“债权帝国主义”，但实际上这应当是中国的担忧。中国必须考虑“走出去”之后如何“走回来”。如果相关国家不能还回贷款，中国如何处理呢？

政府的“帮助之手”是很多国家经济发展的一个重要因素。东亚的“发展型政府”，尤其是在日本、韩国和新加坡，政府的“帮助之手”作用发挥到了极致。也不难理解，这些经济体也是第二次世界大战之后能够避免陷入“中等收入陷阱”的少数经济体。传统上，这些经济体都属于儒家文化圈，把经济管理和经济发展视为政府的责任。

在中国，在以往的数十年里，政府也从各方面扮演了“帮助之手”的角色，这是中国经济奇迹产生的重要因素。不过，在进入新时期之后，“帮助之手”本身需要进步。不进则退，政府和企业关系不转型，“帮助之手”就会逐渐演变成“掠夺之手”。在中国经济下行压力加大的今天，政府如何继续扮演“帮助之手”的角色，无疑是需要人们认真思考的。

# 七、为何强调培育企业家成长环境

就中国经济可持续发展来说，从来没有像今天这样需要确立一种有效的政商关系。旧的政商关系出现了重大问题，表现为不可以持续，而新的关系尚待建立。如果不能建立一种有效的新政商关系，下一阶段经济的可持续发展就会出现重大问题。中共十八大以来，政商关系改革的目标也非常明确，要从“勾肩搭背”的关系转型到“亲清”关系。

现在的问题在于如何建立这种新型的政商关系。要回答这个问题，首先需要思考旧的关系是如何产生的。只对旧的政商关系所体现的种种现象进行批评，不足以找到解决问题的方法，更不用说确立新的制度了。只有找到了旧的政商关系不再发挥效用的制度根源，才能构建既能预防腐败，又能促进政商关系的有效制度。

## 1. 政企之间的制度关系

政商关系中的腐败现象并非简单的个人层面的原因，而是植根于政府与企业之间的制度关系。中国等级性市场体系构成了各自不同的政商关系。最顶层是在国民经济中占据主导地位的国有企业，海外称之为“国家资本主义”。最底层是由中小型民营企业组成的基层市场，海外称之为“自由资本主义”（或者亚当·斯密意义上的“自由市场”）。中间层是政府和民企的关联企业，或者关联市场，海外称之为“战略性资本主义”，或者“公私伙伴关系企业”。

这三个层面的政商关系出现了什么问题呢？先说顶层的国有企业。国有企业和政府的关系非常特殊，因为国有企业本来就属于政府。不过，企业属于政府并非没有政商关系。实际上，这个层面的政商关系处理不好，其政治社会意义更大，因为国企所承担的功能不仅仅是经济上的，也是社会政治上的。在这个层面，企业的腐败至少表现在两个方面：

第一，表现在人事关系方面。很多领导干部甚至是高级领导干部都来自国有企业。实际上，在改革开放以来，国企一直是一个重要的人才培养基地。

从国有企业培养高级干部。这种提拔方式不仅没有问题，也是中国制度的强项，但有一个问题没有处理好，那就是被提拔的干部和原来工作的国企之间的关系。这些被提拔的干部往往和原来的企业（系统）有关联，这有利于他们在成为高级干部之后培养和提拔自己的支持者。更为重要的是容易形成寡头政治，干预国家政治。

第二，表现在国有资本运用方面。一些高级干部通过这种政商关系，把国有企业的资本以不同形式投向家族、亲族、朋友和支持者的企业，这是明显的腐败，造成国有资产的流失。也有国有企业在做企业投资决策时，仅仅是为了政治考量，毫无理性，也造成了国有财产的巨大损失。这方面既表现在国内投资，也表现在海外投资。

底层是自由市场经济。这个层面的中小企业尽管其经济总量并不大，但承载着大量的就业人员，关乎一个地方的社会稳定。再者，中小企业对地方基层政府也有税收等方面的贡献。不过，因为这些企业经济功能强而政治功能弱，政府和官员不会在多大程度上理会它们。

例如，中小企业不能从国有银行得到有效的金融支持，基本上处于自生自灭的状态。在很多地方，如果法制不健全，地方的流氓地痞、豪强甚至个别政府官员会对小企业主有所企图。除此之外，这个层面的企业基本上处于“自由”状态。

## 2. 不当的政商关系引发反腐运动

政商关系最麻烦的是中间层的市场。在这个层面，政商关系不仅不可避免，而且很有必要。一方面，企业做大了，开始需要政府的支持；另一方面，企业做大了，政府也开始对企业不放心了，需要“关照企业”。也就是说，这里的政商关系往往由两方面因素的结合而促成，即一些企业家的“政治企图”和一些政府官员的“经济企图”。

当“政治企图”和“经济企图”结合在一起时，就演变成为“权力”和“经济”之间的交易。这种交易既可以由企业家开始，也可以由政府官员开始。

中共十八大反腐败运动以来所发现的各种案例，充分说明了这个领域形形色色的政商腐败关系，几乎每一个腐败官员背后都会牵涉出一大批企业，也几乎每一个腐败企业家背后都会牵涉出一大批官员。

正因为出现了如此严峻的问题，中共十八大以来才会发动持久猛烈的反腐败运动。很显然，国家经济可持续发展并不能建立在腐败基础之上。不过，“勾肩搭背”的政商关系由来已久，要厘清政商关系并不容易。在反腐败的强大压力下，导致了各方的“不作为”。

改革开放以来，就经济发展来说，中国一直是“四条腿走路”，即地方政府、国企、民企和外资都各自扮演了重要的角色，成为推动经济发展的主角。但现在这些主角都不那么作为了。官僚不作为，他们不知道怎样和企业家打交道了；国有企业也有同样的行为。民营企业家或者因为失去了直接的政治支持，或者因为过去的不当行为，而对未来产生深刻的担忧和不确定性，于是纷纷出走国门。这三者的行为所造成的总体经济环境，也影响到了外资的行为。

在任何社会，企业无疑是经济发展的主体。这些年来，人们一直在讨论中国是否会陷入“中等收入陷阱”的问题。根据日本和亚洲“四小龙”的经验，在逃避“中等收入陷阱”的过程中，处理好政府和企业之间的关系最为重要。这些亚洲经济体之所以能够避开“中等收入陷阱”，其中一个主要的原因就在于政府的经济作用，而政府的经济作用是通过政府和企业之间的关系而发挥的。这就是学术界多年来所讨论的东亚“发展型政府”的由来。

不过，在这些经济体中，政商关系也产生了很多腐败。日本早期的政商关系相当腐败，即政治人物、官僚和企业之间形成了“铁三角”关系，后来通过大力改革才改善了关系。韩国也有类似的情形，但缺少有效的改革，直到今天都没有解决好政商关系。中国香港和新加坡则是两个相对成功的例子，比较好地解决了腐败问题。非常有意思的是，新加坡是一个国有企业（政府关联企业、政府投资企业）占据主导地位的经济体，而中国香港则是一个民营企业占据主导地位的完全自由经济体。

### 3. 有效的政商关系需要有效的制度

新加坡的案例说明了并非国有企业都会腐败，问题在于如何设计一套有效的制度。不过，与新加坡不同，对中国来说，国企的最大腐败莫过于其成为政治寡头的经济基础。这方面，苏联和今天的俄罗斯有很多的经验教训。在苏联时期，强大的国有企业几乎垄断了国家所有的经济空间，造成了方方面面的垄断。苏联的国民经济最终在美苏冷战期间走向军事化，和国企垄断密不可分。

苏联之后，直到现在，俄罗斯仍然没有解决好这个问题。叶利钦时期，国企通过私有化转型成为寡头，对国家政治构成了威胁。今天的普京也只是通过打压“异己”的寡头，而支持“亲己”的寡头以维持局面。中国如果要预防寡头，可能要对国企“做强做大”做一科学和深入的认识。

“做强做大”并不是说国企要占领经济空间的各个方面，而是要在特定的领域，例如自然垄断、关键的产业、关乎社会公共品的产业，国企发挥强大的作用。即使是在这些领域，仍然需要建立反垄断机制。同时，国企也应当和民营企业确立边界。

在中间层面，要建立“亲”“清”的政商关系就要处理好以下几对重要关系。

其一，企业主和企业之间的边界。现在的情况是，企业家一出事情，整个企业就会受到影响，甚至被停业和关闭。如何使得企业不受重大影响？这方面国外有很多好的经验可以参照。

其二，企业和政府的边界。最主要的是要建立政府和企业作为两个实体之间的关系。现在的政商关系并不是两个实体之间的关系，而是企业家个人和政府官员个人之间的关系。这种关系表现为不可继承性，从而也是持续的腐败，因为每一代企业家都要通过自己的努力来培养和政府官员的关系。这客观上在各个层面造成了人们所说的“一朝天子一朝商”的局面。

其三，产业政策和企业的关系。政府掌握产业政策，企业执行。产业政策影响着国家巨量财力的使用，如果决策和执行不当会产生很大的腐败。政府官员要寻租，经常把资金投向与自己有关联的企业或者自己的“金主”；企业要寻租，寻找和政府官员的关系来获取产业政策中的巨大利益。这里，建立公开、透明的产业制度以及产业实施制度是关键。

此外，政府官员的“下海”问题也是必须面对的。对现行官员必须实行严厉的管治，确立有效的“利益冲突条例”，防止官员对企业的利益输送。这方面，各地随着反腐败机制的建立，会得到相当的改善。不过，对一些退休官员在企业兼职的问题，可能需要考量。

一方面很难禁止，另一方面也可以利用这些官员的丰富经验来促进经济发展。这方面，很多国家也有很好的经验可供参考。

在底层中小企业领域，政商关系也极其重要。大多创新都发生在这个领域，是培养新企业和企业家的领域。这个领域政府的支持很重要。第一，金融。金融业需要结构性改革，需要专门为中小企业服务的中小银行或者金融机构。第二，技术创新的保护，表现在知识产权的保护。

现在中小企业的很多技术要么被抄袭，要么被大企业买断而“消失”。技术被抄袭就会影响创造者的动力，这点容易理解。大企业收购技术的动力则经常被忽视。这在互联网领域表现得尤其明显，很多所谓的“风险投资”不是为了培养新企业，而是防止新技术对现存企业的垄断地位所可能带来的挑战。因此，所谓的“投资”实际上可能阻碍了经济和技术的进步。

今天，中国已经进入从中等收入社会迈向高收入社会的过程，也是需要确立有效政商关系的时候了；没有有效的政商关系，这个过程会很难完成。

# 八、政府该如何打造营商环境

在任何社会，企业家都是经济活动的主体。中共十八届三中全会通过了以“市场化”为主题的经济改革方案，在中国经济活动中，市场起决定性作用，政府起更好的作用。尽管这并不表明政府会完全退出经济活动（主要指国有企业部门的活动），但表明要把更多的权力下放给企业，把更多的经济活动让渡给企业。政府成为经济活动的监管主体，而企业家则是直接主体。

要实现这个目标，就需要提供有利的政治、制度和政策环境，为企业家提供动机和动力去专注于经济活动，推动经济的可持续发展。这里既包括国有企业，也包括民营企业，尤其是民营企业。这些年的经济实践，最遗憾的就是忽视了企业家这个群体，好像政府才是经济发展的主体。因此，政策在执行过程中到处碰壁，政府叫得响，但因为企业家的缺位，导致政策空转。

在设计供给侧改革计划的时候，关键是要从企业家的角度来考量，如企业家和家人的财产安全。企业家是资本的主人，资本的本质也就是多数企业家的本质。大部分企业家对环境极其敏感，一旦觉得不安全就需要寻找新的安全地方。

保障企业家的人身和财产安全，是中国政府多年所努力要实现的目标，所使用的方法主要有两种：第一，为企业家提供稳定而有利的政治环境。例如“三个代表”理论容许和鼓励民营企业家加入中国共产党，给他们提供正常的政治参与通道。第二，更为重要的是制度建设，尤其是法制和法治。中国已经修改了宪法，宪法承认民营企业的合法性和保护合法的私有财产。《物权法》更是为民营企业和私有财产提供了具体的法律保障。

不过，这两方面近年来都在发生变化，主要受以下几个因素的影响。

第一，在制度建设上没有多大的进步。保护企业家的法律制度并没有发生多少变化，不能满足他们的安全需要。企业家普遍拥护反腐败运动。尽管有些企业家的经济活动涉及不同形式的腐败，但他们也因此深感不安全。一个清廉的政治环境显然有利于他们的长远发展。

不过，反腐败运动也在不同程度上影响到企业家及其财产的安全。例如，在企业家及其企业之间没有明确的法律边界，一旦企业家出现问题，不仅其企业而且其家庭都会卷入其中，导致企业活动的全面停顿与家庭和财产的不安全。企业家连同他们的资本大规模地外流和这些变化相关，外资的退出也可以用这些因素来解释。

又如，在有些地方，腐败扩大化（尤其是互相举报活动），使得很多企业家深感不安。过去没有明文规定合法的政商关系，企业家和政府人物之间发生过在今天看来是不合法的行为，而反腐败运动又没有明确如何处理以往非常态之下发展起来的政商关系，导致一些企业家的恐惧。一旦官员出现问题，与之打过交道的一大批企业家就会处于恐惧之中。

第二，政治环境也变得敏感起来，主要是民粹主义和左派思潮的抬头。因为法治仍有待健全，以意识形态为核心的政治环境，始终是中国企业家判断政治稳定的主要指标。

第三，市场机制。企业家依靠市场而运作，没有市场，企业家就没有活动空间。在这方面，企业家面临的困境至少有二。一是市场空间的垄断状态，在一些领域是国有企业垄断了市场，在另一些领域则是大型民营企业垄断。即使居于垄断地位的企业，也是简单地扩张市场，并非提升已有市场的质量。在没有反垄断法的情况下，市场机制很难发育，提升质量，而往往是相反。二是行政干预。政府行政权力仍然过大，不仅没有把很多权力下放给企业和市场，而且随意干预市场。和西方市场经济相比较，中国仍然是“府内市场”，即市场被控制在政府手中。尽管这并不是说政府永远有能力控制市场，但行政的强力干预让市场不能正常发挥作用。

第四，制度化的政商关系。企业的长远发展需要非人格化的企业与政府之间的关系，而非企业和政府官员个人之间的关系。在任何社会，政商关系既不可避免，也是经济发展所必需的，因为政府必须依靠企业家来发展经济。但企业面对的必须是作为组织和制度的政府，而不是一个个政府官员，官员只是政府的代表。

企业所需要的是可以继承下去的制度化了的政商关系，而不是不能继承的人（企业家）与人（政府官员）之间的关系。中国的政商关系基本上是企业家和政府官员个人之间的关系，这种关系不能制度化。一旦政府官员流动，这种关系也就会中断；再者，一旦企业家二代接班，这种个性化了的关系也往往难以为继，甚至会变得恶化。

一些企业家无奈，只能一方面对建立这种关系“乐此不疲”，另一方面则厌恶这种关系，把小孩送到国外，不想把这种恶劣的关系传递下去。中国企业很喜欢和外国公司做生意，因为公司之间都是法律之上的契约关系，而非个人之间的关系。

第五，金融的平等。直到现在，国企与民企、大型企业和中小型企业之间的金融条件是不平等的。国有银行系统基本上都是为国有企业服务的，它们很难有动力去为民营企业服务，更不用说中小型企业了。这就要求大力发展民营银行，尤其是为中小型企业发展服务的地方性银行。

第六，为中小企业的发展提供各方面的制度条件。在任何社会，中小企业的发展都至为重要，尽管对经济增长的贡献不会太大，但它们是就业机会的主要提供者，而充分就业是社会稳定的前提条件。要发展中小企业，除了上述金融服务，还需要包括税收、投资空间、咨询提供、人才培养、市场关联等方面的服务。这些方面政府责无旁贷。

第七，税赋的平等。不同的税种要维持在合理水平，企业不能承担高过其实现可持续发展能力的税赋。对企业要减税，减税才能扩大企业的投资动机，而企业的经济活动的扩大表明税基的扩大。同时，合理的税赋水平为企业家提供了不逃税、不做假的动机。现在因为过高的税赋，很多企业都千方百计地逃税，同政府玩“猫捉老鼠”的税收游戏。在这样的情况下，调整税收就成为必要。实际上，通过减税来促进经济发展是西方供给学派的核心观点之一。

第八，合理的社会负担。企业要承担社会负担，这具有普遍性。不过，今天中国企业的社会负担，也就是“五险一金”实在太重。一般来说，社会负担为企业总体负担的20%，甚至更多。和过重的税赋一样，过重的社会负担也促使大企业作假、逃避社保，甚至在感觉不安全的情况下转移财产，避免日后被政府追责甚至“清算”。

过重的税赋和社会负担使得中国企业的生产成本过高。中国现在只是一个中等收入国家（人均国民所得7800美元），但生产成本几乎已经赶上发达经济体（包括人均国民所得5万多美元的美国），在一些产业甚至高于发达经济体。这种现象继续下去，很难促成经济可持续发展。多年来，中国的决策者和立法者越来越呈现出教科书式的决策方式，只是从概念和理论出发，而不是从中国的实际出发来立法。

《劳动法》就是典型的例子。中国需要立法保护劳动者的利益，不过必须真正从劳动者的利益出发。

诚然，一个社会的目的也并非是经济增长和发展，经济面并非社会的全部。政府决策时需要考量各个社会群体的需求，要在各种需求之间保持平衡。不过，经济还是社会政治的基础，如果经济出现了问题，社会政治就会出现问题。这并不是说，政府的供给要倾向于企业家。企业家和社会群体之间的关系既可以是“零和游戏”，也可以是“双赢游戏”，政府的政策供给是关键。政府必须在“亲商”和“亲民”之间实现平衡，倾向了任何一方，就会出现“零和游戏”的局面。

第六章

# 改革开放 4.0 版，中国如何走出去

# 一、疫情之后的“有限全球化”

新型冠状病毒疫情之后，各国都会想方设法收回更多经济主权，全球化方向会发生变化，即变为“有限的全球化”。

## 1. 回到 20 世纪 80 年代以前的全球化

具体来看，这次疫情中，美国、欧洲国家等发达经济体，虽然具有最发达的医疗系统、公共卫生系统，但疫情发生后情况依然很惨烈，一个重要原因是 20 世纪 80 年代以来的全球产业转移，使得口罩、洗手液、呼吸机等医疗物资产业链大量转移到中国等发展中国家，欧美国家自身的生产能力大幅降低。

中国在抗击新型冠状病毒疫情中，之所以能在短期内取得巨大成效，不仅缘于全国统一行动的制度优势，也因为医疗物资产能相对充裕的经济优势。虽然刚开始医疗物资也曾出现短缺，但是随着产能快速提升，目前医疗物资供应问题已经基本缓解。因此，疫情之后，各国无论从国民生命安全还是经济安全考虑，都会更多地把经济主权掌握在自己手里，全球化将转变为“有限的全球化”。

事实上，从历史上看，20 世纪 80 年代以前的全球化也是有限全球化，即每个国家都掌握自己的经济主权，并在此基础上进行贸易和投资。20 世纪 80 年代后的全球化是更深层次的全球化，生产要素在全球市场进行优化配置。但此次疫情之后，全球化会出现回落，部分产业链将迁回西方发达国家。

## 2. 不是“去中国化”的过程

笔者不认同有人认为这是“去中国化”。“去中国化”是指美国等国家将其在中国的企业迁到越南、印度等其他国家。实际上，美国等国家主要把境外企业迁回本土，迁出的区域不仅包括中国，也包括其他国家。一些国家想投资分散化，即避免投资过度集中在一个国家，这也是正常的经济考量。

同时要看到，欧美国家不会把所有企业都搬回本国，而是主要集中于两个领域：第一，与国家安全有关的企业，这在中美贸易摩擦中已经体现出来；第二，与公共卫生医疗物资相关的企业。

从短期看，“有限的全球化”会对中国经济产生较大冲击。近年来，外贸占中国 GDP 的比重均在 30% 以上，外资、外商在中国经济中也占有重要位置。此次疫情对中国企业的影响至少体现在两个方面：其一，中国很多地方的企业复工之后，由于欧美国家的订单减少或者取消，无法恢复正常生产；其二，疫情结束后，美国、日本等国家的企业迁出，将给中国带来比较大的产业调整成本。

但从长期看，中国将从“有限的全球化”中获益。一方面，西方产业不可能全部撤离；另一方面，西方企业撤离后让出的国内市场空间，中国企业可以迅速占领。目前中国是世界上产业链最齐全的国家，而且国内市场广阔，"有限的全球化"对中国企业来说也可能是很好的机会，不仅可以占领西方企业留下的产业链空间，还可以向产业链中的高附加值环节发展。

"有限的全球化"下，美国、日本等国家即使将企业迁回本国，也是一个较长的过程，不可能在一年半载内完成，对中国，比如具体到对广东来说，会有一个缓冲期。要看到，外资企业来到中国的主要原因就是看中了中国市场，这些企业迁出后，会为中国企业腾出市场空间。特别是，珠三角是外向企业最集中的地区之一，在新的全球化格局下，可以借机发展内需市场。

### 3. 中日韩区域发展方向值得肯定

中日韩的地理距离不远，文化相近，产业链的区域分布也非常好。这次应对疫情，三国互帮互助，体现出三国政府之间高度互信，整体表现好于欧盟。这样的区域发展方向是值得肯定、有利于区域安全稳定的，应该继续推进。

不过，日本也提出把企业迁回国内，说明日本对经济形势存在一定担忧。接下来就需要通过进一步加强协作，共同应对危机，避免各国各自为政。

此外，东南亚有很多国家，面积、人口和经济体量比较小，疫情之后，关乎国计民生的产业可能会放在本国，但是不可能把所有的产业链迁回。就像我常说的“一个世界，两个市场”，即世界上存在分别以中国、美国为中心的两个巨大市场，东南亚不会放弃美国市场，但从产业关联上与中国会更加紧密。

## 二、中国开放政策进入 4.0 版

自中共十八大以来，中国在开放政策方面出台了诸多政策议程。这些新政策议程表明中国的开放政策已经进入了 4.0 版。中共十八大之后，首先出台的是自由贸易试验区政策，之后建立了 11 个自由贸易试验区。在此基础上，中共十九大之后，又加上了海南自由贸易港试验区。

近年来，欧美在内部分配机制出现问题、社会高度分化的情况下开始盛行贸易保护主义、经济民族主义等，与全球化背道而驰，而中国则大力提倡进一步的全球化。习近平在达沃斯经济论坛和博鳌亚洲论坛等多个场合，宣示了中国政府继续推动全球化的决心。同时，中国本身则加快了开放的力度。

尽管表面上，一些人认为中国近来的开放是因为面临来自美国的压力，但实际上中国或许通过利用外在环境变化所带来的压力进行主动开放。很显然，进一步的开放是中国可持续发展所需。新一波的开放政策包括建设粤港澳大湾区这一世界级经济大平台、修改外资投资法、知识产权保护、降低关税等等，可说是全方位的。

中国如何从开放政策的 1.0 版走到今天的 4.0 版？在很大程度上说，中国自近代被西方打开大门之后，开放一直是大趋势，无论是被动的开放还是主动的开放。改革开放之前的毛泽东时代被视为封闭政策，但当时的“封闭”政策是有其深刻的国际背景的，主要是以美国为首的西方对新中国的封锁。

尽管当时的中国领导层可以说“不得不”实行封闭政策，可一旦有开放的机会也不会放过。因此，中国和美国建交并没有什么困难。“文化大革命”结束后，中国就开始了开放政策，尽管当时被批评为“洋跃进”（或者“洋冒进”）。在一定程度上，反映了当时的中国对开放的迫切心态。

1978 年中国正式进入今天所说的“改革开放”时代。对内改革、对外开放，把开放和改革放在同等位置，可见开放的重要性。但“开放”并非一件容易的事情，当时的中国处于邓小平所说的“贫穷社会主义”状态，经济发展水平低（短缺经济），资本高度短缺。同时，改革开放的主要目标就是发展经济和现代化，而这些又需要一个和平的国际环境。

## 1.“请进来”政策后的改革

在这样的情况下，邓小平作出了一个重大的判断，即和平与发展是世界大趋势。这个判断既是中国对世界的期望，也是中国自己努力争取的目标。中国到今天为止仍然强调的“发展机遇”的起源就在于此。

发展经济需要资本。因为资本短缺，中国实行了“请进来”的政策，即主动打开自己的大门，让外资进入中国。西方资本当时对中国还是持高度的怀疑态度，首先进入的是中国香港、台湾、澳门地区和新加坡的海外华人资本。中国拥有大量的海外华人，这是中国的优势。

从统计上看，西方资本只是在邓小平 1992 年“南方谈话”、中共十四大正式确立了“社会主义市场经济”概念之后，才开始有规模地进入中国。为了吸纳外资，中国确立数个沿海经济特区，让外资享受一些“特权”。这在当时被视为激进之举，被一些左派人士批评和攻击。但开放是大势所趋，之后没有任何批评能够阻碍开放政策。从 20 世纪 80 年代到今天，尽管对开放的批评成为常态，但开放本身也成了中国的常态。

如果“请进来”是开放政策的 1.0 版，那么 20 世纪 90 年代开始的“接轨”就是开放政策的 2.0 版。20 世纪 80 年代，中国也花了很多努力加入关税与贸易总协定（GATT，即世界贸易组织的前身），但因为内部阻力太大，并没有成功。中共十四大“社会主义市场经济”概念的确立，为中国的开放政策注入了巨大的活力和动力。为了加入世界贸易组织，中国主动实行“接轨”政策，即主动修改本国的法律、法规和政策以契合国际社会的标准。

中国努力不少，修改了大量的法律、法规和政策，从制度层面积极加入国际贸易体系。“接轨”政策对中国方方面面的影响是巨大的。中国在 20 世纪 90 年代基本上完成了与社会主义市场经济相匹配的经济制度体系，并通过和有关国家（尤其是和美国）的艰苦谈判加入了世界贸易组织。“接轨”和加入世界贸易组织也不是很容易。当时，中国国内不少人大呼“狼来了”，无论在意识形态层面还是实际利益层面，阻力不少。但“接轨”和加入世贸组织，可说是中国抓住了第二次世界大战之后最大的一个发展机遇，改变了中国的全貌。

第二次世界大战结束之后，美苏两国很快就进入冷战，两个阵营互相对峙，有效阻碍着资本在全球范围内的流动。尽管西方专注于其内部的发展，但因为西方经济越来越体现为官僚经济，到20世纪80年代出现了发展瓶颈。于是，20世纪80年代同时在大西洋两岸发生了英国撒切尔经济革命和美国里根经济革命，两场革命的性质是一样的，即在私有化基础之上的资本自由化。这场革命也扩展到几乎所有西方国家。私有化在西方内部的效应很有限，因为“一人一票”制度的存在，政治人物很难把国家从公共领域撤回来。但西方资本自由化在国际舞台上则找到了充分施展的空间。

这主要是因为20世纪90年代初苏联解体东欧剧变，以及中国在1992年中共十四大确立了“社会主义市场经济”之后实行的大幅度开放政策。也就是说，中国抓住了百年不遇的机遇。这也就使得中国成为自20世纪90年代以来这一波全球化的主体之一。在这波全球化之后，到现在还没有任何迹象表明在可预见的未来还能出现类似的机遇。例如，这些年来，印度也希望步中国后尘，通过全球化来促成国内的发展，但印度人发现国际资本已经没有了后劲。尽管印度被西方政府和媒体视为世界上最大的民主国家，被大肆吹捧，但西方资本并没有大量进入印度。

人们今天所看到的中国是20世纪90年代“接轨”和加入世界贸易体系的产物。因为大量西方资本的涌入，中国很快就成为世界制造业基地，把西方的资本、技术要素和中国的劳动力、土地要素有机地结合起来。这创造了几个方面的经济奇迹，包括中国实现了长期的两位数增长、在短短时间里跃升为世界第二大经济体、最大的贸易国、最大的外汇储备国等。但就开放政策来说，最重要的变化莫过于中国从资本短缺经济体向资本剩余经济体的转型。所以从 21 世纪初开始，中国的资本开始“走出去”。

资本的“走出去”构成了中国开放政策的 3.0 版。世界经济史表明，对一个国家经济可持续发展来说，资本的“走进来”和资本的“走出去”具有同等的重要性。自由贸易和投资是经济发展的要义，而关键在于资本的流动。尽管中国“走出去”的资本包括国有资本和私营资本，但中国资本和其他国家的资本并没有什么本质上的不同，即资本总是流向那些有利可图的地方。所不同的是，当中国资本“走出去”的时候，世界上大部分的经济空间已经被西方资本所占领，中国资本只好走向那些条件并不那么好的地方，包括那些政治不稳定甚至经常发生战争的地方。

中共十八大以后，中国开放政策 4.0 版开始形成。和以往版本的开放不同，4.0 版兼具“请进来”和“走出去”要素，是两者的系统化和两者之间的有机结合。就“走出去”而言，以往也都是市场需求导向的，但比较零星，不具有系统性。中共十八大之后形成的“一带一路”倡议则是在以往“走出去”的基础上的系统化。“一带一路”较之以往的“走出去”具有了更大的动力，因为它结合了中国剩余资本、产能和所拥有的基础设施建设技术。

## 2."走出去"关乎中国经济可持续发展

"走出去"是中国经济发展的必然,但"走出去"已经不再仅仅是为了自己的可持续发展,而且也反映出中国作为第二大经济体所需要承担的一份国际责任。2008年世界金融危机是世界经济失衡的产物,危机发生后,尽管各国作了很大的努力,但世界经济仍然处于不平衡状态。西方国家因为其内部问题,开始搞起贸易保护主义和经济民族主义,但这无助于世界经济的再平衡,要平衡世界经济就需要新的增长点。

就经济增长来说,西方经济体仍然重要,但并不能忽视广大发展中国家的增长潜力,并且很多发展中国家自第二次世界大战以来一直陷于不发展状态,它们多年来所期望的就是经济增长。"一带一路"主要针对的是发展中国家,在很大程度上可以满足它们的发展需要。

很清楚,"一带一路"沿岸沿边大都是发展中国家,很多甚至是低度发展国家。"一带一路"的重点是基础设施建设,而正如中国本身的发展经验所显示的,基础设施建设对经济发展至关重要,基础设施建设本身就是经济发展,而它又是其他方面经济发展的前提条件。

而"请进来"则直接关乎中国本身的可持续发展,光"走出去"却没有"请进来",就会使得内部经济发展不可持续。从国际层面来说,中国本身的可持续发展是中国对世界经济体的最大贡献。在加入世界贸易组织以后的很多年里,中国对世界经济增长的贡献都在

40% 以上。中共十八大以来，尽管中国经济下行，但对世界经济增长的贡献仍然占了 30%。要维持稳定的经济增长，“请进来”是必需的。从自由贸易试验区到自由贸易港试验区，再到粤港澳大湾区建设可以说都是这方面的反映。

这里当然也有提高国际竞争力的内容。今天，各国对优质资本和技术的竞争趋于激烈。西方搞贸易保护主义和经济民族主义也不是要把自己孤立起来，而是为了吸引优质资本和技术的回流。就中国来说，如果大国之间的竞争不可避免，那么经济竞争是最好的竞争，最终会取得一个双赢格局；而军事和战略竞争则是最坏的竞争，经常导向冲突甚至战争。因此，中国无惧和美国的经济竞争。更为重要的是，在目前中美贸易冲突的局势下，只要中国自己不关起门来，没有国家可以把中国的门关起来，封闭中国或者围堵中国。构建世界级经济平台可以在吸引西方优质资本和技术的同时，避免西方对中国的围堵。

就中国内部来说，早年经济体量小，几个项目投入就可以促成经济增长。但就现在的体量，中国已经不再是项目经济，而是需要更大的经济平台或者市场。从这个角度说，无论是京津冀、长江经济带，还是粤港澳大湾区都是建设大市场经济平台的内容。

构建世界级经济平台还具有重塑世界贸易规则的含义。中国的选择是先“接轨”世界体系，再在体系内改革不合理的规则。这不是说中国为了自己的利益而去修正和改革现行规则，而是现行规则需要与时俱进。因此，在修改规则时，不是中国一家说了算，而是通过多边主义来修改现行规则。在开放 4.0 版本时代，在规则方面，中国又具有了新的内容。

一方面，中国通过亚洲基础设施投资银行（AIIB）和“一带一路”等多边机制对现存国际规制进行补充；另一方面，中国期望通过国家内部的大平台建设来探索和深化自由贸易规则。这尤其体现在粤港澳大湾区建设上。欧盟的建设不仅对欧盟的发展作出了贡献，而且对世界自由贸易体系建设作出了贡献；中国在实施“一国两制”的粤港澳进行大湾区建设，不仅仅是为了这个区域的发展，也是对区域自由贸易制度的探索。一旦成功，也同样会对世界贸易体系作出贡献。

# 三、中国应主动创造自己的战略机遇期

中美关系怎么走？第一阶段的协议签订以后，无论是中国还是美国，大家的反应都非常复杂。有的人说是“柳暗花明又一村”、中国可以第二次“入世”了，有的人说这后面会有更大的斗争；有的中国人说我们让步太多了，也有美国人说美国让步太多了。这些不同的意见是不可避免的。如果从全球化角度看，对中美关系应当有一个比较现实的评估，既不应太理想，也不要太悲观。不管如何，这次协议本身就是斗争出来的。从短期内来说，中国可能需要作出较大的调整，但从长远来说，该项协议的达成对中国更有利，而对美国构成压力。但美国也有人说这个协议可能会让中国更难，而不是美国更难。很多人根据这个协议里提到了“中国应当做什么”的次数比“美国应当做什么”次数多来判断，但以这么一个简单的方式来判断我们是不是让步太多了不太妥当。事实上，协议里面有很多条，即使美国不提我们也应当做，因为这与我们的改革方向完全一致。很多人也会认为这是因为美国给我们施加了压力，所以我们才这样做。但压力就是压力，无论是来自内部的还是外部的，只要可以推动我们去做好的和正确的事情就是好的压力，为什么外部的压力就不好，内部的压力就好？这样未免太民族主义了。

## 1. 外部压力可助推内部改革和进步

以前日本的明治维新完全是利用外部的压力，但搞出了一个现代日本来。亚洲“四小龙”也都是这样的，都是通过外部的压力来求得进步的。没有外部的压力，内部的既得利益集团哪会让步呢？我们加入世贸组织之前，很多人甚至说“狼来了”，但是狼有没有来呢？加入 WTO 以后，我们经济呈双位数的增长有多少年？中国的经济总量从加入 WTO 以后又增加了多少？到现在轮到美国人说“狼来了”，而不是我们说“狼来了”。当时中国加入 WTO 时有很多担忧，但后来其实这些担忧很多是没有发生的。现在也是一样的。例如，我们讨论最多的知识产权问题也是中国所需要考虑的问题。

现在中国特别需要知识产权保护，甚至比美国更需要。我们现在是人均 GDP 刚过 1 万美元，没什么好骄傲的。2035 年我们的人均 GDP 应当有多少，至少应该赶上今天亚洲“四小龙”最后的一位——中国台湾的水平。中国台湾的人均 GDP 是 2.6 万美元，而我们整体从 1 万美元到 2.6 万美元还有很长的路要走。我们该怎么做？就是通过技术和创新。通过这些年的讨论，人们已经意识到，数量型的经济扩张已经结束了，必须要发展质量型经济，那就是技术创新和知识产权保护。

西方的知识产权保护也是西方在“往外走”的时候产生迫切需要的。中国现在也是一样的，比如说我们的“一带一路”就正在往外走。像华为这样的企业马上就意识到了这个问题，我们需要一个国际知识产权体系来保护我们。美国提出来当然是为了自己的利益，但我觉得这也是符合我们自己的利益的，即使美国人不说，我们也是要这样做的。

关于协议中谈及国企的问题，我认为任何国家都是一样的。刚开始发展的时候，要保护民族工业。美国以前也是这么做的。在跟英国竞争的时候，德国也这么做。但是成长起来以后还是让它去竞争，不能永远养着它，靠垄断来维持它的生存发展。我觉得我们的国有企业也是这样的，已经养得那么大了，还得继续保护下去吗？我们的银行、金融开放，笔者认为协议上的很多条都符合我们的改革方向。如果把这次签订的协议跟中共十八届三中全会我们要做的事情比较一下的话，很多是高度吻合的，没有哪个地方是需要妥协的，只是有多种不同的表现方式。农产品采购可能是一件大家比较担心的事情，但问题是我们的农产品本身就是供给不足，不买美国的，也要去拉美买，其成本也是在增加的。在这些方面两个国家实际上是相向而行的。但同时，人们也不能对中美关系那么乐观。

我们需要两条腿走路，一条腿是合作，一条腿是斗争，既有斗争又有合作，斗争不可避免。一些美国人认为中美间的“冷战”是从 2018 年开始的，例如技术冷战。的确，现在两国间科学技术领域的交流、人员的交流几乎处于停顿状态。意识形态的对立也是不可避免的，所以才会有“修昔底德陷阱”一说。

从近代美国对中国的态度来看今天的中美关系不难理解。我们说两国要相向而行，实际上美国也是这样的。当美国感觉到中国跟美国是相向而行的时候就非常开心，同情中国，还能帮助中国，但是当美国感觉到中国跟美国不是相向而行，而是逆向而行，那么就会感到气愤。

## 2. 中国应成为“自己长大”的经济体

笔者以前在波士顿的时候请教过一位资深学者，美国为什么对中国这么情绪化？这位学者说美国是一个使命型的国家，就是要改变其他的国家，美国认为应该改变中国，也相信能够改变中国。但问题是美国改变不了中国。还有一点，现在我们这边也有很多人说是不是我们太高调了，放弃了“韬光养晦”政策。这个笔者认为也不可以解释中美关系的变化。

20 世纪 80 年代初的时候，中国人均 GDP 还不到 300 美元，那时候“韬光养晦”是很容易的，但现在中国已成为世界第二大经济体、最大的贸易国了，所以当时所说的“韬光养晦”在现在这种情况下是行不通的。我们已经靠近世界舞台的中心了，这表明我们有了一定的影响力；更为重要的是，我们是国际体系的一部分。但问题是大家都没有意识到我们应该承担什么样的责任。

这次中美贸易第一阶段协议的签署，不仅对美国好、对中国好，对整个世界都是一个好事情。在这次的中美贸易摩擦中，有一些东南亚国家因为中国的产业转移而得到了好处，但这个好处也只是临时的，如果中美公开对抗，没有一个国家会受益。之前，美苏之间发生了冷战，而第一次世界大战时欧洲国家之间则发生了战争，这个问题大家要好好思考一下：当时欧洲国家间的经济依存度不比今天中美之间的低，为什么他们就发生了“热战”？目前有一些机会主义色彩的美国学者已经在说中美间已经开始“冷战”了。我们以前也说，中美是“夫妻”，不会分家。但事实并非如此。内部问题解决不了，就想外部输出。所以那时候列宁的分析是很正确的，帝国主义内部的矛盾解决不了，就要往外输出，所以他们发生了战争。因此，即使中美经贸关系密切，我们也不能掉以轻心。

美苏间为什么发生冷战？尽管他们在第二次世界大战期间都是反法西斯的，但他们间没有任何关联，既没有贸易的来往，也没有人员的交往，冷战便是最好的选择，你不要理我，我也不要理你。这样看来，我倒觉得中美之间的贸易依存度减少一点，相对“脱钩”一点是好事情，不是坏事情。两大经济体，贸易依存度太紧密了，任何一边一动，大家都会感觉到很疼，“脱钩”的过程是非常痛苦的。

怎样平稳地“脱钩”是很关键的，现在贸易的谈判就是一种平稳的下降。中国从两位数的经济增长到现在的 6%，平稳的下行对自己和整个世界都是有好处的。同样，中美间平稳地慢慢减少一些贸易依存度也是有好处的。大家要理性，这样对整个世界都好。

其实我们对这次中美贸易摩擦应当有很大的反思。以前我们太理想化了，总觉得自由贸易是天经地义的，一定会存在的，我们采取向世界市场进行采购就可以了。但现在看来，这样是不行的。中国是一个大国。如果按以前的方式发展，中国可能会变成像拉美那样高度依赖西方市场，高度依赖西方技术，自己永远长不大的经济体。尤其是中国原创性的东西太少，像华为这样较好的中国企业，有相当一部分技术仍依附于西方。而哪怕一个东西99%国产化，1%的核心技术掌握在人家的手里，人家不给你，你还是不行。

汽车工业发展那么多年，我们自己原创性的东西有多少？我们的航空工业飞机的发动机是别人的，航天领域的很多芯片也是别人的，但这些又很重要，是“大国重器”。这些东西中国不是说不会做，是会做的，但是没有压力就做不出来。所以，来自外部的压力比内部的压力更有效。其实美国人现在也在考虑，是不是两国技术“脱钩”，美国就更强大了呢？或者是美国更安全了呢？美国有头脑清醒的人也意识到，如果技术“脱钩”，中国自己发展出一套独立的系统，那么美国就更不安全。你中有我、我中有你，这样大家才比较安全。

### 3. 中美之争的背后是制度之争

第一阶段经贸协议的签署，至少可以分化美国对中国形成的所谓的“统一战线”。以前华尔街、军工系统、安全系统一起形成了一个统一战线，给中国施加压力，这次签署，华尔街经济部门看到了它的利益。特朗普还是做了一些好事，把那些强硬派遏制了一下。另外，“斗争”方面可能也会深化下去，尤其在地缘政治等方面，因为美国还是“老大”，要保护其“老大”的地位。

这次美国为什么要这样对待中国呢？以前中国的发展方向不明

确。20世纪80年代美国是最开心的，因为我们自己提了两个口号，即“政治民主化”和“经济自由化”，美国说这个好，这正是美国所希望的方向。后来由于一些事件有了一个大转型，美国又开始制裁中国。20世纪90年代初邓小平“南方谈话”之后局势又得到了改变。中国真正地开放了，尤其是中共十六大提出了中国的政治发展模式，即党内民主引导人民民主。美国人觉得这也很好，符合他们所期待的方向，因为当时中国共产党有7000多万党员，党内民主先做起来，再社会民主。同时，20世纪90年代美国一直在和中国进行民主和人权的对话。但中共十八大以后我们宣布自己有中国模式了。尽管我们强调说不搞模式输出，但同时我们也说中国是一个可供选择的模式，其他国家可以参考。这样，美国就害怕了。

美国清楚了中国的政治制度，我们自己也清楚了自己的政治制度。无疑，中美之争的背后就是一个制度之争。制度之争也没有什么可害怕的，只要制度是可持续发展的，我们自己觉得自己的制度可持续发展最重要。从前，中国很多人尤其是自由派有幻想，相信我们这个制度会变成美国式的制度，但事实上这是不可能的事情。美国的制度、西方的制度从来没有超出过西方，西方之外哪个地方都没有成功，中东没有成功，拉美没有成功，非洲没有成功。在很多国家，纸面上说多党制、宪政、自由民主、法制什么都有，但实际上不是一样的。日本成功了，但自民党一直执政，很多美国人也不认为日本是西方式的民主。日本是伪装成西方的民主，实际上不是西方民主。中国如果真的变成了“西方式的民主”，也很难走下去。20世纪90年代初，中国台湾跟新加坡的人均GDP是差不多的，现在连新加坡的一半都不到。你能说新加坡是西方式的民主吗？肯定不是的。中国现在确确实实是找到了自己的“四个自信”，找到了自己的模式。我们可以学美国，但我们永远变不成美国，美国也变不成中国。

## 4. 只要中国持续开放，中美就不可能完全“脱钩”

未来是一个世界，两种体系；一个世界，两个市场——一个以美国为中心的市场，一个以中国为中心的市场。有些国家跟美国多做一些生意，有些国家可能跟中国多做一些生意，有些国家两边都做生意，但会做得比较辛苦一点。这两个经济体之间不可能完全“脱钩”，这里有两个条件：第一，只要美国还是资本主义国家。我想美国很少有可能变成社会主义国家，奥巴马想让美国走社会主义路线，他失败了。美国是典型的资本主义国家，美国不会自我封闭，资本的走向是一定会走向能赚钱的地方。第二，只要中国是开放的。中国也没有封闭起来的理由，闭关锁国的路线没有可能性。20 世纪 80 年代人们总结的经验教训就是：封闭就要落后，落后就要挨打。现在很多年轻人都在欧美留学，更不会“闭关”起来。只要这两个条件存在，这两个经济体就不会绝对“脱钩”，有些方面的贸易依存度可能又会上升。为什么？因为资本。美国的资本走向哪里？中国现在是最大的市场。以中产阶级的规模来看的话，我们的比例可能比美国还小一点，但是绝对数字已经超过美国了。所以说要华尔街放弃中国市场是不可能的。如果华尔街放弃中国市场，只是把这个市场转让给日本或者欧洲，笔者并不认为美国现在想这样。

从军事对抗角度来看，美国也没有任何可能性把西方国家团结起来来对付中国。一点可能性都没有，因为这个市场实在是太诱人了。历史上看，是白宫听华尔街的，而不是华尔街听白宫的。当前这个阶段，他们或许临时结成了统一战线，确实像冷战。但华尔街实际上就是为了使中国更开放，要赚更多的钱。

这几年的贸易摩擦，美国对中国的外资投入没有减少多少，像特斯拉这样的大企业都在投资。其他的国家比如说越南替代不了中国，如珠江三角洲的产业链，并不是说其他国家想形成就能形成的。有些西方国家觉得，中国之后印度会成为另一个大市场。但这么多年过去了，印度还是很难形成中国这样的市场。印度无论是自由、民主，还是法制，都是阻碍资本进入的。

有人认为 20 世纪 80 年代开始的全球化就是“两个主义”（即资本主义和共产主义）的最有效的结合。确实是这样的，印度哪有能力来推动像中国那样的大规模的基础设施的建设，推进大规模的全球化？不太可能，因为印度没有制度条件。所以美国绝对不会放弃中国市场，没有任何理由放弃，只要中国是开放的。

从技术上说，中国也积累了那么多年了。中国确实也要走自己的路，要找到原创性的东西。如果没有原创性的东西是很麻烦的，就要受制于人。现在已经有大规模的研发投入，政府也要起到更好的作用。中国失去了海洋时代，也失去了工业化时代，现在不能失去互联网时代。有人说如果中美之间发生冲突，中国会不会又要封闭起来？这个问题也是需要考虑的。最近笔者一直在思考法国总统马克龙所讲的。他说西方主导世界三百年，主要是三个国家，一是法国的启蒙运动提供了思想，二是英国的工业革命提供了工业化。他讲到美国的时候非常有意思，美国凭什么而崛起？他说美国是从第一次世界大战、第二次世界大战中崛起的。这个表述非常有意思：美国凭什么而崛起？凭战争而崛起。所以我们以前一直是讲和平崛起，我们现在也要思考，我们如何崛起，这是我们需要考虑的。

## 5. 中国新的“韬光养晦”——为自己创造国际机遇期

很多从前的思想还是要再考虑的，例如我们说的“国际机遇”。邓小平时代的国际机遇和今天的国际机遇是不一样的概念。前者的国际机遇是被动的：国际上有这个机会，我们赶紧把它抓住。但如果今天继续用这个思路去考虑国际机遇，就大错特错了。中国的今天已经可以为自己创造国际机遇，而不是等待人家给我们国际机遇。

我们要理性，中美两国的“热战”不可能，我们有能力避免“热战”，“冷战”可能不可避免地已经在进行，但并不是说我们就会被打败。我们要考虑如何构建一个新的“韬光养晦”，而不是邓小平时代的”韬光养晦”。这里的空间很大，可以构建一个新版本的“韬光养晦”。这需要人们理性地去思考这些问题。还有，国内“极左”“极右”还是要少一些。“高级黑”和“低级红”都太多了，这些会害了自己的国家。民族主义不可避免，但我们要理性的民族主义。中美两个大国，没有一个国家可以打败对方的，只要不打败自己就行。两个国家如果是理性的，天下就太平；一个国家理性、一个国家闹情绪，就可能吵吵闹闹；若两个国家都是非理性的情绪化的话，那就比较麻烦了。

## 6. 中美贸易摩擦解决不了美国的内部结构问题

关于中美贸易摩擦，就是克劳塞维茨说过的两句话，外交是内政的延伸，战争是政治的另外一种表现形式。美国的问题主要是国内的问题，不是中美关系问题，中美贸易摩擦解决不了美国内部的结构性问题。美国以及整个西方从第二次世界大战到 20 世纪 70 年代实行凯恩斯主义，现在他们不提了，但西方的辉煌就是第二次世界大战以后凯恩斯主义国家干预的结果。西方国家包括美国，到 20 世纪 70 年代中产阶级达到了 70%，而今天的美国中产阶级占比下降至不到 50%。

没有奥巴马就不会有特朗普，奥巴马执政 8 年，美国的中产阶级每年以 1 个多百分点下降，这是说不过去的。我们的中产阶级还小，但我们从穷到富慢一点没有问题，他们从富裕到穷是受不了的，这是美国精英应当承担的责任。

在特朗普之前谁也没有想到美国的白人会成为美国民粹主义的社会基础。我们总认为黑人或者社会底层是民粹主义的群体，我们以前都说“左”的人叫民粹主义，但现在“右”的民粹主义有多少呢？

这是个社会结构问题。政治经济问题要解决，必须有一个有效的政府，西方的问题是产生不了一个有效政府的。

为什么以前有有效政府？有效政府是跟中产阶级有关的。当一个社会的中产阶级有70%的话，无论哪个政党都要照顾这70%的人的利益，民主党左一点，共和党右一点，这70%不可少。就是说，两党之间还是有共识的。但如果一个社会是50%的中产阶级，那就是50：50。再加上美国社会的政党性质也在转型，以前是建设性的，现在是为了反对而反对，互相否决，所以谁也做不了什么事情。

今天的民主跟以前的民主不一样，以前是精英民主，政治人物能做事情；现在是大众的民主，这是最保守的民主，谁都可以说话，谁都可以抗议，但谁都干不了什么事情。现在整个西方就是这样的。西方的问题、美国的问题，不是其他的问题，就是民主的问题。这点我们要好好思考，因为这几年我们国内有好多所谓的宪政派，对英美的民主过度崇拜，认为它们是中国的指路明灯。但现在刚好赶上了英国脱欧，美国也搞民粹主义，美国人叫权威主义的民粹主义。西方面临经济结构上的问题。

从结构来说，西方经历了三个阶段。第一阶段从英国工业革命开始，也就是马克思那个时代，原始资本的积累是最动荡的，问题是通过福利社会来解决的。第二阶段的资本主义就是福特工厂时代，对西方社会的贡献最大，简单说把整个的无产阶级、工人阶级转化为中产阶级。福特的口号是“使得美国每一家有一部车”。美国的中产阶级口号也是“一车一房”。福特工厂是什么特点呢？福特有技术、有工厂、有就业、有税收。但现在是第三阶段，即iPhone时代。

iPhone时代就不一样了，iPhone的技术，加工就跑到珠江三角洲来加工，所以iPhone产生了美国的工人阶级吗？没有。中国的农民工就是美国的中产阶级，所以没有工人，没有就业，也就没有税收。所以，美国人说中国人偷走了美国的工作。当然不是中国偷了他们的工作，而是全球化的结果，全球化使得资本没有主权性了。中国也是这样的，有的技术跑到其他国家了。这都是全球化造成的。

今天对政治的影响的因素离开不了ABCD。A是AI、人工智能，B是区块链，C是云计算，D是大数据，这四样加起来，使西方整个政治产生了翻天覆地的变化。

我们现在的社会科学是18世纪产生的。现代社会的发展如果不考虑ABCD的话，就很难解释。很多年前笔者出版有关互联网的书的时候就说，互联网肯定会取代政党。现在政党的作用在下降。最近英国一个记者写的一本书非常有意思，讲局外人的崛起。局外人就是没有政党，什么都没有，就靠一部手机当上国家领导人了。乌克兰的总统是喜剧演员，可以临时去组建一个政党。政党英文的意思是platform，手机也是。我现在对算法这东西特别关注，参加了很多会议。像CCG这样的组织，要致力于重建新的社会治理，一定要从ABCD开始。

以前国际关系的基石已经不在了。比如说主权。尽管我们提出了互联网主权，但互联网主权是怎样的？互联网跟主权，从学术上来说是矛盾的，主权是有边界的，互联网是没有边界的。如果互联网有主权的话，就是互不联网。如果联网了就很难主权了。主权不是不需要了，但主权现在越来越薄弱。资本可以流动，知识可以流动，但老百姓不可以流动，权力不可以流动。任何国家两样东西都可以流动，两样东西不可以流动，知识和资本是可以流动的，贫困流动不了，政治不能流动。所以主权现在越来越被强调，尤其在民粹主义的时代。但支撑主权国家的很多要素都流动起来了。这不光是对西方的挑战，也是对中国的挑战。怎么来解决？整个世界还没有方案。

美国现阶段采取的对华贸易策略，就是想要通过内部问题的外部化来解决问题，但这是解决不了的。我不认为一人一票的民主有这个能力。如果我们以前的计划经济失败了，那么一人一票肯定也会失败的。计划经济的初心是好的，用今天的话来说，就是要实现人人平等，经济上的平等。但计划经济的假设是不成立的：每个人的需求是一样的；每个人不会贪婪而是会努力工作的；国家根据需求来分配。实际上这些是做不到的。一人一票的民主也是一样的，它的初心是好的，一人一票权利平等。但它的假设是错误的——认为我们每个人的智商是一样的；每个人收集信息和分析信息的能力是一样的；每个人投票既可以照顾到自己的利益，也可以照顾到公众的利益。但实际上不是这样的。一人一票的目的是什么？就是一人拿一份。但如果一个制度要可持续发展，必须保证一人要贡献一份。一人一票保证一人拿一份，但没有任何机制可以保证一人贡献一份。西方现在不管做什么都是权利，我不干活、我没有地方住你也要养活我，这是天经地义的权利。谁来交税呢？只能资本家多出几份，因为穷人没有钱；中产阶级也要多出一份。

但现在的问题就是全球化了，资本流动了，你高征税我就跑到其他的国家，资本一流动，税收就没有了保障。从2010年开始到2019年，整个世界出现了社会抗议浪潮。最初西方搞颜色革命，到最后颜色革命发生在西方国家的内部。这种革命的方式肯定会影响到全世界，但这都是内部的问题，不是外部的问题。法国不是内部问题吗？一点点能源价格的变革，就引发了整个国家的抗议浪潮。智利也是。任何一个小的事情都可以造成一个全国性的问题，这不是内部的问题是什么？内部问题肯定会导致国际关系的大变动，就像两次世界大战都是内部问题导致了国际关系的大变动一样。

好多问题没有答案，大家要看今后整个世界秩序的重建。但世界秩序的重建还是要取决于国内秩序如何重建。这将是一个大动荡的时代。

# 四、“一带一路”与国际经济新规则的“书写”

中国如何书写规则？这一问题近来成为学术界和政策界的一个热点话题。在很大程度上，这主要是受美国书写规则的影响。很多年来，无论是在中美双边关系上，还是在区域或国际舞台上，美国所关心的是如何继续书写国际规则来制约中国（或者其他国家）。美国并不掩饰其意图。

这首先表现在美国前总统奥巴马力推的《跨太平洋伙伴关系协定》（TPP）上。奥巴马明确表示，美国力推 TPP 主要是为了书写规则，并警告如果美国不书写规则，中国就会这么做。其次也表现在南中国海等战略问题领域，在 2016 年的香格里拉对话上，美国国防部长有一个很长的演说，对“规则”阐述得非常清楚，强调美国就是要在本区域确立“基于规则之上”的国际秩序。

美国的意图非常明确，就是针对中国。当然，美国这里所说的“规则”是美国写好的规则。更具体一点，就是美国通过强化冷战期间书写好的规则（例如通过同盟关系），再直接施加于中国头上。

现在中国一些人把书写规则提高到中国对外关系的议事日程，主张由中国来书写规则。这无疑是受美国的影响。尤其是在特朗普签署美国退出 TPP 的总统行政命令之后，一些人就认为美国的退出对中国来说是一个绝好的机会，中国应该通过加入 TPP 来取代美国书写规则。这也是最近一段时间以来，很多人主张中国加入 TPP 的主要原因。

同时，还有一些人更主张通过中国的“一带一路”倡议来书写规则。“一带一路”现在已经有数十个国家加入。这些人认为，这是中国书写规则的好机会。有人甚至把“一带一路”称为中国书写规则的过程。

人们可以把书写规则视为美国霸权式的思维。不过，如果这种思维占据一个国家外交的主导地位，无论是 TPP 还是“一带一路”都会遇到意想不到的困难。

就 TPP 而言，稍加思考不难发现，中国加入 TPP 既不现实，也不符合中国的利益。这有几方面的原因。就中国利益来说，TPP 的高标准并不是中国现在这个阶段所能接受的。在 TPP 谈判过程中，一些国家例如越南、马来西亚等加入 TPP，并不是为了单纯的经济利益，而更多的是它们的政治和战略考量。

首先，中国如果加入 TPP 谈判，它的标准不断下降，中国在国际社会得不了分，反而被视为“低标准”的样本，或者被视为促成国际贸易组织“下行”的因素。其次，如果中国取代美国成为 TPP 内部的最大成员国，美国势必把中国视为直接的威胁，因为“美国一走，中国就进入”是这种直接威胁的最直接证据。美国的左派和右派都会这么认为。最后，特朗普已经决定退出 TPP，中国如果加入，也会很难与特朗普政府打交道。

“一带一路”和 TPP 最大的不同，在于“一带一路”是发展导向，而非规则导向。“一带一路”的实施当然需要规则，也必然会产生规则，但这里的规则书写方式与美国所说的“规则”完全不同，最重要的是涉及一个认识论问题，即如何书写规则。

从经验上来看，书写规则最重要的是“书写者”所拥有的实力。美国从前书写的规则有用有效，并不是说这些规则具有多大的理性和合乎逻辑，而是因为美国所拥有的实力。在TPP问题上也是如此。其他国家能够接受美国书写的规则，主要是因为这些国家可以从美国内部庞大的市场获取巨大的利益。如果美国没有一个庞大的市场，这些国家不会那么积极加入。

## 1. 美国退出TPP的理由

同样，特朗普退出TPP并非毫无道理。特朗普不是不想美国继续书写规则，而是认为TPP“如此这般”的规则，只能促使美国进一步衰落。在过去的全球化中，美国的少数既得利益者获得了巨大的利益，但美国的民众没有获利，甚至成为牺牲品。

特朗普不是不要规则，而是要以不同的方式来书写规则。因此，他力主双边谈判。双边谈判也是书写规则的有效方式。在经济学意义上，双边谈判较之多边谈判更有利于贸易国之间的公平贸易。等美国国内问题解决好和拥有了足够的实力之后，美国会重返国际舞台书写规则。

从历史来看，美国的内部实力使得其他国家接受美国书写的规则，更是赋权美国具有“被朝贡”的地位。美国之所以能够维持霸权，不仅仅是因为内部市场的强大，也是因为美国能够让其他国家分担负担。美国尽管批评甚至妖魔化中国传统的“朝贡体系”，但美国本身实行的是不折不扣的现代版“朝贡体系”，只是美国的包装方式不同。

美国保护盟友，盟友则向美国“纳税”。这种方式在冷战期间很有效，因为美国和其盟友面临着共同的“敌人”，较小的盟友愿意向美国缴纳税金或保护费。冷战之后，这种方式变得困难起来，因为现在美国及其盟友并没有明显的共同“敌人”。特朗普说得更直接，要求其盟友购买美国的“军事保护”服务。

从这个角度来看，中国今后很长一段时间的任务并非书写规则，而是注重发展，无论是国内层面还是国际层面。在没有得到足够发展或内部实力不足的情况下，即使书写了规则，也不会有用有效。同时，也要意识到，注重发展并不是说不要规则，而是说中国要通过发展来书写规则，发展的过程也是书写规则的过程。

## 2.“一带一路”是通过发展来书写规则

中国必须考量如何与国际自由主义经济体系继续对接的问题。自邓小平时代以来，中国已经走了三步。第一步，“加入”国际体系并“接轨”。第二步，在国际体制内部对现行体制进行改革，促成其更合理。第三步，创新和补充，即根据自己的实力对现存体制进行创新和补充，这一步主要表现在“一带一路”和亚洲基础设施投资银行（AIIB）等方面。

2016年的二十国集团（G20）杭州峰会和2017年年初习近平在瑞士达沃斯的演讲，中国已经显示了和自由主义国际经济秩序对接的意愿。现在的问题是如何再进一步对接。

就发展导向而言，中国接受现行体制成本最低。中国要引领全球化，是中国本身的需要，也是国际社会的需要。在这个过程中，中国最主要的目标是要引导国际发展，推动全球经济的发展，而不是简单地书写规则，或者把美国西方书写规则的权力竞争过来。

从这个角度看，“一带一路”的目标是发展，并非书写规则，是通过发展来书写规则，而不是通过书写规则来实现发展。正是在推动发展的角度，很多人把“一带一路”理解成为区域和国际公共品。正因为是公共品，大国要多提供，而小国一般会选择“搭便车”。

不过，中国已经意识到，较小国家也要通过参与“一带一路”来作出相应的贡献，否则“一带一路”就会像“朝贡体系”那样（无论是中国传统版还是现代美国版）不可持续。因此，“一带一路”表现出开放性、包容性和参与性等特点，尽管这是中国的倡议，但这是所有参与国的项目。

当然，在一些方面，中国并不要求参与国的对等开放，中国甚至可以单边开放。在一些领域如贸易，中国已经开始践行单边开放，例如“早期收获”。“一带一路”是中国的倡议，但其规则是中国在和所有这些国家互动过程中形成（书写）的，而不是中国先书写好了，再加于这些国家之上的。这种参与式书写的规则更能体现公正公平性。

在经济层面是这样，在战略层面也是如此。尽管战略层面因为涉及安全问题情况比较复杂一些，但道理也是一样的。战略层面涉及两个重要问题：第一，中国是否有意愿提供更多的公共品？这些公共品包括区域传统安全、非传统安全、航海自由等；第二，其他国家是否愿意接受中国所提供的公共品？

现在面临的情况有两个特点：第一，中国还没有成长到有足够的能力提供这些公共品；第二，区域国家因为过去习惯了接受美国所提供的公共品，而对中国所提供的公共品持怀疑的态度，甚至持拒绝态度。不过，从动态角度来看，这不是一个可不可能的问题，而是一个时间问题，因为这是一个互相调适的过程。《南中国海共同行为准则》的发展就是一个很好的案例。

当然，如果把经济面的“一带一路”和战略面的《南中国海共同行为准则》放在一起来考量，这个过程就会进行得更快一些。“一带一路”是做大饼的项目，就是把各国的共同利益做大。共同利益做大了，各国在战略上的分歧就会缩小，也能增进互信。

从长远来看，中国和美国的竞争不是简单地谁来书写规则，而是制定规则的方式的竞争。美国在经济贸易上退出 TPP，表明美国自觉这种方式出现了很多问题；在南中国海问题上，美国试图把自己的“规则”强加给中国，遇到中国的强力抵制，这也表明单边书写的规则出现了问题。

现在美国处于一个调整时期，等美国调整好了，就会再出发。从这个视角来看，对中国来说，这的确是一个机遇。不过，正如这里所强调的，这不是一个简单地接收美国“退缩”而出现的“规则”

空间的机遇，而是一个探索不同于美国的规则书写确立过程。

和美国不同，中国一方面必须更为积极主动，倡议国际经济的发展。中国现在是第二大经济体、最大的贸易国，中国有能力这么做。另一方面，中国必须摒弃美国道路，即简单地把自己的规则强加给其他国家的霸权主义，而应当持开放包容的态度，通过其他国家的参与来形成规则和书写规则。

## 五、建设开放式的“新丝路”

新丝绸之路要做什么呢？就是要回归丝绸之路的本色，通过新丝路把中国建设成为经济贸易和投资的大国，也就是当代商贸大国。

中国如果要回答“做什么”，先要回答“新丝路”有关的国家“需要什么”。如果中国要做的也是有关国家所需要的，双方就有了巨大的共同利益，“新丝路”成功的希望就很大。但如果中国要做的并不是有关国家所需要的，就意味着双方没有共同的利益，新丝路就很难成功。

有关国家所需要的，就是中国规划“新丝路”的前提。这种需要是显然的。无论是“一带”还是“一路”，大多数还都是经济发展水平不高，甚至是很穷的国家，都需要发展和建设。就目前和今后相当长的一段时期的世界经济局势来看，没有其他国家能够有像中国那样的条件，来做如此宏大的区域项目。对中国来说，下一步的关键问题是，怎么做？

从政策层面看，中国必须超越老殖民主义和现代西方方式。中国规划“新丝路”表明中国要在这个过程中起主导作用，扮演主要角色。所以，首先要确定的是行为模式问题，中国既不能走老殖民地主义路线，也不能走新殖民地主义路线。西方老殖民地主义，从来就没有解决好非西方国家的发展问题。

“新丝路”很多相关国家，历史上都曾经成为西方的殖民地，但除了少数几个国家如新加坡，无论是殖民地期间和殖民地之后，都没有解决好发展问题。从经济上说，老殖民地主义者所关心的，只是为国内商品开拓新的市场，为国内的经济发展提供原材料。帮助被它们所殖民的国家，从来不是殖民主义者所考虑的问题。中国更不能走日本第二次世界大战之前和期间，在“东亚共荣圈”的漂亮口号下的侵略路线。

中国也不能走现代西方国家的路线。第二次世界大战之后，非西方国家发生了反西方殖民地主义的运动，原来沦为殖民地的国家纷纷独立。但是，西方殖民地主义通过各种变换方式生存了下来，仍然主导着非西方国家的发展。也就是说，尽管非西方国家在政治上赢得了独立，在经济上仍然高度依靠西方国家。

为了通过经济方式控制这些国家，西方对这些国家的经济交往（投资和贸易等）附加了各种苛刻的先决条件，往往是后发展中国家根本没有条件满足的政治条件（例如人权、政治开放等）。如果不能满足西方所提出的条件，就不能得到西方的“帮助”。但是，这么多年下来，这种新殖民地主义的发展已经被证明为虚伪，因为这种方式，实际上有效地制约着发展中国家的发展，使得它们始终处于贫穷的状态。

## 1. 可向“马歇尔计划”取经

中国要跳出这些老思路。在规划和执行“新丝路”过程中，中国可以从美国第二次世界大战后所实行的意在复兴欧洲的“马歇尔计划”学到很多东西，既要学其成功的经验，也要超越其狭隘的地缘政治概念。在帮助复兴欧洲经济过程中，“马歇尔计划”作出了巨大的贡献，也使得美国成为欧洲国家的领袖。不过，同时这一计划也是针对苏联的，是和苏联竞争的一部分，在客观上加剧了欧洲国家（主要西欧和东欧之间）的分化。前一部分，中国要学，而后一部分，中国要避免。

在“新丝路”规划和执行方面，中国的强势在于其所拥有的金融资本和其庞大的基础设施建设能力。中国现在是一个资本过剩国家，其资本（无论是民间资本还是国家资本）走向世界的规模越来越大，速度越来越快。同时，今天的中国也已经成为具有强大的从事基础设施建设能力的国家，没有一个国家具备中国那样的能力。基础设计建设是中国过去40多年经济成就的一部分。在一定程度上说，中国也已经把这个经验整合到其“走出去”的计划中，例如在非洲、拉丁美洲、亚洲等地区，中国也在帮助那里的一些国家，进行大规模的基础设施建设。

在规划和实施“新丝路”方面，中国可以有效整合其金融能力和基础设施建设能力。目前，中国方面正在积极建设“亚洲基础设施投资银行”。实际上，中国可以在此基础上，设立一个非常庞大的“新丝绸之路开发基金”或者“新丝绸之路开发银行”，通过大规模的金融动员方法，来为“新丝路”做好坚实的金融准备。“亚洲基础设施投资银行”本意是好的，但仍然有诸多改进的空间。它过于聚焦于亚洲，过于聚焦于基础设施建设。再者，它也经常引出人们的地缘政治竞争的想象，例如，和日本主导的亚洲开发银行进行竞争，等等。而“新丝路”开发基金或者开发银行，更具地域和发展领域的开放性，符合中国长远的国际发展目标。

中国是亚洲国家，强调亚洲的开发和发展非常重要。不过，亚洲的开发和发展，不能和其他地区的开发和发展割裂开来。“新丝路”开发基金或者开发银行可以整合中国的亚洲、非洲，甚至是拉丁美洲政策。现在中国对这些地区的政策都是分割的，甚至是冲突的，效率并不佳。早些时候中国也提出要建设“金砖国家开发银行”，后来也提出“中国—中亚国家开发银行”的设想。不过，实行起来比较困难。如果根据不同的需要设立不同的开发基金，就会演变成一个又一个互相不连贯的小项目，不仅可能造成资金的大量浪费，管理起来也非常困难。“新丝路”开发基金或者开发银行，可以把这些项目整合起来，形成一个宏大的国际开发计划。

中国实际上可以以“新丝路”为契机，在中央层面成立一个国际开发机构，来协调经济的“走出去”和海外的经贸活动。在现行体制下，国际援助和开发方面的权力，分散在不同的政府机构，例如商务部、外交部、地方政府以及国有企业等，没有很好的协调性，效率不高，经常出现问题。其他国家在上升成为大国之列的时候，都会设立类似的机构，有效促成国家的外部崛起。中国设立这样一个机构的时候到了。

从投资领域来说，在现阶段中国的投资对象是基础设施方面。例如中国和东盟之间，在过去很多年里开展互联互通方面的基础设施规划和建设，取得了不小的成就。在这方面，仍然有巨大的空间。

总体上看，“新丝路”沿边和沿岸国家的基础设施仍然非常落后，中国的确可以帮助建设公路、港口等大规模的基础设施。再者，中国也为当地社会做了不少好事情，例如建立医院、学校和体育馆等公共设施，也就是帮助当地社会的社区建设。

## 2. 建设开放式的“新丝路”

不过，从过去的经验教训来看，做基础设施和社区建设还不够。开放不能仅仅局限在基础设施方面，而应当覆盖更广泛的领域，例如工业、制造业、农业等。这些国家的开发和发展不仅需要基础设施建设，更需要经济平台（产业等）建设。同时，公共设施建设具有福利性质，中国不能获利，很难具有可持续性。中国必须考虑更多的互惠性质的建设，也就是当地社会和中国本身都能获利的建设。

如何使得中国本身和更多的当地社会成员，获利于中国参与的基础设施建设呢？根据中国自己的经验，可以在基础设施的周边建设产业园区等，既能解决当地的就业，也能促进当地的经济发展，是当地社会和政府都希望的一种方式。产业园区建设也就是经济平台建设。在这方面，中国是有巨大的能力做的，因为中国本身的崛起，就是通过大规模的工业化途径。

从战略上看，建设开放式的“新丝路”，有助于减轻其他国家的地缘政治担忧。中国传统的丝绸之路具有很大的开放性，今天必须保持开放这个优势。中国建设“新丝路”并非要和其他国家竞争地缘政治利益，而是要促进“新丝路”沿边沿岸国家的经济发展。这既有助于中国本身的可持续经济发展，也有助于其他国家的经济发展，同时不会被其他国家视为战略威胁。

“新丝路”的开放性也应当反映在执行方面，那就是“新丝路”的开发应当是参与式的。这里至少有两层含义。首先应当是地方的参与，让当地社会和老百姓分享发展成果。早些年，中国在非洲、拉丁美洲等地的一些做法，就引起了当地人的不满甚至抗议，例如中国公司乐意雇用中国工人而非当地人，中国公司没有对当地的环保给予足够的考量，等等。

近年来，中国能够考量到这一点，开始找到一种更具参与式的开发方式，让更多的地方因素和社会成员参与到项目中，情况有了很大的改变。这种参与式的发展要坚持下去。同时，在做“新丝路”的当地规划的时候，也可以开放给当地社会，尽量听取当地政府、社会、非政府组织的意见。尽管各方面达成共识要花时间，但在此基础之上的开发更具合理性，也更具可持续发展能力。

在第二个层面，开放式的发展指的是向其他国家开放。中国在“新丝路”建设方面占据主导地位，并不是说中国也应当垄断所有的项目。作为世界大国，中国应当持更加开放的态度，让那些有能力的外国公司，都能参与到这个大计划中来，共同把这个计划做好。中国具有开放的文化精神，有能力在自己主导的计划中容纳不同的利益，并且有能力协调不同的利益。

财富和资本不同，只有当财富进入市场领域的时候，财富才转变成为资本，财富才可以继续增加和扩大。中国已经具备了庞大的资本积累，尤其是国家资本，而现在这么庞大的资本大都存在银行，仅仅表现为现金。财富不仅没有扩张，反而面临缩小的威胁。在国内投资仍然有很大的空间，中国也不会中断国内投资。同时，中国的资本也会加快“走出去”，这就需要和其他国家进行经济交换。

同样重要的是，作为大国，中国也要承担国际责任，在自己发展的同时帮助其他国家的开发和发展，走共同发展、共同富裕的道路。“新丝路”的理念已经提出来了。如果中国能在这个概念构架下规划“新丝路”，中国离实现文明复兴和大国崛起的中国梦就不远了。

# 六、粤港澳大湾区战略与中国发展下一步

中共要实现第二个一百年的宏伟目标，笔者认为至少面临三大任务。第一个任务就是经济的可持续发展。中共十九大报告中，中国共产党的基本判断是，我们国家仍然处于社会主义初级阶段；我们仍然是最大的发展中国家。这两个判断没有变化。同时，报告指出，2035 年我们要基本实现社会主义现代化，这当然包括经济现代化。社会主义初级阶段的小康社会，“十三五”结束的时候基本上可以实现。

第二个任务，实现社会主义全面现代化。这里，除了经济上至少要变成一个比较发达的国家外，也包括制度建设。制度建设尤其重要。中共十八大以来，中央成立了深化改革领导小组；中共十九大也已经宣布，中央要成立依法治国领导小组。这两个小组都至为重要，后者的意义甚至更重大，因为其关乎中国的制度建设。

深化改革领导小组主要是经济建设层面上的，是为了全面贯彻中共十八届三中全会提出的推进各方面社会经济改革，让未来的经济能够可持续发展。依法治国领导小组主要是制度建设层面上的，这在某种程度来说甚至比可持续的经济发展更重要。我个人一直认为，中国的问题归根结底还是政治问题，而不是社会经济的问题。

在经济上，我们通过邓小平时代的努力，虽然还存在着很多可以改善、改革的空间，但基本的经济制度已经确立起来了，我们也

已经加入了 WTO 等所有重要的国际经济组织。在社会方面，随着社会经济的发展，各方面的改善也在进行当中。

但是从历史和其他国家的发展经验来看，如何建立以法治为核心的一整套国家制度，才是最重要的，也是最困难的。我们讲中国模式，或者中国复兴、文明复兴，也都是要围绕着这个制度建设进行的。在这方面，接下来的很长一段时间里，一定要有一个很强大的领导团队来推行改革。

第三个任务是国家的统一。这也是非常重要的。如果国家没有统一，中国梦是不完美的。中国几千年来都是一个统一的国家，近代以来因为种种原因，到今天国家还没有完全统一。国家统一这条道路是漫长的。大家也看到，香港最近几年有少数一些人在闹独立。我们必须密切注意这些问题。而解决台湾问题更不容易。

今天提出以上几点，主要是要把粤港澳大湾区放在这样一个背景中来讨论，让大家对大湾区以后将如何发展有进一步的了解。

## 1. 大湾区可成为强大的经济增长点

在大湾区的概念出现之后，已经涌现各种提法，包括像今天我们提到的把大湾区和大的城市群包括东京湾区、旧金山湾区和纽约湾区做比较。这种比较甚至学习都是可以的，但是笔者担心的一点在于，大湾区建设会慢慢变成一个经济发展项目，失去了它在国家、国际层面上应当有的意义。

第一，怎样实现可持续的经济发展。我们是马克思主义者，相信经济是重要的基础，政治是上层建筑。从2008年以来，国际形势的发展明确地表明了一点：当经济形势比较好时，无论哪一种政体，民主也好，专制也好，其他各类政体也好，社会都是稳定的；但当经济一有问题，哪怕是所谓最好的国家，像美国、欧洲老牌的帝国主义国家，都会出现很大的问题。

直到今天，西方还没从2008年经济危机的阴影中走出来，可持续发展是一个非常重大的问题。美国2008年以前中产阶级有百分之六七十，而今天却不到50%，这是它最大的问题。如果中产阶级数量大，多党制没问题，一个党左一点，一个党右一点，但是无论哪个党执政都要照顾到庞大的中产阶级的利益。但当一个国家的中产阶级少于50%，就会非常糟糕，社会也会变得非常不平衡、非常不理性。美国是这样，欧洲也是这样。这也是年轻人走上街头去抗议的理由。

我们国家的中产阶级规模还很小。我们现在已经是第二大经济体，是最大的贸易国，人均GDP刚过10000美元。未来中国的人均GDP要达到12000美元，进入全面小康社会。这个目标应当可以实现，只要接下来几年能够实现年均6.5%的经济增长就可以。但如果是要达到今天亚洲“四小龙”中最靠后经济体即中国台湾的水平，中国的人均GDP需要从12000美元提升到23000美元，这个距离还很大。这样大的距离，要如何来实现？

我们从20世纪80年代的人均GDP300美元发展到现在的超过10000美元，通过扩张性经济增长就实现了。接下来这么大差距的

GDP 要怎么实现呢？大家如果是从经济增长的根源去看，这几年还是出了很多问题。我们的金融投机型经济过度，互联网经济过度、房地产过度，导致了这些领域经济泡沫太大。一个国家经济泡沫肯定会有，但如果过大，就支撑不了可持续的经济发展。所以要实现可持续的经济发展，我们还是需要另外找新的增长来源。

房地产到今天已经发展到一个顶点，西方走了 150 多年的房地产发展之路，我们二三十年就走完了。根据国家统计局的数字，全国人均住房面积已经达到 40 多平方米，现在主要的问题还是住房分配不公平的问题。

此外，投机性金融经济发展得过早。西方的金融经济很长一段时间以来一直为实体经济服务，只是到了 20 世纪八九十年代之后金融经济才脱离了实体经济。这个教训是非常惨痛的，不仅仅美国的金融经济有非常大的问题，英国也是一样。互联网经济也是如此，互联网经济要为实体经济服务。中国的金融经济过早地脱离了实体经济。以前金融经济为实体经济服务，而现在所有的实体经济都跟着金融经济跑，这个趋势非常危险。这几年中央领导层也意识到这一点，开始整顿金融界。

怎么办？首先最基本的一个层面就是要寻找新的经济增长源。我个人认为可以从城市群建设这个角度来寻找，也可以从现在自由贸易区的角度去考虑。中共十九大以后报告里面提到了建设自由贸易港。前不久，汪洋副总理发表了一篇文章，强调中国的全面开放。中国要全面开放，这不是一个概念的问题，而是如何实践的问题。粤港澳大湾区能不能成为中国最大的自由贸易区，这是值得大家去想象和思考的。

中共十八大以后，我们搞了很多自由贸易区，我们广东就有三个，包括前海、横琴和南沙。这些自贸区也取得了一些成绩，但遗憾的是，这些自贸区可能会越来越成为一个政策口号。各个地方政府都在争自贸区，却没有实质性进展。我去一些地方考察发现，一些自贸区只是经济资源在内部的调配，基本上也就是把左手的东西放到右手，右手的东西放到左手。

为什么广东在20世纪80年代的改革开放那么有成效？主要是不同的体制之间进行了整合，产生了化学反应。现在很多的自贸区建设，都是趋向同质性，就是同一个体制内部的资源不同的摆放，这样产生不了制度创新，只是一些物理反应而没有化学反应。广东的自贸区，因为它有“一国两制”，有不同的制度，它会产生一种化学反应，会产生一些新的制度资源，只有这样才能够发展得好。深圳是一个非常典型的例子，有很多的制度创新，这与很多的外来因素有关。从现在中国的实际来看，国家经济增长点并不是很多，比如珠三角、长三角和京津冀。京津冀在老的工业基础上，要从技术或者其他某一方面提升，是非常不容易的。东北的情况大家都熟悉了，老工业基地非但没有成为一个优势，反而成为一个劣势。

中国的经验是，从没有到有反而比较容易实现，但是从有到转型却很难实现。所以我们今天讲自由贸易区，核心是为了创新。横琴、前海、南沙这些比较小的自贸区，应当是整个大湾区的一个初步试点，以后还得扩张，不会仅仅停留在一个小的范围。这第一步走好了，至少中国南方，就有强大的经济增长点，凭借着它的扩散效应，能够辐射、扩散到邻近省份。

第二，我们谈经济增长还要考虑到国际竞争。因为全球化，国际竞争不可避免，并且现在因为美国的情况不好，中国已经慢慢成为全球化的“领头羊”。美国现在很多人批评特朗普，但我认为特朗普的判断是正确的，只是他的方法不太好。美国卷入的国际事务已经很多，已经力不从心，用美国人自己的话来说，就是帝国扩张已经过度。美国如果是要再出发的话，就需要先解决国内的问题。用我们以前的话来说，它需要很长的一段时间来整顿国内问题。

中国现在提“一带一路”，各方面确实是要起到一个“领头羊”的责任。美国民粹主义运动领导人班农最近到处说，今后中国对世界最大的“威胁”，就是习近平总书记所做的三个半小时的中共十九大报告。班农从这个报告中看到，中国对未来是非常有规划的；而西方是没有规划的。今天西方主要的问题，不是缺人，也不是缺技术、缺创新，在很多方面西方都比中国先进；西方主要还是政治出现了问题，不能产生一个有效的政府。这也是西方很多人最担心的。

不同的人对中国共产党有不同的看法，可是无论如何，中国的政治主体是中国共产党。现在它变得非常强大，能够保障政治稳定。稳定是非常重要的，没有稳定就没有经济发展。西方现在政治秩序不稳定就是最大的结构不稳定。

同样重要的是，中国如何来引导世界？一方面，我们要走出去，建设“一带一路”；另一方面，我们能否创造一个自己可以掌握的世界级大平台呢？我的设想是粤港澳大湾区就可以成为这样一个平台。建设大湾区，不能光看东京湾区、旧金山湾区或者纽约湾区。这些湾区是最基本层面的东西。除此之外，我们还要去看欧盟、北美自贸区，甚至美国已经退出的 TPP 的一些好经验。

欧盟长期以来对欧洲经济的发展起到了巨大的推动作用。今天它遇到了很大的困难，它的问题在于它是一个由众多主权国家组成的一个联盟体，是一个高于主权国家的组织。欧盟议会只有一部分权力，而各个主权国家都不能放弃关乎主权的本质性权力，这就很难有效协调。但是粤港澳大湾区不一样，中央政府主导的"一国两制"能够起到一个有效的协调作用。我们可以把它作为世界上最好的经济平台来建设，一个自由贸易区的平台。从发展的角度看，这样一个平台甚至比我们走出去更有效。

很多人对"一带一路""走出去"都理解有误，认为我们光是走出去，不请进来。如果光"走出去"不"请进来"，就不能实现可持续的经济发展。比如我们今天需要"请进来"高技术产业，而不是像珠三角早期的低附加值产业。这样，我们需要一个平台供给最高端的国际资本。

无论京津冀也好，长三角也好，大家都在搞经济平台，中国国内本身就有很多的竞争，这也是正常现象。但这个大湾区比上海和京津冀的条件更好，因为这里有不同的体制，这是优势，尤其是有香港这样一个大的金融中心。十多年前，甚至更早，很多人就开始讨论上海是否会取代香港；但到现在上海也未能取代香港。上海经济总量很大，这是优势，但一个金融中心并不是几十年就能建成的，而是需要一个漫长的过程。从西方的经验看，一个地方成为金融中心，需要很长的历史时间。上海需要很长的时间，但香港已经非常成熟。

## 2. 用社会经济的方法实现国家统一

第三点是国家统一的问题。2016 年，我们提交的大湾区设想政策报告中，副标题就是“如何用社会经济的方法实现国家统一”。现在香港、澳门、台湾，都出现了一些问题。中共十九大报告中的涉台部分也提到，我们绝不容忍任何一块土地从中国分离出去。在台湾问题上，应当尽最大的努力用和平的方法来解决。而社会经济整合的办法可能是最有效的。

很多年来，中央政府对港澳、台湾的政策都是对等谈判，但我觉得对等谈判效果不够好，我们主张我们可以单边开放。从英国历史上，大英帝国的时候，实行的就是单边开放，就是“你不向我开放，我也向你开放”的政策。因为大英帝国的经济体量大，很容易消除单边开放所产生的问题。中国的经济体量很大，香港、台湾都是非常小的经济体，要对这些经济体实行单边开放。

一对一的对等谈判容易政治化。为什么上次那么好的和台湾的服贸协定失败了？主要是被高度政治化了。单边开放能解决很多问题，但是现在做得远远不够。到今天为止，这个大湾区内部的各种经济资源的配置远远不如欧盟，人员来往都麻烦。港珠澳大桥都已经造好了，谁去呢？很多容易解决的问题现在都还没有解决，比如两地车牌衔接、教育资源的有效整合、金融体系的衔接等。

广东以前为了香港的发展，不发展金融，结果自己没发展起来，却也没有对香港产生什么好处。又如，香港有技术，没有市场，但内地则有巨量的市场，未来怎么样建立一个共同的劳动力市场？欧盟各个国家之间经过共同努力，结果带来了很多方面的经济的整合，促进了经济发展。

因此，大湾区的研究要更细化一点。现在世界区域整合的经验很丰富，我们要“以我为主”把它们都学过来。很多整合经验都包括技术手段，而不是意识形态，我们完全可以学过来。

制度文明是最重要的一块。就制度建设而言，大湾区可以成为社会主义制度现代化的一个实验地。广东省从 20 世纪 80 年代开始已经从港澳台学到很多，那么下一步要继续怎么学？区域整合不是谁吃掉谁的问题，只要以“一国”为主，都可以把各地的经验吸收消纳进来，形成新的制度，而不是去简单地抄袭。再者，香港本身也处于一个关键阶段，是走西方的道路，还是在“一国”的构架下探索自己的道路？这关乎香港的前途。所以，无论从哪个角度说，大湾区不仅仅是一个经济可持续发展的问题，更是一个创新制度的问题。

# 七、粤港澳大湾区与中国的未来

当代中国的开放是从广东开始的，就是从沿海经济开放特区开始的。在众多的沿海开放特区中，深圳是典型的代表。这是一个从小渔村到世界大都市的成功故事。40 多年前，没有人会想到“北上广”三大一线城市会演变成今天的“北上广深”四大城市。

这个成功故事背后也折射出了中国复杂的政治史。从早期“新租借”理论到 20 世纪 90 年代的要废除“特区”，开放过程中的多元声音从来就没有间断过。当然，这些不仅仅是来自学者或者政策圈的不同声音，而且是反映了不同社会力量的较量。也就是说，一不当心，特区的发展方向就会出问题。在今天尤其如此。中国总体上还是一个比较贫穷的社会，民粹力量的社会基础雄厚，稍不注意，就很容易逆转事物发展的方向。

我们要从这个背景来看今天的粤港澳大湾区。我们可以至少从两个层面来看问题。

第一，就珠三角本身的发展来说。大湾区可以说是开放 4.0 版。20 世纪 80 年代的开放可以说是 1.0 版，90 年代初邓小平“南方谈话”之后珠三角很快成为世界制造业中心，那个时代可以说是 2.0 版。但把“世界制造中心”改称“世界组装中心”更为科学。2008 年世界金融危机之后，广东实行“腾笼换鸟”政策，这之后可以说是 3.0 版。现在要进入了 4.0 版了。“腾笼换鸟”的过程很痛苦，但这么几年下来，取得了很大的成就，并且，这一政策也是客观条件所需。

那么，之前从 1.0 版到 3.0 版具有怎样的共同特征呢？认识这些特征很重要。认识到这些特征才会意识到 4.0 版的重要性和必要性。

其一，进步的渐进性。较之其他地区，这个区域一直在进步。尽管进步有时快，有时慢，但没有退步过。进步的速度既取决于内部环境的变化（例如意识形态、领导层变化、劳动生产要素等），也取决于外部环境的变化（例如 1997—1998 年亚洲金融危机和 2008 年世界金融危机）。

其二，经济形态以加工业为主体。从 20 世纪 80 年代的“两头在外”到今天，这个形态没有本质性变化。加工业使得珠三角吸收消化了大量的农民工，造就了中国新一波工业化。但从国际经济体系的角度来看，则造成了一个依附性工业体系。顾名思义，加工业就是为他人做加工的。这就是为什么说珠三角是“世界组装中心”更为确切。加工业的发达解释了原创性技术少而又少。即使深圳是今天中国最为发达的创新型城市，但大多创新还是停留在应用层面。应用就是对西方原创性技术的应用。很容易理解，应用就是对原创技术的依附。

其三，附加值较低。加工业主要利用的是中国廉价的劳动力和土地成本。在早期，劳动力和土地成本比较低的时候，产业的附加值比较高。但到现在，很多企业所能够赚取的利润越来越微薄，可持续性成为大问题。

其四，制度现代化不足。经济现代化并没有导致各方面体制的现代化。相反，因为现行体制在很长一段时间里发挥了正面的作用，到现在已经成为经济进一步发展的阻力。确切地说，珠三角的政府比较“亲商”，“亲商”推进经济发展；但“亲商”政府掩盖了政府本身也需要转型这个事实。很多地方政府都有所改革，但没有大的结构性改革。受制于总体大环境，地方层面的进步和更高层级的进步不能配合，结果地方只能半途而废。

其五，从城市化的角度来看，存在着两个特征，即大城市化过度，小城市建设不足；城市化过度，乡村建设不足。这是中国城市化的通病。我觉得，中国城市化的设计者主要是经济学家和工程师。前者看重的是经济效益，而后者论证的则是技术上的可行性。城市越大，经济交易越频繁，GDP 就越高。政治人物也往往看重政绩，但忽视了环保、社会公平、社会稳定等问题，发展不可持续。今天，大城市规模越来越难得到控制，中小城市情形恶化。

第二，就大湾区的发展来说，今天已经进入 3.0 版。香港 1997 年回归祖国，澳门 1999 年回归祖国，大湾区成功进入“一国两制”的 1.0 版。但回归并非“回归”的结束，而是“回归”的开始。所说的“回归”就是从英国人和葡萄牙人手中的“回归”，而香港人和澳门人的“回归”则刚刚开始。一回归就出现政治认同问题，并且愈演愈烈。为了解决围绕着政治认同的一系列问题，大湾区进入了以“更紧密贸易安排”为核心而展开的 2.0 版，主要是想通过经济利益分配的方法来淡化甚至解决政治认同问题。不过，2.0 版在解决了一些问题的同时，产生了更多的问题。在我看来，主要表现在几个方面。

首先，社会分化和收入差异加大。这是全球化时代的普遍现象。

但就香港来说，全球化的影响要置于和内地的经济关系来讨论。“更紧密贸易安排”的好处主要流向了少数进入这个“安排”的群体，而大多数人没有得到足够的好处，有些甚至受到负面的影响。同时，内地本身的富人也涌入香港，尽管他们对香港的发展也作出了贡献，但对香港的中产阶级产生了“挤压”效应。双边的这种互动也导致了社会层面人与人之间的摩擦，认同问题更为突出。

其次，双边对等关系。为了尊重香港，北京和香港基本上处于对等谈判状态。但这里所能产生的问题是可以预测的。因为这对关系的高度不对称，香港很难消化来自内地的压力，尽管内地已经非常克制。再者，因为是对等谈判，一到香港，马上就转换成为政治。一旦成为政治，意识形态化不可避免，不但很难推进两者的关系，更恶化着认同问题。

最后，“好意成不了好事”，反而恶化问题。对内地来说，所有这些安排是为了香港的利益，但为什么香港的一些人不接受呢？这导致了对“一国两制”的重新解读。从前，人们一直以为“一国”和“两制”是平衡的，但现在的解读是“一国”优于“两制”，“两制”是“一国”之内的，因此“两制”应当服从“一国”。不过，在原则和理论上厘清两者的关系并不等于在实践上理顺了两者关系，原则和理论很难解决两者关系之间的诸多重大问题。

不管从哪一角度来看，粤港澳大湾区的确立表明“一国两制”现在要进入 3.0 版了，即大湾区时代。大湾区就是把珠三角的下一步发展和香港、澳门下一步的发展一同来考量。从这个角度来说，我们把大湾区称为“内部版欧盟”。

珠江三角洲是中国最重要的经济区域，而香港和澳门不仅仅是经济概念，而且也是政治概念，这些都说明了大湾区改革的成本很高，政策不能失败，只能成功，否则就会影响整个国民经济。也就是说，大湾区的改革只能做加法，不能做减法。

如果说大湾区是“内部版欧盟”，那么大湾区具有经济、政治和社会各方面的含义。从这个角度来说，我们要提出“大湾区不仅仅是什么”的问题。提出这个问题很重要，它会提醒人们在推进大湾区建设的时候，要避免可能出现的差错。

第一，大湾区不仅仅是经济项目。大湾区自然要通过全方位的整合来推进湾区的经济发展，以实现湾区的可持续发展。但如果把湾区仅仅视为一个经济发展项目，那么湾区的整合必然很难实现，最终反过来会制约经济的发展。这些年来，粤港澳三地也一直在努力推进三地的融合，但为什么三地融合非常有限，远远不及由主权国家组成的欧盟？这主要是因为各地政府都局限于一些经济发展项目，而忽视了体制上的整合。在没有体制创新的情况下，经济发展项目很快就会遇到瓶颈。

第二，大湾区不仅仅是交通上的互联互通。大湾区内部的整合最容易被简单理解成交通设施的互联互通。这种物质意义上的互联互通自然很重要，但更重要的是制度上的互联互通。因为地方政府没有权限来做制度上的互联互通，因此只能把重点放在交通意义上的互联互通。但是，如果没有制度上的对接和互联互通，交通意义上的互联互通又能做什么呢？例如港珠澳大桥是典型的交通互联互通，但如果没有欧盟那样的通行制度，谁来使用这座大桥呢？又如港口和航空港之间的互联互通，如果没有三个关税区之间的对接，如何实现货物自由通行呢?

第三，大湾区不仅仅是区内11个城市之间的合作，更是企业、社会之间的合作。大湾区的主体是市场、是企业、是社会。当我们讨论大湾区的合作时，往往想到的是政府之间的合作，而其他方面的合作被视为次要的。实际上则不然。在大湾区内，真正影响甚至阻碍湾区内合作和整合的便是政府的行政权力。从政府来说，湾区内不仅仅是“一国两制”，而是“一湾十一制”，就是说11个城市都有自己的体制。如果政府成为湾区整合的主体，那么整合和融合可以推进一些，但不会有很大成功的可能，到了一定的阶段就会出现瓶颈。如何克服这种来自行政的阻力呢?要克服来自行政的阻力还是要依靠行政力量，即谁来统筹大湾区的问题。

第四，大湾区不仅仅是特大城市群，而是要分散性城市群，实现均衡发展。不可避免的是大湾区内的各个城市尤其是主要城市包括广州、深圳和香港都会来争抢“老大”的位置。这种现象在“大湾区”概念提出来之后实际上已经在发生。尽管大湾区内各个城市比较优势不同，会形成自然的等级性，但这并不意味着所有资源都要置于这些主要城市。把资源集中在几个主要城市的做法已经导致了无穷的问题，主要是大城市的规模失控，而中小城市则发展不起来，甚至衰落。大湾区既要追求基于比较优势之上的合理劳动分工，又要追求均衡的发展，尤其是社会公平，这样才会实现可持续的发展。

那么大湾区对中国的未来可以有什么样的贡献呢?如上所说，

当代中国改革开放的历史离不开广东。广东人也一直自称是中国改革开放的“排头兵”和“先行者”，并且引以为骄傲。正如 40 多年前，今天内外部环境的变化表明中国又处于一个改革开放的关键时期。广东如何继续扮演“排头兵”和“先行者”的角色呢？广东要做什么才能扮演这个角色？广东如何和香港和澳门一起来扮演这个角色？这些问题都没有现成的答案，需要人们的探讨。不过，如果从中国所面临的内外环境出发来定位大湾区未来的发展，那么以下四个方面不仅不容忽视，而且应当是人们追求的方向。

第一，一个世界级经济平台。把大湾区建设成为世界级经济大平台，既是湾区内部可持续发展的需要，也是对急剧变化的中国国际环境的回应。

就湾区内部来说，无论是广东本身还是香港和澳门都面临可持续发展的挑战。如前面所说，广东进入开放 3.0 版以来，尽管取得了一些成绩，但未来发展动力不足。数量型经济增长已经遇到瓶颈，而质量型经济增长模式有待发展。香港和澳门也如此，自回归以来，大多数产业已经转移到珠三角，本地产业结构单一，技术创新既乏力又缺少空间。湾区的融合就是要突破三地现在的瓶颈，把经济提升到一个新的台阶。欧盟的历史表明，整合和融合能够有效促进经济发展。欧盟能够做到，为什么“一国两制”下的大湾区不能做到呢？

就外部环境来说，中国目前面临着越来越严峻的国际经济形势。美国全面实行贸易保护主义和经济民族主义，对中国进行贸易战。尽管贸易战既非中国发动、在很大程度上说也是不可避免的，但中国必须避免中美贸易全面脱钩的情况。原因很简单，中美贸易一脱钩，那么中美关系就很有可能演变成为昔日美苏冷战状态，这对国际政治和中国本身的冲击将是巨大的。在美国不欢迎甚至禁止中国到美国投资的情况下，唯一的方法就是中国通过自己“单边”的开放政策，吸引和留住美国的资本。中国最近宣布的一系列开放举措就反映了这个方向。不过，要实现这个目标，中国需要做很多事情。其中，中国需要构建几个大的经济平台，就如改革开放初期的经济特区一样。粤港澳大湾区就是这样一个经济平台。平台必须具有强大的吸引力来吸引外资。这既是中国避免和西方发生冷战所需，也是中国的质量型经济发展所需。

第二，一个南方共同市场。建立南方共同市场也是实现内部可持续发展所需。发展既需要来自外部的竞争，更需要来自内部的竞争。中国近年来发展动力不足，一个主要原因就是内部竞争动力不足。在学术界，人们往往把地方政府之间的竞争视为经济发展的一个重要动力。中国现在已经形成了京津冀、长江三角洲和珠江三角洲等几个大经济板块。人们也可以把这些经济板块理解成为大经济平台。要实现可持续发展，这些经济板块之间的竞争非常重要。这些板块之间存在着很大的差异，差异化便是进步的动力。很难对这些板块实行统一的经济政策，也不能用行政权力来促成这些板块的一致化。相反，必须强化这些板块之间的竞争。

在中国，往往出现一个奇怪的现象，即没有外来的压力就不会有进步。问题在于我们要等外来的压力吗？外在的压力，就如今天的贸易战，对付不好往往就会演变成灾难。近代以来日本进步的动力表面看来自外力，但实际上是内力。来自外部的压力不可避免，需要理性应付，但创造内部竞争机制更为重要。如果内部失去了竞争，那么进步就会缺失动力。

人们往往担心内部的竞争会导致权力过度分散，从而影响国家的统一。就历史的经验来说，的确是这样。但今天的条件已经不可同日而语了。高度集中的中央制度构架，中央牢牢控制着的人事任命权，便利快速的交通、互联网和社交媒体等等已经赋权中央政府。传统意义上的"分"在今天已经不可能。相反，今天人们所应当担忧的是过度的集中所能导致的地方竞争的缺失。

第三,一个全方面制度现代化的样本。大湾区建设不仅仅是经济发展，更是国家现代化所需。20世纪80年代的人们曾经热衷讨论制度现代化，但后来重心转移到经济发展，久而久之，似乎经济发展取代了制度现代化。不过，在实际层面，国家面临的制度现代化挑战越来越严峻。制度现代化不仅关乎可持续的经济发展，更关乎文明的进步。衡量一个国家崛起的最主要指标就是一套新制度的崛起，经济发展是一个重要的方面，但其本身不能取代制度建设，尤其是新制度的创新。

制度崛起当然不是制度的西方化。近代以来，刻意追求制度西方化的国家没有几个是成功的，大多数都是失败的。成功的都是把自己的文化传统、国情和向西方学习有机结合起来的国家和地区。就制度现代化来说，大湾区最有利于制度创新。这里是"一国两制"，道理很简单，同一制度下不同因素的互动只能产生物理反应，而不同制度下不同因素的互动就会产生化学反应。所谓的制度创新更有可能来自不同制度的互动。香港和澳门回归祖国以来，基本上维持着“一国”和“两制”之间的互动，就是说双方实际上维持在两个较为独立的“单元”。而大湾区内部的整合和融合就不一样了。大湾区就是“一国”之内“两制”的紧密互动，通过互动得到整合和融合。这种互动是化学反应式的，可以导向制度的现代化。

应当强调的是，最近以来因为香港内部的一些变化，尤其是少数“港独”力量的出现，人们对香港的看法趋向于政治化和意识形态化。不过，就制度现代化而言，香港和澳门远远处于领先地位。这两个地方现代化较之珠三角其他地方先行，并且已经把西方的经验和中国传统文化结合起来了。尽管这两地并非在所有制度领域都是成功的，也有不成功的地方，但总体上说，这两地可供珠三角制度现代化学习的地方仍然有很多。

第四，一个国家统一新模式。除了香港和澳门所面临的进一步整合问题，我们仍然面临着如何实现台湾统一的问题。尽管人们不排除“武力统一”的选项，但这一选项更可能只是对“独立”起到一个阻吓作用，而很难实际使用。如果是使用武力，且不说其他方方面面的影响，对中华民族必然是一个巨大的伤害。

不过，存在着其他很多实现统一的方法，那就是用社会经济的方法。欧盟就是使用社会经济的方法。欧盟出现了问题，在于欧盟是由众多的独立主权国家组成的，缺少一个有效的协调者。大湾区则不同，已经同属一个“国家”，存在着一个强有力的协调者。再者，相对于港澳台，大陆是一个巨大的市场，两者之间不是一个对称的关系。不管港澳台如何看待大陆，经济上大中华地区的整合是一个客观的现实。在很大程度上说，港澳台经济已经成为以大陆为核心的经济体的内在一部分。这就决定了，大陆可以实行单边开放政策来促成融合和整合。

单边政策有点像今天人们所说的“供给侧改革”，其有效性在于其无须通过和这些地区的双边讨论来决策和实施政策。尽管香港和澳门已经处于“一国”之内，但一旦启动内地和香港、澳门的双边谈判，事情就容易变得政治化。和台湾的情况类似，早些年“服贸协议”的流产就是双边谈判的产物。而单边开放就是大陆实行单边政策来满足这些地方的需求。单边政策可以涵盖各个方面，包括投资、就业、教育、科研、租房、社会保障等领域。这些领域并非直接的政治领域，但对政治一定会产生影响。等这些领域整合了，政治领域就是“最后的一公里”。再者，无论从哪个指标来衡量，大陆经济体有能力吸收消化单边政策所可能引发的负面效应。

笔者认为，粤港澳的整合是第一步，第二步是把台湾也包括进来。“一国两制”最先是针对台湾提出来的，是为了解决台湾问题。在实践层面，被先用于解决香港和澳门问题。“一国两制”实施多年，不能说它不成功。确切地说，这个政策很成功。世界上还没有其他国家使用这样的方法来和平地解决国家统一问题。另一方面，我们也必须承认，“一国两制”政策需要与时俱进，根据客观现实的变化而调整。这也就是前文所说的，“一国两制”需要进入 3.0 版。这个 3.0 版在香港和澳门成功了，那么就可以进而应用于台湾。实际上，南方共同市场的外延是可以扩大的。台湾的有识之士很多年一直在提倡“两岸共同市场”。以珠三角为核心的南方共同市场很容易扩展到福建，从而把台湾也包括进来。

当然，现实主义地说，即使实现了社会经济方面的整合和融合，台湾的“独立”力量或许仍然会存在。人们可以假定“独立”力量会继续存在，但如果实现了社会经济的整合和融合，那么“独立”者肯定是少数，并不难加以管控。一句话，社会经济方面变成共同体了，政治方面的统一就很容易解决。不管怎样，世界历史上，从古到今，国家统一都是充满暴力和血腥的，并且即使通过暴力完成了国家的统一，也难以避免“独立”力量的再次出现。从这个角度来说，我们有责任和义务探索一条新的国家统一道路。这是一份对人、对社会、对国家、对文明的责任。

**图书在版编目（CIP）数据**

贸易与理性 / 郑永年 著 . —北京：东方出版社，2020.7
ISBN 978-7-5207-1562-1

Ⅰ . ①贸…　Ⅱ . ①郑…　Ⅲ . ①国际贸易—国际争端—研究—中国
Ⅳ . ① F752

中国版本图书馆 CIP 数据核字（2020）第 103965 号

**贸易与理性**

（MAOYI YU LIXING）

作　　者：郑永年
责任编辑：陈丽娜　李鹏飞
出　　版：东方出版社
发　　行：人民东方出版传媒有限公司
地　　址：北京市朝阳区西坝河北里 51 号
邮　　编：100028
印　　刷：北京市大兴县新魏印刷厂
版　　次：2020 年 7 月第 1 版
印　　次：2020 年 7 月第 1 次印刷
印　　数：1—30000 册
开　　本：710 毫米 ×1000 毫米　1/16
印　　张：22.75
字　　数：240 千字
书　　号：ISBN 978-7-5207-1562-1
定　　价：69.00 元
发行电话：（010）85924663　85924644　85924641